親鸞への接近

四方田犬彦

工作舎

目次

凡例

*――本文中、長文の引用箇所は三字下げで表記した。

*――古文の引用文については、適宜、常用漢字、現行の送り仮名表記に改め、著者による現代語訳を［　］でくくった。

*――引用・参考文献は巻末に掲げた。

親鸞への接近

親鸞への接近

親鸞は一一七三年に貴族の子弟として京都に生まれた。九歳のとき得度し、以後二〇年にわたり比叡山に留まって、仏教の勉学修行に勤しんだ。巷では飢饉と疫病が猛威を振るい、人々は末法の世の到来に脅えていた。

一二〇一年、二九歳にいたった親鸞は山を下り、百日にわたり六角堂に参籠を行なった。彼は夢中で観音の啓示を受け、聖徳太子の文の示現に預かると、ただちにその足で法然を訪れ、弟子となった。念仏の教えに深く帰依した彼は、やがて師から著書『選択本願念仏集』の書写を許され、「善信」の名を与えられた。彼は師の命により、当時は公式的には禁じられていた妻帯を実践した。

一二〇六年、興福寺の学僧たちの訴えにより、法然と弟子たちは逮捕され、死罪と流刑に処せられた。念仏を唱えることは禁止された。法然は土佐へ、親鸞は越後へ流された。法然は一二一一年赦されて帰洛し、翌年に入滅した。親鸞もまた赦されたが東国に留まり、上野国佐貫から常陸国へと移った。もっともこのあたりの事情はよくわからない。親鸞は権力によって僧籍を剥奪され、もはや僧でも俗人でもないまま「愚禿」と自称していたが、彼が帰属するにいたった人々の集団については不詳である。彼と妻恵信尼との間には、すでに子供たちが生まれていた。生涯の主著ともいうべき理論的著作『教行信証』が一応完成の形をとったのは一二二四年のことであり、執筆には約一四年の歳月が費やされた。

都ではたびたび念仏を禁止する令が発せられた。明恵が『摧邪輪《ざいじゃりん》』を著わして念仏を攻撃し、宋より帰国した道元が曹洞宗を始めた。一二三五年、齢六三にして、親鸞は京都に戻った。それ以後、彼の布教はもっぱら遠国にいる弟子たちへの書状を通して行なわれることになった。親鸞は折につけ和讃を作成し、経典を書写し、弟子たちと対話を重ねた。そのいくつかのものは現在、『歎異抄』や『口伝鈔』『改邪鈔』といった書物として遺されている。

八四歳のとき、親鸞は息子善鸞（慈信）を義絶した。自分だけが父親から信心の奥義を習い覚えたと吹聴し、浄土真宗の信の体系に脅威をもたらしたためと伝えられている。だがその真偽のほどは詳らかではない。親鸞は最晩年にいたるまで旺盛な文筆活動を続け、書写と書状執筆に明け暮れた。入寂を果たしたのは一二六二年、享年九〇であった。最晩年には道元の住居にひどく近いところに住んでいたが、二人が出会うことはついぞなかった。

きみは親鸞に接近しようとしている。

『和讃』と『歎異抄』を音読する。『教行信証』を素読し、註釈を読み、現代語訳を読み比べる。ふたたび原文に戻る。音読する。いくたびも音読する。親鸞が遺した書簡を読み、夫人であった恵信尼の書簡を読む。親鸞が依拠した『観無量寿経』を読み、『阿弥陀経』を読む。師であった法然の『選択本願念仏集』を読み、対立者であった明恵の『摧邪輪』を読む。親鸞から深い影響を受けた後世の思想家の著作を読み、親鸞の伝記映画を観る。きみは少しずつ親鸞に接近しようとしている。

だが、と心のなかできみは思い直す。いったい親鸞に接近するということが可能なのか。彼の教義をもし受け入れるとするならば、親鸞がきみに接近しているというべきなのではないか。きみは何も自分で意志的に選ぶことなどできない。もしきみが親鸞の著作に親しむようになったとすれば、それはきみではなく、きみを超えた者の力に預かることが大きいのではないか。きみが親鸞を選んだのではなく、親鸞がきみを選んだと考えられないか。

きみは戸惑う。きみはこれまで、少なからぬ思想家や哲学者の書物に読み耽ったことがあった。だが、自分の意志を超えた力によってそこに到達したなどと考えたことは一度もなかったからだ。だが、親鸞はどうだろうか。きみは自分が長きにわたって彼を遠ざけ、彼が提示した問題を回避してきたという事実を認める。それでは、なぜ今になって親鸞のことが無性に気になってきたのだろうか。機が熟したのだと、きみは口にしようとする。だが、その機を根拠づけているものは何なのか。きみと親鸞との関係は、きみの自発的な力によるものではなく、むしろ親鸞の側からの要請ではないか。きみは他力によって自分が導かれていることを、謙虚に認めなければならない。親鸞がきみに接近してきたのだ。

だが、さらにきみは考えている。親鸞は師の法然について、「偏依《へんね》」という言葉を用いている。自分の信心は法然上人のそれと同一であり、上人に「すかされたてまつりてといふ後悔もさふらはめ」「騙されたとしても、悔いるところはない」。自分は法然上人の言葉をそのまま受け入れ、人々に説いているだけなのだと親鸞が語ったと、『歎異抄』の唯円は記している。であるとすれば、きみに接近してきたのは親鸞ではなく、親鸞を媒介とした法然であることになる。

とはいえ、この認識ですら充分ではない。法然は自分の唱える念仏が独自に考案したものではなく、阿弥陀仏の計らいによるものであると説いている。すべては阿弥陀仏の力によるものであり、衆生、つまり生きとし生ける者は彼に頼ることを抜きにしては何ごともなしとげることはできない。となると、きみに接近してくるのは阿弥陀仏であることになる。きみが親鸞の教説を繙き、それに親しむようになったのは、親鸞のテクストを通して阿弥陀仏がきみの方へと向き直ったということになる。きみはすべてを自分の意志で行なってきたと信じているが、実のところ、何ごともきみによって定められたわけではないのだ。すべては仏の御心のなせるところなのだ。

きみはひどく当惑している。きみの意志によってなされなかったとすれば、それではきみの探求は誰のために、何を目的としてなされるのだろうか。『歎異抄』の終わりあたりには、驚くべき言葉が記録されている。

弥陀の五劫思惟《ごこうしゆい》の願《がん》をよく〱案《あん》ずれば、ひとへに親鸞一人《しんらんいちにん》がためなりけり。

(『歎異抄』p.87)

[阿弥陀仏が五劫の長きにわたって思索を重ねられてきた本願とは、よくよく考えてみると、もっぱら親鸞、つまりわたし一人のためのものであった。]

きみの探求はきみの救済のためになされる。それはきみ自身のものだ。とはいうものの初発の力は、きみに由来するものではない。それは法然と親鸞を媒介として、阿弥陀仏の意志によってなされたものだ。

きみはまだ納得できない。きみは探求とは自力のものであるという考えから、まだ解放されないでいる。結局のところ、自力が自力であることの限界に突き当たるまで、解放を期待しながら探求を続けていくしかない。きみはとりあえず、自分が書こうとしている書物を『親鸞への接近』と名付けてみる。もしきみが親鸞の教説にまったき帰依をはたすなら、それは『親鸞の接近』となり、究極的には『阿弥陀仏の接近』と改められるだろう。だがきみの思念はまだ不安定であり、きみが赴こうとする思惟の世界は深く立ちこめる靄のせいで、いささかも視界の見通しがきかない。きみは書き始めようとしている。

親鸞は『教行信証』のなかで書いている。

> 縁《えん》にしたがひて行《ぎょう》をおこして、おのおの解脱《げだつ》をもとめよ。なんぢなにをもてかいまし有《う》縁《えん》の要行《ようぎょう》にあらざるをもてわれを障惑《しょうわく》する。しかるにわが所愛《しょあい》は、すなはちこれがわが有《う》縁《えん》の行《ぎょう》なり、すなはちなんぢが所求《しょぐ》にあらず。なんぢが所愛《しょあい》は、すなはちこれなんぢ

が有縁《うえん》の行《ぎょう》なり、またわが所求《しょぐ》にあらず。このゆへにおの〳〵所楽《しょぎょう》にしたがひて、しかもその行《ぎょう》を修《しゅ》すれば、かならずとく解脱《げだつ》をうるなり。

（『教行信証』p.142）

「縁に従って行為を起こすことだ。それぞれに解放を模索せよ。きみは今、わたしに関係もなければ必要もない行為の話をわざわざ持ち出してきて、わたしを妨げ惑わせるのか。ところでわたしが愛することとは、わたしに縁のある行為のことであって、きみが求めているものではない。きみが愛していることは、きみに縁のある行為のことであり、それはわたしの求めているものではない。というわけで、めいめいが自分の望むところに応じて行為を達成するならば、かならず解放に到達するだろう。」

親鸞とわたし

はじめて親鸞という名前を聞いたのはいつのことであったか。わたしは正確に思い出すことができない。祖父母が熱心な日蓮宗、母親がキリスト教という家庭に生まれ落ちた者にとって、念仏が遠いものであったことだけは事実である。その意味でわたしは三木清や水上勉のように、浄土真宗の信仰を出自の背景として育ったわけではない。ただ『歎異抄』という書物の存在は、中学一年生のときから知っていた。下村湖人の『次郎物語』のなかに、主人公の少年が毎朝この書物を読むという一節があったからである。もっとも題名をどう読んでよいのかがわからず、戦前の修身の教科書のようなものではないかと勝手に想像していた。

わたしは一九七二年に東京大学文科三類に入学した。二年後に本郷の文学部に進み、宗教史・宗教学を専攻することを選んだ。この学科はそれまでどちらかといえば地味で、フランス文学科や社会学科のように華々しい人気を集めていたところではなかった。ところがその年だけは志願者が続出し、一六名が大挙して研究室に押しかけることになった。教授は宗教心理学の脇本平也《つねや》教授と比較宗教学の柳川啓一教授の二人。脇本先生が回心をめぐるゼミを、柳川先生が新宗教の調査と象徴論のゼミを開いていた。わたしと同学年には鶴岡賀雄、林淳、竹沢尚一郎、島田裕巳といったぐあいに、まだ海のものとも山のものともつかないが、知的好奇心に満ちた、元気のいい者たちがいた。一学年上には中沢新一、さらに少し上の大学院には植島啓司や島薗進、関一敏らがいて、井上順孝が助手を務めていた。こうした人たちは後に日本の宗教学の中核を担う学者として活躍するようになった。もっともわたしだけはそこから脱落した。大学院では比較文学を専攻することにし、本郷から駒場に舞い戻ってしまったからである。

わたしはどうして学部で宗教学を選んだのだろうか。もう四〇年以上前に柳川先生の講義のときに付けていたノオトを改めて読み直してみる。いろいろな理由が思い出されてきた。ひとつには通過儀礼と神話原型論をめぐる強い関心があった。わたしはファン・ヘネップとミルチャ・エリアーデの学説に魅惑され、近代の直線的時間意識とは異なる、回帰する時間という考えに新鮮なものを感じた。だがもう一つの理由は、きわめてアクチュアルなものだった。大学に入学そうそう、学内の新左翼集団の間で残酷な暴力的衝突が繰り返され、やがて同学年に死者が出るという事態にまで進展した。宗教学はこうした狂信的な青年の現象を、政治思想とイデオロギーの側からではなく、新宗教運動の一形態として分析する視点をわたしに差し出してくれるのではないか。わたしにはそうした期待があった。理性を信奉している はずの人間が、いかにして非理性的なものに操作されてしまうかという問題に答えてくれるのではないかと想望したのである。柳川ゼミではモースの贈与論からヴィクター・ターナーのコムニタス論まで、さまざまな学説が俎上に乗せられ、学生たちは授業のたびに強い知的刺激を与えられるのだった。

そのころ、確か学科で行なう一泊旅行の夜の飲み会の座でのことであったと、今となってはおぼろげにしか覚えていないのだが、先輩の学生から不思議な例え話を教えられた。人間には道元型と親鸞型の二通りがあり、きみはどちらを選ぶかと問われたのである。彼はこんな例え話をした。

今、二人の学僧が比叡山で勉学修行に励んでいたとする。学問の最終目標は難解な経典を理解し、正覚、つまり悟りを得ることである。仮にその二人の名前を道元と親鸞としておく。

あるとき、いつものように道元が修行に耽っていると、早馬が到来し、故郷で母親が危篤に陥ったという報せが伝えられる。しかし学僧は帰郷を断固として拒み、俗界での親子の縁は本質的なものではないという姿勢を見せる。母親は息子に会えないままに死に、息子は心を鬼にしてさらなる勉学に励む。長じて彼は正覚を得る。するとその仏縁で、母親もまた浄土へ行けることになる。

同じ事態が親鸞の身の上に起こったとしたらどうだろうか。彼はただちに比叡山から下山し、故郷へと向かう。瀕死の母親の枕元に駆け付けると、うろ覚えのお経を唱える。その甲斐あって母親はみごとに成仏する。もっとも若い学僧は二度と山に戻ることができず、巷に俗人として暮らし、そのなかで仏道を歩むことになる。

日本仏教思想史の立場からすれば、間違いだらけの話である。禅における仏縁とはかくも感傷的なものではないし、親鸞はかかる場合、経典ではなく念仏を唱えたであろう。いや、それもわからない。『歎異抄』第五条において、親兄弟のために念仏を唱えたことなど、これまで一度もないと宣言しているからである。またここに描かれた親鸞の救済観は一面にすぎず、他力浄土門の立場からは異なった救済のあり方が説かれるべきであるという意見も出るはずだ。いや、そもそも親鸞と道元とでは二一歳も年齢が離れていて、同級生という設定そのものが不自然である。だが細部の荒唐無稽にもかかわらず、この例え話は、まだ実生活の辛苦というものを知らず、学問に邁進することを無邪気な理想としていた大学生には、それなりに意味をもっていた。道元の道を選んで出自のしがらみを拒絶し、学問の鬼となるか。親鸞の道を選んで世俗の情のため故郷に舞い戻り、学問を中途で諦めるか。いずれにしても母親は浄土に行けることになるとすれば、はたしてどちらが正しい選択であるのか。

わたしの周囲では意見が分かれた。道元派は親鸞派を批判して、途中で下山をするくらいならば、どうしてそもそも仏道修行などを思い立ったのかと論難した。親鸞派はそれに対し、自分の母親一人救済できない人物が、どうして悟りを得ることができるだろうと反論した。もっともこの例え話に関するかぎり、二〇歳のわたしは迷う術がなかった。純然たる道元派であったためである。

道元はわたしにとって長い間、知的英雄とも呼ぶべき特別な存在だった。彼は一三歳で比叡山に登ったものの、教師の僧が自分の問いに充分に答えてくれないと知ると、わずか二年で下山してしまった。二四歳で宋に渡り、心身の脱落《とつらく》を体験すると、正法を伝えるために帰国した。天台から浄土まで先行する諸宗派をことごとく罵倒し、座禅の一事に専心すべしと説いた。福井の永平寺に居を定めると、生涯を『正法眼蔵』の執筆に捧げた。

生きているかぎり、初発の志を失うことなく学び続けなければならないと、道元は書いた。修行とは生死と同じである。五〇歳が六〇歳となり、七〇、八〇歳ともなれば、もうそろそろ修行に一区切りをつけようかと思うかもしれないが、学問の深まりは年齢とは無関係である。脇尊者は八〇歳で出家し、八三歳で大法を得た。脇尊者をかたわらに見ながら、ひたすら修行に励まなければならない。「行持」の巻にそう書き付ける道元の高貴にして強固な意志に、大学生のわたしは圧倒された。先の例え話に戻ると、道元を前にしたときの親鸞は、世俗さへの迎合ゆえにわたしを当惑させた。禁欲的に難行を続ける道元に対し、親鸞は易行に阿《おもね》っているように感じられたのである。

いや、この「当惑」という表現は正確さを欠いているかもしれない。正直なところわたしは、母親の臨終を前に修行を中断して生家に戻ってしまうという学僧の存在を、どうしても認めたくなかったのだ。それは人間の知的上昇を阻害する、不誠実で禍々しい態度のように思われた。わたしはわが身にそのような状況がふりかかることを、心中で怖れていた。もし親鸞という宗教家がまことに帰郷をよしとする人物であったとすれば、その思想はこの先、わたしの知的探求にとって躓きの石となるのではないだろうか。わたしは直感的に、親鸞を危険な脅威であると感じとったのである。

『歎異抄』という聞書き集を初めて手に取り、親鸞の言葉に向き直ってみようと思ったのは、この時期である。もちろんそこに記されていたのは、先の例え話よりはるかに複雑な、というより、はるかに難解な思想であった。わたしは多くの言葉に躓いた。そのなかでも最大のものは、彼が経典の探求や自力による苦行を退け、ただ念仏だけを唱えることで救済を願うという点にあった。念仏は確実に人を浄土に導いてくれるのだろうか。実はそれはわからない。人間の力では何ひとつ、確実に成就できることなどないからだ。親鸞は語っている。

たとひ法然聖人《ほうねんしょうにん》にすかされまひらせて、念仏して地獄におちたりとも、さらに後悔《こうかい》すべからずさふらふ。そのゆへは、自余《じょ》の行をはげみて仏《ぶつ》になるべかりける身《み》が、念仏をまうして地獄にもおちてさふらはゞこそ、すかされたてまつりてといふ後悔《こうかい》もさふらはめ、いづれの行もをよびがたき身なれば、とても地獄は一定《いちじょう》すみかぞかし。

（『歎異抄』p.43）

［たとえ法然上人に騙され、念仏をしたというのに地獄に墜ちてしまったとしても、別に後悔などすることはないのである。というのも、自分の力によって修行をしたら仏にな

れるというのに、念仏を口にして地獄に墜ちたというのであれば、騙されたというわけで後悔もあるかもしれない。しかし、いずれにしてもわれわれはどちらの修行も出来そうにない。だから、もとから地獄こそが住みかであるからだ。」

この一節はわたしを緊張させた。信じるという行為が本来どのようなものであるかを、簡潔にではあるがグサリと突き刺すかのように語っているように思えた。これはとうていパスカルの神の証明のような、確率論的な賭けで納得のいく問題ではありえないぞという気がした。だが、素直にその言葉を受けいれるには、わたしはあまりにも頑なな「自力の行」を信じていた。自分の力で苦行に似た探求を続けて行けば、解放に到達できるはずだという信念に燃えていた。もし親鸞の考えを踏襲するとすれば、わたしの信じえた知的探求は粉々に砕け散り、後には不確定な、宙づり状態のなかでの期待と待機しか残らないことだろう。

わたしはそう考えると、『歎異抄』に封印を施さなければならないと決意した。これ以上この書物に関わっていると、自分の拠って立つ地所が切り崩され、どこまでも不確定性のうちに留まらなくてはならないだろう。こうしてわたしは親鸞から意図的に距離をとろうと決意したのである。

宗教学の学徒であった時代の自分を振り返ってみると、その一方でわたしが親鸞に、きわめて奇妙な形でではあるが、魅惑もされていたという事実を告白しておかないと、不正確となるだろう。脇本平也教授の回心をめぐるゼミに参加していたわたしは、学期末のレポートに親鸞を取り上げた。彼が二九歳の時点で体験した回心にあって、夢がはたした役割というテーマを取り上げている。どうして親鸞を選んだのだろうか。おそらく明治期における浄土真宗の読み直しに功あった清沢満之について、『近代の仏教者』という著書のなかで長く書かれたことが、間接的に契機になっていたのだと思う（ゼミの数年後に東大を退官された先生は、その評伝をさらに一冊の単著に纏められた）。

当時、まだ「親鸞」と名乗っていなかったこの青年僧は、それまで二〇年にわたって勉学の場としてきた比叡山を出、六角堂に百日にわたって参籠するという修行を始める。六角堂とは京都にある頂法寺の通称で、聖徳太子の創建になると伝えられてきた。ちなみに当時の人々はこの太子を、観音菩薩の化現だと信じていたようである。このお堂に閉じこもり、妻帯すべきかどうかを悩み抜いて、昼夜ひたすらに祈っていたところ、はたして九五日目の明け方の夢に観音菩薩が現われ、次のような偈《げ》、つまり四句からなる教えを青年僧の前に示した。ちなみにこれは、『本願寺聖人親鸞伝絵』、つまり『御伝鈔』の第三段に記されている。

行者宿報設女犯
我成玉女身被犯
一生之間能荘厳
臨終引導生極楽

（『現代語訳親鸞全集 第四集』p.202）

今の日本語に直してみると、これは大体次のような意味になる。

［修行をしているあなたが前世の因縁で女性を犯さなければならないというのであれば、わたしが玉女の身となって、あなたに犯されてあげましょう。一生の間、あなたの軀《からだ》を美しく飾りたて、臨終のときには、極楽へ導いてあげましょう。］

観音菩薩が男性であるか、女性であるかは、古来よりさまざまな解釈があった。もっとも親鸞の夢に降り来った観音は、間違いなく玉女、つまり美しい女性の姿をしていたはずだ。その観音が、自分の身をさし出してもかまわないからといい、みずから進み出たというのだからただごとではない。キリスト教世界において悪魔が美女に化け、修道僧を誘惑するという話と比較してみると、親鸞の夢体験の特異さが際立って見える。

夢というものは古来より、昼間の世界では到達できない叡智を人間に指し示すものだと考えられていた。親鸞にしたところで、意識の世界で生きているかぎり、観音の献身などという、神聖冒瀆の空想を心に描くことは、みずからに固く禁じていたはずである。それが夢の領域では、心の抑圧がとれ、可能となった。もし聖徳太子が観音菩薩の生まれ変わりであるとするならば、その太子が創建した六角堂に観音様が顕現することは、まことに自然のなりゆきだろう。

親鸞は夢のなかでこの託宣を信じ、それを数千万の有情に伝え説き聞かせなければならないと決意した。そこで夢から覚めた。彼は吉水の法然のもとを訪れ、妻帯の問題に結論を出した。彼が日本仏教界の一大改革者としての一歩を踏み出すにあたっては、こうした懊悩と、夢によるその解決があった。これがわたしが親鸞について書いた最初の文章の主旨であった。

もっともこの時点でわたしは、お世辞にも親鸞の著作に親しんでいたとはいえなかった。わたしがもっぱら関心を寄せていたのは、夢を叡智の告知と見なすユング心理学の立場であり、わたしレポートを書くにあたって直接的に参照したのは西郷信綱の『古代人と夢』であった。わたしは大胆にも観音を、親鸞の潜在意識に宿る「アニマ」の顕現であると断定した。これはユングの専門用語で、男性の集合的無意識の根底に眠っている、女性的なるものの原型という意味である。だがそのように大雑把に断言したものの、女犯をめぐる親鸞の苦悶とその後の彼の教説の発展についてはとても触れるまでにはいかなかった。稚拙といえばそれまでであるが、二二歳のときのわたしの親鸞認識はこの程度のものであった。

脇本教授はそれでもわたしのレポートを興味深く読んでくださったようである。卒業論文の面接のさいに、卒論のことはさておいてと前置きされてから、「観音ははたして女性ですか？」と、いきなり質問をされた。わたしはそれに充分に答える力がなく、口籠ることしかできなかった。万事に適用できる理論を習い覚え、無邪気に振り回しているだけでは、すべてがわかったつもりになっていても、その実、個々の事象の本質を見落としてしまう結果に終わるということを、わたしはこの面接で思い知らされた。たとえ学生のレポートの次元であっても、観音について言及するためには、長い仏教史においてその形象がどのように変遷していったかを、少なくとも最初に辿っておくべきだったのだ。

その後、わたしは大学院で比較文学を専攻し、一八世紀アイルランドで匿名で発表された『ガリヴァー旅行記』をめぐる修士論文の執筆に三年間を費やすことになった。夢の告知という主題から、わたしは少しずつ遠ざかっていった。わたしは韓国に客員教授として滞在し、帰国後は映画批評家として日本のジャーナリズムのなかで、一九八〇年代の多忙な日々を送ることになった。親鸞からも、宗教学時代に親しんだ書物からも、すっかり遠ざかってしまったのである。

それではわたしは、ひとたび封印してしまった親鸞に、その後どのように再接近を企てるようになったのだろうか。一九九〇年代から二〇〇〇年代にかけて、つまり年代的にいって四〇歳代から五〇歳代にかけて、わたしは長旅と海外での長期滞在を通して、少なからぬことを学んだ。というよりも、より正確には現実の苛酷さを前にして、これまで携えてきた観念を投げ出し、手造りで新しい観念を創りださなければならぬ状況に、いくたびも立ち会うことになった。ここでは見聞したことだけを手短に書き記しておこうと思う。

二〇〇四年はわたしにとって決定的な意味をもった一年であった。わたしは文化庁の文化交流使としてイスラエルとセルビア・モンテネグロ（当時の名称。後に分離独立）に派遣され、この二つの国家でほぼ一年を過ごした。わたしに課せられたのは現地の研究教育施設に身を置き、講義や講演活動を通して日本文化の喧伝に務めることである。わたしがあえてこの二つの場所を候補地として選んだのには理由があった。戦時中の国家と敗戦直後の国家に、続けて滞在してみたいと思ったのである。イスラエルではテルアヴィヴ大学に籍を置くと、ただちにパレスチナ自治区に向かった。セルビア・モンテネグロではベオグラード民族学博物館でひと通り連続講演を終えると、コソボのセルビア人地区に難民たちが建てた、プリシュティナ大学ミトロヴィッツァ分校に移り、そこで英語を媒介として日本文化を教えた。

正直にいってどちらも、けっして容易な滞在ではなかった。建国以来このかた、周辺のアラブ諸国との戦争が途切れることがなかったイスラエルでは、万事が非常時を基準として設定されていた。ユダヤ人もパレスチナ人も、あまりに長く続き過ぎた敵対対立のせいで疲労の極に達していた。ユダヤ人は破壊と悲惨にもはや無感動となっており、パレスチナ人の姿を認めただけで警戒を崩そうとしなかった。警戒は恐怖と無意識的な罪障意識に由来していた。一方でパレスチナ人は、占領下にあって不安と屈辱の日々を送っていた。彼らは意気消沈している暇もないほどに不当な暴力の犠牲となり、その結果、純粋状態での憎悪を手にするにいたっていた。わたしが滞在していた時期には、自爆攻撃がもっとも頻繁に行なわれていた。

ベオグラードは空爆による廃墟がまだ生々しく、人々は食糧事情の悪さと国際的な孤立感に苛まれていた。敗戦の屈辱が狂信的な民族主義をよりいっそう増長させていた。わたしが訪れたコソボの町ミトロヴィッツァはさらに悲惨だった。セルビア系とアルバニア系の住民どうしが互いに虐殺と強奪をしあった結果、河を挟んで両者が対峙する形で棲み分けがなされている。中立国である日本から来たわたしは、自由にどちらの側にも足を向けることができた。敗戦国セルビアの側に立つ住民は少数派で、周囲をアルバニア系に包囲され、文字通り陸の孤島のなかで孤立していた。

大学はプレハブ校舎であり、難民たちは廃校になった小学校の教室を区切って生活していた。教室には片腕のない女子学生がいた。ユーゴ内戦のおりにはまだ一〇歳を迎えたばかりだったのだろう。彼女が潜り抜けてきた悲惨を思うと、教室に向かうたびに悲痛な気持ちに襲われた。たえず停電と断水が生じていたので、日本からせっかく持参した映像資料も充分に活用することができず、いきおい授業は即興性を帯びることになった。学生たちは自分たちを空爆し、劣化ウラン弾を使用したアメリカに対し、強い反発を感じていた。その反動も働いてであろうか、日本と日本語に強い期待を抱いていた。

ある午後の授業のとき、その日もまた例にもれず突然の停電となってしまったのだが、予定していたDVDを使用することができなくなったわたしは、急遽、日本の仏教について話しておこうと思いついた。薄暗くなりつつある教室に置かれたボードにShinranとDogenという名前を書き、今日はこれから日本でもっとも有名な、二人の僧侶について話をしますと宣言した。

もっとも体系的に説明を試みようと思っても、手元には何も資料はない。そこで教義的には不正確であることは承知の上で、かつて学生時代に聞いた例え話を持ち出してみた。母親が危篤だというとき、はたして学問修行を中断して故郷に戻るべきか。それとも心を鬼にして勉学に打ち込むべきかという問題を、十数人の学生たちに問うてみた。彼らはただちに反応した。ほとんど全員が親鸞の道を選ぶと答えたのである。そこでわたしは親鸞についてさらに説明をしなければならなくなった。

親鸞の説教の根底にあるのは他力本願であり、悪人正機の思想である。だがいかんせん外国語を媒介として、その外国語を母国語としない学生たちにそうした観念の微妙さを伝えることは至難の業であった。「浄土」は the Pure Land だ。Heaven ではない。しかし、「悪人」を an evil person と翻訳しただけで、すでに本来の言葉の意味は大きく損なわれてしまう。キリスト教からできるだけ遠ざかって論を進めなければいけないのだ。わたしは隔靴掻痒の気持ちに襲われ、学生たちはセルビア正教の救済観から一見ひどくかけ離れた親鸞の教説に当惑を隠しきれないようだった。先生、どうして悪い人間が優先的に天国に行くことを許されているのですか。素朴ではあるが真摯な質問を前に、わたしはパスカルの賭けの話を補助線として引こうかとも思ったが、論点がずれてしまうことを怖れ、やめることにした。

結局、このときの講義は中途半端で尻窄みな形で終わった。後になってわたしは自分の失敗の原因に思い当たった。教師と学生のいずれにとっても英語が母国語ではなかったことばかりではない。わたしが『歎異抄』の説くところを浅薄にしか理解していなかったために、コソボの学生たちを前に説得的な説明ができなかったのである。わたしは荒廃した街角と悲惨にうちひしがれた人々の表情だけを眼に焼き付けて、コソボから帰国した。

人間の惨劇はいつ終わるのか。悲惨のさなかにいる人たちを前にしたとき、いったい自分に何ができるというのか。パレスチナとコソボで見聞した光景はあまりにも悲惨であった。それを前にして、わたしは徹底して無力な自分を見つめ直さなければならなかった。精神の許容量を超えた残酷さを前に、人間はどう振舞えばよいのか。理想主義的なヒューマニズムを手にしているばかりでは、いかに憐憫の情に突き動かされることはあっても、はたして解放と救済を待ち望む人々を真に救い上げることができるのだろうか。

悲惨は無限である。ひとつの悲惨のさなかにある人間に救いの手を差し伸べることはできたとしても、二つの、いや三つの悲惨が続けざまに現われてきたとき、またその悲惨の連鎖が際限なく続いているように思えたとき、人はどうすればよいのか。人ははたして厄難に見舞われ苦しんでいる人のために、何をすることができるのか。パレスチナとコソボはわたしに、世界のいかなる事象も単純に善と悪とに峻別することなどできないと教えた。実在しているのはただ隣人どうしが互いに交わし合う憎悪の応酬であって、悪以外のものは何一つ存在していないように思われた。

わたしは地上の惨禍を前にした阿弥陀仏が、人間になしうる善も悪も実は高が知れたものにすぎないと、語っているような気がした。善にしても悪にしても、人間が意図して行なえるものではない。人は知らずのうちにそれをなしており、ただ後になってそれに気が付いてしまうばかりなのだ。とはいえ阿弥陀仏に完全に心を預けるには、わたしは眼前の悲惨さにあまりに深い衝撃を受けていた。悪は実在していた。コソボの難民が建てたプレハブ校舎の教室で、片腕を失った女子学生が授業に参加しているのを発見したとき、わたしは何を口にすればよかったのだろう。

一年間にわたる戦地と占領地での滞在を終えたわたしは、これまで長い間回避してきた親鸞の思想に、今こそ向かい合うべき時節が来ようとしているという自覚をもった。そこで東京に戻るや、本棚の奥に眠っていた『歎異抄』をさっそく取り出し、読み始めた。

親鸞は慈愛と救済について、『歎異抄』第四条において次のように語っている。

慈悲《じひ》に聖道《しょうどう》・浄土《じょうど》のかはりめあり。聖道《しょうどう》の慈悲《じひ》といふは、ものをあはれみ、かなしみ、はぐくむなり。しかれども、おもふがごとくたすけとぐること、きはめてありがたし。浄土《じょうど》の慈悲《じひ》といふは、念仏《ねんぶつ》して、いそぎ仏《ぶつ》になりて大慈大悲心《だいじだいひしん》をもて、おもふがごとく衆生《しゅじょう》を利益《りやく》するをいふべきなり。今生《こんじょう》に、いかにいとをし、不便《ふびん》とおもふとも、存知《ぞんち》のごとくたすけがたければ、この慈悲始終《じひしじゅう》なし。しかれば、念仏《ねんぶつ》まうすのみぞ、すえとをりたる大慈悲心《だいじひしん》にてさふらふべき、と云々《うんぬん》。

（同 p.47）

［慈愛といっても、聖道と浄土とでは違ってくるときがある。聖道の慈愛とは、ものを憐れみ、悲しみ、守ってあげようという気持ちである。しかし実際には、思うように助けてあげられるなど滅多にない。浄土の慈愛の方は、まず自分が念仏を唱え、わき目も振らずに仏になる。そして仏の深い慈愛の心を得た上で、思う存分に人々を助け、彼らのためになることをすることである。現在生きているこの世界にあっては、どれほど人々を愛し不憫に思っていたとしても、心の満足がいくまでに助けることなどできるわけが

ない。そうした慈愛はキリがないものだ。だから念仏を唱えるという方法だけが、最後まで徹底した深い慈愛の心だというべきである、云々。」

親鸞もまた自分が生きていた時代に生じた悲惨を見つめていた。一一八一年の大飢饉と、八五年の大地震では、京都の街角に餓死者が溢れ、そこにさらに疫病が追い打ちをかけた。最晩年に当たる一二六〇年代、正嘉から弘長にかけても飢餓が続いた。親鸞が生きた時代は同時に、目まぐるしい政変と戦いの時期でもあった。後鳥羽院によるクーデタの失敗は、さらに人心を動揺させた。いうまでもなく親鸞本人も法難を体験した。一二〇七年には師法然とともに念仏禁止をいい渡され、徹底した弾圧を受けた。法然は讃岐へ、親鸞は越後へ流刑に処せられた。親鸞は赦免されて後は関東に向かい、荒涼とした常陸の野に留まる間に、わたしには想像もつかないほどの悲惨を目の当たりにしているはずである。今ここに引用した彼の言葉は、そうした実体験に基づくものであろう。

眼前で呻き苦しんでいる者たちを前にして、自分が徹底して無力であることを思い知らされた瞬間から、彼の救済論は出発している。「しかれども、おもふがごとくたすけとぐること、きはめてありがたし。」人はたとえ他人を助けようと思っても、思うように助けてあげられることは滅多にないものだ。なぜならそれは自分の力量だけを頼りとしてなされた行為だからである。真の救済が可能となるためには、人はまず浄土に渡って自分が救済された存在となり、その上で浄土から舞い戻る形で人々に向き合わなければならない。彼はそう説いていた。

わたしには『歎異抄』のこの一節の前半がまことに理解できたような気がした。そうなのだ。わたしが訪れた土地でどれほどの悲惨を目撃し、そのことで心を痛め、慈悲の気持ちに強く突き動かされることがあったとしても、世界の悲惨は際限のないものであり、けっして終わることがない。ある者に手を差し伸べることができたとしても、その隣にいる別の者に同じことができるわけではない。どうすればよいのか。

もっともこの地上に留まっているかぎり、満足のいく救済など達成できるわけがないという、親鸞の後半の論法をただちに受け入れるには、まだ隔たりがあった。彼の説く「聖道の慈悲」を「浄土の慈悲」に切り替える以前に、わたしはまだようやく「聖道の慈悲」を抱いて間がなかったのである。ともあれ民族対立に揺れる二つの場所に身を置いたことが契機となって、わたしが長い間封印してきた『歎異抄』に向かい合うようになったことは事実である。それは恐るべき吸引力をもった書物であった。一行また一行と読み進むたびに、わたしは足元の地が切り崩され、自分がどんどん深い穴のなかへ墜落していくような気持ちを感じた。それは高校時代、セリーヌの『夜の果ての旅』を手に取って以来、忘れていた感覚だった。

チベットに旅行を企てたのは、コソボから戻って二年後、二〇〇六年の夏のことである。この旅は団体旅行ではあったが、先の二つの場所とはまた違った意味で、わたしに新しい思索の契機を与えてくれた。わたしはいたるところでチベット人たちが、わが身に厳しい行を課しているさまを目撃した。ではそれは一体、難行なのか。それとも易行なのか。易行と難行を区別しているものは何であるのか。わたしはそのような問いに捕らわれた。そこでこの問題を枕に置いて、それまで自分が『歎異抄』について考えてきたことを、とりあえず文章に纏めておこうと志した。そこで年の終りに、岩波書店の『図書』のために短い文章を執筆した。本書でこのエッセイの次に収録されている「『歎異抄』について」という文章がそれである。

わたしは読者に先回りして、今ひさしぶりにこの文章を読み直してみた。ただちに判明するのは、当時のわたしがまだ『歎異抄』しか読んでいなかったという事実である。わたしは親鸞の主著である『教行信証』を繙くことなく、彼が人生の節目節目で執筆してきた書簡や和讃にも触れないまま、ただ晩年に弟子の唯円に語った言行録だけを手掛かりに、親鸞を論じていた。一〇年ほどの時間が経過した後に読み返してみると、テクストのなかに通底するひと筋の声を聴き取ろうとする懸命な精神の活動はなんとか認められなくはないが、親鸞という思想家の全体は、まだ輪郭すら描けていないという印象がある。

かねてから勝手に私淑の気持ちを抱いていた山折哲雄氏の謦咳に接する機会を得ることができたのは、この短文を書いてまもなくのことであった。わたしはそれに先立って、氏の師弟論の著作に多くを学び、自著『先生とわたし』（新潮社、二〇〇七）のなかでそれに言及していた。それを目敏く見つけたある編集者が、京都でわたしを山折先生に引き合わせてくださったのである。当然のことながら、そのときの対話は師とは何かという話になった。わたしはこの機会にと思い、以前から気になっていた『歎異抄』第六条にある、「親鸞は弟子一人ももたずさふらふ」という親鸞本人の発言の意味を訊ねてみた。山折先生は微笑されて、「親鸞は『歎異抄』だけではわかりませんよ。やはり『教行信証』に挑戦してみないと」といわれた。

ようやく『歎異抄』の封を解いたばかりで、まだ読後の動揺から呼吸も整っていなかったわたしは、さらに『教行信証』という巨峰を指で示され、気が遠くなる思いを感じた。はたして自分はこの大著を読み切るだけの精神力を持ち合わせているだろうか。だがその一方で、『歎異抄』を読み進めていく間にどうしても理解できなかった問題が、ひょっとして『教行信証』の読書によって解決できるのではないかという期待もあった。ともあれこれは大変な宿題を与えられてしまったという気持ちを抱きながら、わたしは山折先生との対談を終えた。

わたしが実際に『教行信証』の頁を捲りだしたのは、対談の翌年に大病を得、体力の著しい減退のなかで大学を退官してからのことである。学問とも教育とも何の関係のない、気の遠くなるような大学の雑務から解放され、時間だけは有り余るほどに与えられたとき、体調と視力の回復を待ってわたしは、ふとこのぶ厚い書物に挑戦してみようと思い立ったのだった。

かつての留学先であったコロンビア大学に客員教授として招かれたわたしは、東アジア関係の図書を集めたケント館の図書室で、親鸞の著作に読み耽った。信じられないことであったが、大学を出てハドソン河の方へしばらく歩いていくと、公園の樹木の間に日本の仏僧の彫像があった。親鸞の像であると記されていた。いったい誰が建てたのだろうと不思議な気持ちがしたが、像はわたしに、さらに『教行信証』の教説を極めよと命じているかのようであった。

大病から退官、渡米といった経緯は、いうまでもなく偶然のことであった。だが現在のわたしは、その径路があたかも運命であったかのような気持ちを抱いている。親鸞に接近するために、時間はゆっくりとではあるが、しかし少しずつ熟していったのだ。わたしが『教行信証』を手に取ったのではなく、『教行信証』がわたしを手に取ったのだ。

長々と個人的なことを書き連ねてしまい、忸怩たる思いがないわけではない。ここで本書の構成について、簡単に触れておきたい。

第一部には、著者が親鸞のテクストに直接に向かい合ったことを契機に執筆された三本のエッセイが並べられている。それらは時間の順番に執筆された。最初の「『歎異抄』について」は二〇〇六年の暮に執筆された。『教行信証』論が書かれたのは、その後、二〇一五年の前半をコロンビア大学で過ごしたときである。「『歎異抄』のスタイル」は、その『教行信証』論を踏まえた上で、二〇一七年の後半に全体が完成した。一〇年の歳月を隔てて執筆された二本の『歎異抄』論の間には、多くの差異が横たわっている。その差異がどのようなものであり、何に由来しているのかを考えるため、わたしは本書の後半で、先人たちの親鸞体験を検討しようと考えた。

第二部は、親鸞に触発された形で、著者が自由に思考を経廻らせた結果成立した、比較的短いエッセイからなっている。親鸞の和讃と同時代の今様歌の比較。仏教用語の翻訳の問題。中上健次の小説に登場する毛坊主の起源。ここでは雑多な主題が、雑多で断片的な形のもとに語られている。

第三部を構成しているのは、戦前から戦後にかけて親鸞に深く親しんだ三人の日本人をめぐる論考である。

三木清はハイデッガーの高弟であり、戦前の日本を代表する知識人の一人であった。親鸞論は彼の絶筆であり、三木が非業の獄死を遂げたのちに発見され刊行された。三國連太郎は、戦後の日本映画界で異彩を放った男優であり、親鸞の思想に共感するあまり、みずからメガホンを握って、彼の伝記映画を監督制作した。吉本隆明は詩人にして批評家であり、青年時にイエスとマルクスから大きな影響を受けた。だが同時に『歎異抄』に深く親しみ、五〇歳にいたって『最後の親鸞』なる著作を江湖に問うた。

三人が親鸞に見たものは、まったく異なっている。三木にとって親鸞とは、末法の世に生きる知識人の選択を示す指標であった。それは戦時下の絶望的な状況にあって知識人に与えられた使命を熟考するさいの、倫理的基準であった。彼は「歴史そのものが一つの念仏の主体である」と説いた。幼少時より不当な差別と屈辱を強いられてきた三國にとって親鸞とは、人間の悪を徹底して見つめ、その尊厳の回復と救済を示唆してやまない行動家であった。吉本にとって親鸞とは、知識の極限にまで上り詰めた知識人が、すべての観念の解体を求め、「非知」の領域へ降り立とうとする運動主体であった。

本書後半ではこの三人を通して、親鸞の思想に向かい合うことの現代的な意味の諸相を素描しようと試みた。もっともその背後には、近代化以降の日本文化のもつ特殊な事情が横たわっている。若き日に西洋の思想哲学に決定的な影響を受け、時代の批判者として大きな役割を果たした知識人が、その生涯の後半、いやより正確にいうならば晩年において、どうして申し合わせたかのように親鸞へと赴き、彼について著作をものそうとするのであろうか。

先にわたしは三人の例を掲げたが、近現代の知識人のなかにはいくらでもそれに該当する人物が存在している。マルクスとサルトルから社会参加の文学の全体性を学んだ野間宏。カール・バルトの高弟であった滝沢克己。アルチュセールをはじめとするフランス現代思想に精通していた今村仁司。いや、さらに眼を戦前に向けるならば、日本共産党を組織した佐野学のことを想起してもよい。マルクスを信奉し、革命の到来を信じて疑わなかったこの活動家は、獄中で親鸞の著作に接し、いとも簡単に転向してしまうのである。西洋的な自我の構築に忙しかった日本の知識人が、なぜ生涯のある時点において親鸞に出逢い、思想家として大きな転回を遂げてしまうのか。わたしはこの問題を解かねばならない。

本書第三部は、この大きな問題を前にわたしがなしえた、ささやかな思索の試みである。

エクリチュールというものは、つねに完成された形で提出されるとはかぎらない。親鸞について一冊の書物を執筆しようとしているわたしは、それがいささかも、親鸞をめぐる究極の言葉ではないことを認識している。読者がこれから手に取ろうとしているのは、譜面台に置かれた楽譜を前になされたピアノの練習であって、その曲の最終的な解釈などではない。ここに差し出されているのは思考の運動であって、優雅な輪郭のもとに凝固した思想の全体などではない。

『歎異抄』について

つい先日、わたしはチベットを訪れる機会があった。この数年、チベット仏教に関心をもつようになり、どうせなら現地に旅行してみようと思い立ったのである。わたしはポタラ宮の豪奢極まりない調度と宝物を見、サムエ寺の境内に破壊されたまま放置されている大仏の残骸を見た。刻々と漢族化されてゆくラサの街角を見た。こうした見聞のなかでもっとも衝撃的な印象をわたしに与えたのは、ラサの旧市街にある大昭寺の前の広場に集う、夥しい巡礼者の姿だった。

彼らは例外なく日焼けした顔をし、ひどく汚れた服装をしていた。チベットのいたるところからラサを目指して長旅を続けてきたらしい。男も女も長い髪を編んで束ね、赤い毛糸をそこに編み込んだり、化粧をしていた。ちょうど雨季に当たっていて、広場は折からの雨で泥濘んでいる。だが彼らは汚れをものともせず、擦り切れた座布団やビニールシートを傍らに置き、靴を揃えると、寺院の方角にむかって大きく身を投げ出し、額と両手を地面に擦り付ける動作を繰り返していた。五体投地と呼ばれ、仏へのまったき帰依を示す礼法である。広場にはわたしを含め少なからぬ観光客が存在していたが、もとより眼中にはない。彼らはただひたすら同じ動作だけを、まるである種の昆虫のように繰り返していた。

巡礼者たちのこの儀礼は、チベット仏教の教義にある高度な論理学や哲学、また現在もなお生き続ける医学的思考とどう係わっているのだろうか。そのいずれがチベット仏教の本質かと問われると、どちらもがそうだと答えるべきだろう。この光景を眼前にしたわたしに襲いかかったのは、鎌倉時代の初期に京で見られた専修念仏の信者たちも、あるいはこのようであったかもしれないという思いだった。日がな一日繰り返されるこの五体投地の礼は、はたして日本の浄土系仏教で唱えられる念仏に比較できるだろうか。これはいい換えれば、五体投地はチベット人にとって、難行と見なされているのか。それとも誰にでも、いかなる準備もなく実践できる易行なのか。わたしはそれを知りたく思った。

難行は当然のことながら、自力本願の強い根拠となる。それに対して易行はいささかも積善とはならず、もっぱら他力本願へと開かれている。だが他力であることの徹底は難しい。易行に留まり続けることの不安から、人はたやすく難行に走り、他力のシステムから転落してしまうからだ。チベットの巡礼者のなかには故郷からラサまで数ヵ月をかけ、すべての行程を五体投地によって匍匐前進する者もいると聞いた。観音菩薩へ、多羅菩薩へ、そして歴代のダライ・ラマへのまったき帰依を示すこの儀礼は、徹底した他力本願の現われであるのか。それとも困難の克服による自力本願の発現であるのか。ラサでわたしを漠然と捉えていたのは高邁な神秘主義などではなく、そのような疑問であった。

人がひとたびわが身の救済を思い立ったとき、難行と易行とでは、どちらが達成するに容易な行だろうか。わたしは大学で宗教学を専攻したときから、機会あるたびにこの問題を気掛かりに感じてきた。この問いには大きな逆説が隠されていて、油断をすればたちまち尾を翻して反転裏返りかねない活魚に似たところがある。多くの人は単純な怠惰心から難行を厭い、易行に訴える。少数のものだけが難行を選んで達成し、心身の充実を体験する。易行に就いた者は最初のうちはいいが、ひとたび懐疑に取り付かれてしまうと、たちまち不安のまま茫漠とした空間に置き去りにされてしまう。その結果、しばしば易行を難行へ転換させる方法を選ぶ。わたしにとって親鸞と道元という、鎌倉仏教を代表する二人の僧侶の教説は、一見したところ、この易行と難行の両極を体現している。そしてわたしは二人の間を振り子のように揺れ動きながら、短くない時間を過ごしてきた。

念仏とはもとより『無量寿経』に説かれている四十八願文のひとつにすぎず、十八番目に当たる易行である。

たとひ我仏《われぶつ》を得《え》たらむに、十方《じっぽう》の衆生《しゅじょう》、心《しん》を至《し》し信楽《しんぎょう》して、我《わ》が国《くに》に生《しょう》ぜむと欲《ほっ》して、ないし十念《じゅうねん》せむに、もし生《しょう》ぜずといはば正覚《しょうがく》を取《と》らじ。

（『選択本願念仏集』p.40）

心から浄土に往生したいと思って「南無阿弥陀仏」を唱えるならば、かならず阿弥陀仏が浄土に迎え入れてくれるという意味である。平安時代後期から鎌倉時代にかけて仏教の改革者たちは、天台の高度に錯綜する論理と教説に飽きると、往生の縁としてこの念仏に訴えた。たとえば『往生要集』を著わした源信にとって、念仏とは何よりも実践的な手段である。彼は臨終のきわにある者に対して、頭を北側に顔を西側に向け、御仏の映像を心に抱きながら念仏を唱えると、確実に浄土に往生できると説いた。

だがそれに続く法然の念仏をめぐる態度は、まったく異なっている。彼は大胆にも、先行する仏教が唱えてきたあらゆる難行に対して、無効を宣言した。現世において善行を積むことも、高邁な仏典を研究することも、極楽往生とは何の関係もない。往生を確実なものとするのはただ念仏ばかりである。唱えられた念仏を阿弥陀仏が聞き届けたとき、成仏が即座に可能となる。キリスト教がすべての人間を罪人と規定するように、法然はすべての人間が「凡夫《ぼんぶ》」、つまり愚かで煩悩に満ちた人間であると見なす。末法の世にあって、凡夫には難行などできない。ただ易行を続けることだけだ。念仏という極端な易行にあっては、無学の俗人も高僧も、誰もが対等であり平等である。

法然は『無量寿経』の多くの願文のなかで、十八願に特権的な意義を与えただけではない。その末尾にある「ただ、五逆《ごぎやく》と正法《しようぼう》を誹謗《ひぼう》するものを除かん」(『浄土三部経(上)』p.157)という条項を削った。こうして阿弥陀仏は、悪人でも仏法に叛く者でも、あらゆる衆生を分け隔てなく救済するという解釈が、成立する。思想史的には親鸞に帰されることの多い「悪人正機説」は、実はこの法然による独自の十八願解釈にすでに胚胎されていたと、わたしは考えている。

法然の弟子であった親鸞は、その波乱万丈に満ちた生涯を通して、師に忠実であることを説き続けた。だが彼の説く浄土は、法然の念中にあったそれのようには、実体としての像を結んでいないように思われる。

『歎異抄』のなかで親鸞は語っている。

念仏《ねんぶつ》は、まことに浄土《じようど》にむまるゝたねにてやはんべるらん、また地獄《じごく》におつべき業《ごう》にてやはんべるらん、総《そう》じてもて存知《ぞんち》せざるなり。たとひ法然聖人《ほうねんしやうにん》にすかされまひらせて、念仏《ねんぶつ》して地獄《じごく》におちたりとも、さらに後悔《こうかい》すべからずさふらふ。そのゆへは、自余《じよ》の行《ぎよう》をはげみて仏《ぶつ》になるべかりける身《み》が、念仏《ねんぶつ》をまうして地獄《じごく》にもおちてさふらはゞこそ、すかされたてまつりてといふ後悔《こうかい》もさふらはめ、いづれの行《ぎよう》もをよびがたき身《み》なれば、とても地獄《じごく》は一定《いちじやう》すみかぞかし。（第二条）

（『歎異抄』p.43）

念仏を唱えても本当に浄土に行けるかは、自分にはまったくわからない。あるいは地獄に堕ちてゆくことになるかもしれない。だが、それでもいいではないか。どうせ自分たちの住まいは地獄と決まっているのだから、法然上人を信じて地獄に堕ちたとして、それが何の悔いとなるだろう。これが一生懸命に他の修行もしたうえで、念仏を唱えたために地獄に堕ちたというのだったら、話は別だ。こう説き明かす親鸞は、信者たちにいささかも浄土を実体として保証しない。ただ疑念を捨てて法然を信じるだけだとしか語らない。その結果、親鸞はつまるところ念仏はもはや「行」でもなければ、「善」でもないと主張する。阿弥陀仏が人をして念仏へと向かわしめるのだ。法然にあってはまだ易行として「行」を構成していたこの行為は、もはやそれを唱える側からの意志にいささかも拠らないものとして実践される。それはいうならば、「非行」としか表現のしようのないものだ。

こうした親鸞の救済観と、パスカルが『パンセ』で示した有名な「賭け」との間に類似性を見る立場を、わたしは採らない。なるほど一七世紀のジャンセニスム運動が中世カトリックの儀礼主義に対する反動として、個人の信仰の内面化を強調した事情は、浄土宗と天台宗聖道門との間の関係に似ていなくもない。念仏とは、どこまでも個人によって選択された信仰の行為であるためだ。だが神の実在と非在とを確率の問題として論じ、実在を主張する側についた方が利が多いとするパスカルの論理からは、親鸞が師の法然に寄せた絶対の帰依、つまり絶対の他力本願の姿勢が欠落している。『歎異抄』で語られているのは、いかなる保証もないまま地獄の虚無をかたわらに見据えつつ、なおかつ信仰を維持してゆくことは可能なのかという、究極の問いである。

念仏をめぐる解釈でわたしが独自だと思うのは、若き日の鈴木大拙が唱えたものである。スウェーデンボルグの天界訪問記や神智学に深い関心を寄せていた大拙は、念仏を次のように解釈する。人はけっして意志的な決断でそれを唱えられるものではない。念仏が自然と口から唱え出るようになるためには、阿弥陀仏の側から差し込む光によって当人が覆われ、悟りに近い状態が実現されたときにかぎられる。この考えは神秘家の立場からの念仏解釈としては興味深いが、これもわたしは採らない。それでは身の貴賤善悪を問わず、いかなる衆生であろうとも思いついたらただちに実践できるという、念仏の易行性という本質が蔑ろにされてしまうからである。念仏はどこまでも、「煩悩《ぼんのう》具足《ぐそく》の凡夫《ぼんぷ》」が口にできるものでなければならないのだ。

親鸞には、源信が無邪気に実在を信じえた浄土往生も、法然が疑うすべもなかった念仏の効用も、ともに確証の域を超えたものであり続けた。念仏を唱えることは、わが身をどこまでも宙吊り状態のうちに留めることであり、いかなる支柱もないままに不定形で曖昧な空間に漂い続けることに他ならなかった。真の他力本願とは何であるかという問題が、ここで鋭く浮かび上がってくる。念仏即往生であると信じてこの行を行なうならば、つまるところそれは、他力の姿を装った自力ではないか。他力が他力である以上、それは自己という根拠の消滅をもってなされなければならぬ。法然にすべてを委ねて念仏を信じることこそが、そのまま阿弥陀仏への他力本願に通じている。

だが、ここで思いもよらぬアイロニーが生じる。救済の未決定性のさなかに身を置くためには、際限のない精神の強度が必要とされるのだ。もし親鸞の説くとおりであるならば、人は念仏を唱えるたびにみずからの状況の未決定性を更新しなければならず、それに耐え続けることは信仰者に新たな困難をもたらすことになる。彼が説く「非行」はたちまち反転して苦行難行と化し、他力は隠されていた自力性という本質を剥き出しにする。念仏を唱えるとは、こうして原理的に終わりなく続けられる反転の劇に身を投じることである。そして地上のすべてを捨ててそれに身を委ねる者とは、絶対の寄る辺なさのなかで、ただ一筋の蜘蛛の糸を頼りに極楽へ這い登ろうとする、芥川龍之介の童話の主人公に似ている。

法然と親鸞とは、その性格といい教説の説き方といい、あらゆる点で対照的な存在である。法然は対機説法、すなわち眼前に人を見て、相手の目を見ながら教えを説くことに長けていた。彼は執筆を好まず、その思想の大部分は口伝と書簡によっている。親鸞は比叡山で天台宗の頂点を極めたエリート僧であり、法然とは比較にならないほど高等な教育を受けていた。だが彼は二九歳のときに法然に出会い、たちまちこれまでの知的蓄積を放棄して、彼に全面的に帰依する。この才気煥発な弟子は四六駢儷体《しろくべんれいたい》を駆使して漢文を優雅に綴ることもでき、生涯を通して莫大な著述活動を続けた。

親鸞が浄土宗の門を叩いたとき、法然はすでに多くの弟子を抱える身であった。だが彼はこの利発にして過激な青年を見込んで、当時僧侶には厳重な禁忌であった妻帯を、あえて彼に命じた。それは親鸞にのみ与えられた試練であった。そのため彼は、法然と同時期に流罪を申し渡されることになった。それ以後、越後と常陸における長期の滞在が、このエリート僧の人間観を大きく練り上げたことは、つとに知られている。だがその実態については、詳らかではない。わたしは三國連太郎が『白い道』で小説化し、続いて映画化してみせた親鸞、細民や賤民の群れに積極的に身を投じ、フォークロアの世界に間近いところに居を定めていた親鸞の像は、きわめて興味深い解釈だと思う。実際に親鸞が布教者として秀でていたかは別として、そこには差別と人権問題に長らく携わってきた三國による、生きた親鸞体験が息づいているように思われる。

法然と親鸞の間に横たわっている今ひとつの違いとは、前者が始祖であり、後者がその継承者であるという点に係わっている。簡単にいえば、法然はただ己の思考する革命的な信念を弟子たちに語るだけでよかった。だが彼の教説を引き継ぎ、その正統的なあり方を後世に伝えることを任務とした親鸞には、それ以上になすべきことが控えていた。念仏の教えが誤って理解され、多くの信者を惑わせたと知ると、彼は最晩年までそれに対し逐一反駁し、教義の正統性を保持しなければならなかった。「善人なおもて往生をとぐ、いはんや悪人をや」という教えは誤解され、悪事を働いた方が浄土へ行きやすくなるという謬説の原因となった。息子の善鸞が、父親から秘密の法門を授かったと詐称して、東国の信者たちを混乱に陥れたこともあった。八四歳の高齢で、親鸞はこの息子を義絶しなければならなかった。

『歎異抄』という書物が一般の眼に注目されるようになったのは、江戸期に入ってからのことである。明治になるとそれはさらに多くの読者を集め、仏教改革論者から国粋主義者まで、さまざまな知識人がその難解な修辞をめぐって発言を重ねた。長らく曖昧であったその著者が、親鸞の弟子の唯円であったと認められたのは、さらに後のことである。夥しい著作を遺した親鸞ではあったが、皮肉なことにその死後に纏められたこの口伝集によって、彼の教えは現代人に広く知られることになった。親鸞と唯円との間には、イエスと福音書作者ほどの距離が横たわっていると見なすべきであろう。『歎異抄』を貫いているのは、法然から親鸞、そして唯円へと、教義の継承の正統性を護持顕彰せんとするイデオロギーであり、法然と親鸞との間に介在していたはずであろう、念仏をめぐる微妙な陰影の違いは、つとめて排除されている。これは題名の示すように、異端を嘆き、それを批判する論争のテクストなのだ。だがもしこの書物が、イエスをめぐる福音書のように四人の著者によって四通りに執筆されていたとすれば、どうだっただろうか。浄土真宗のあり方は現在とはまったく異なったものとなっていただろう。

他力であるはずのものが自力へと反転してしまい、易行であるはずのものが難行と化してしまう。専修念仏は既成の仏教が築き上げてきた、絢爛たる知の天蓋をにべもなく解体するというラディカルな挙に出た結果、無限の逆理を導きだすことになった。この回転扉の運動を停止するためには、思い切って浄土と往生という観念を解体構築するしかないだろう。仏教と呼ばれる信仰の体系が、いつどこでその枠組みを内側から解体させることになるのか。易行としての認識と、難行としての高度な認識とは、どこでどう切り結ばれるのか。わたしにとって親鸞の思想がつねにスリリングであるのは、その契機を秘めているからに他ならない。

『教行信証』論

1　ひそかにおもんみれば

『教行信証』は不思議な書物である。いや、書物という観念が独自性や完結性という印象を与えるのであれば、むしろテクストと呼ぶべきかもしれない。それは作者の生前に一応の完成を見ているが、本質的に未完で、表面的には閉じているように見えて、巨大な開口部をもったテクストである。

親鸞は長い歳月にわたってこの大部の著作に携わっていたことを、公言しようとしなかった。晩年にいたって、わずかに側近の門弟にその書写校合を許したばかりである。主なる部分が執筆されたのは東国においてだった。その後、京に移って補筆と改訂がなされた。参照すべき書物の不在と書物の過剰。加筆と改訂はテクストに揺らぎをもたらすことになった。とはいえ彼が大変な労苦を払って著述に専心していたことを知る者は、ほとんど存在していなかった。

親鸞は若き日に難解なる仏典を学び、学僧として勉学に励んでいた。法然と出逢った後は苦行の無意味を知り、ただ他力に訴えることだけを説いた。にもかかわらず筑波の地にあって日がな書斎に閉じこもり、秘密裡に理論的な著作の執筆に精魂を傾けた。

衆生に向かってはただ一心に念仏を唱えることを説いた。浄土に生まれ変わるにあたって、苦行など不要である。ただ阿弥陀仏にすべてを任せ、名号を唱えるだけでよい。だがその一方で彼は、人知れず自力によって教理の究極に到達しようと試みた。他力を主張しながらも、自力によって真理を解明しようとした。それが心躍ることであるはずがない。だが親鸞はある悲痛な使命感のもとに、厖大な歳月と労力をこの著作のために費やした。

いうまでもなく、これは矛盾である。他力によって浄土の門を潜るように説く者が、完璧なる他力に帰依することがあたわず、難解なる教理を前に苦闘を強いられるとは。彼はその心中を、和讃を通して告白した。

悪性《あくしょう》さらにやめがたし

こゝろは蛇蝎《じゃかつ》のごとくなり

（『親鸞和讃集』p.201）

わたしの悪い性格は治しようがない。心はまるで蛇や蝎のようだ。『教行信証』とは書かれたテクストであると同時に、自力と他力の間で、究極的にどちらにも帰属できないままに執筆を続けた親鸞の、内側に深く根差していた乖離の現象である。「ひそかにおもんみれば」、心の深いところで声低く（sotto voce）人にいえない秘密のことを考えてみるのだが……という表現のなかに、このテクストの本質が横たわっている。

『教行信証』は正式には『顕浄土真実教行証文類』という。浄土真宗の教・行・信・証を全編にわたって明らかに示す文書というほどの意味である。

もっともそれは、容易に近づくことのできる書物ではない。原文は日本化された漢文で、親鸞本人の手で送り点が施されている。そのため、註釈を頼りにすれば、読み進むことはさほど困難ではない。文庫本にして四〇〇頁と少し、『歎異抄』と比較するならばなるほど大部であるが、けっして経典として読み通すことができないほどの分量ではない。とはいうものの構成が実に錯綜している。初めてこの書物を手にする者は、蔓や地上根が複雑に絡み合う、南国の密林に迷い込んだような気持ちに捕らわれることだろう。それでも怖気づかずに読み進もうとする者は、節くれだった枝葉に足を捕らわれることを覚悟しなければならない。木々の間にわずかに覗く地面に足場を見つけ、けっして急ぐことなく、根気強く探求を続けていくことが求められるのだ。

全体は六巻に分かれている。「教行信証」の名にふさわしく、序文に続いて「教」「行」「信」「証」の四巻が最初に置かれている。だがそれだけでは教説は終わらず、「真仏土」「化身土」の二巻が加えられている。各巻の長さは不揃いである。「教巻」はひどく短く、わずか五頁の長さしかないが、「信巻」や「化身土巻」はゆうに一〇〇頁を越えている。この不均衡はながい執筆時間の間に、著者が次々と新しい原稿を加筆したり、旧稿の間に挟みこんだりしたため、当初に予定していた厳密な構成が、途中から大きく揺らいでしまったためである。

これはどこまでも推定でしかないが、『教行信証』は一二一〇年、親鸞三八歳の時点ではすでに着手されていた。大部の書物が一応の完成を見たのが一二二四年、著者が五二歳のときであり、その間には一四年の歳月が流れている。だがその後も機会をみて、細部における加筆や訂正がなされてきた可能性がないわけではない。一二四七年には側近であった尊蓮が筆写校合をしているのだから、いくらなんでもその時にはテクストは定まっていたと見るべきだろう。とはいうものの現存する親鸞自筆の真蹟本（東本願寺蔵）には、夥しい添削改訂の痕跡が見られる。

この書物については、一般の経典のように、閉じられた体系の提示をもって完結するといったテクストであると考えない方がいいと、わたしは考えている。とりわけ最終巻における「外《げ》教邪偽《きょうじゃぎ》」への注記や魔王波旬《はじゅん》の娘をめぐる挿話などを読むと、永遠に終わらない書物であるといった印象がある。いったいどうしてこのような脱線が延々と続くものかと、思わず首を傾げたくなる記述も少なくはない。

だがこうした当惑が、どこまでも今日の書物観に基づいた、歴史的に限定された印象であることを、ここで忘れてはならない。中世において書物とは稀有なものであった。印刷術が普及し発展する以前には、それはまず手にすればただちに筆写すべき何ものかであり、事実、親鸞は最晩年に到るまで、少なからぬ他人の経典を書写して門弟に与えている。『教行信証』というテクストの成立においても、同様のことがいえる。筑波という辺境の地にあって図らずも掌中にした経典を、もしそこに参照すべきものがいささかでもあるならば、とりあえず書き写しておきたい。机に向かう親鸞の胸中にあったのは、そうした一念であったと、わたしは想像している。『教行信証』は、親鸞がみずからの実存を賭けた独自の思考の賜物ではあるが、その一方で『浄土三部経』の近傍にある大量の経典から大量の抜き書きをし、他者のテクストを平然と併呑することで成立した書物である。それは本来的にいって、つねに開かれた収蔵庫《アーカイヴ》であると見なすべきではないか。

『教行信証』は単線上に進行していくテクストではない。また均質的な記述によって伸展していくテクストでもない。それはいたるところで分岐し、脱線と冗語を繰り返すエクリチュールである。先行する膨大な量の仏典から次々と引用がなされ、引用の内側でさらに別のテクストの言葉が召喚されるという、驚くべき事態さえ起きている。一つの主題が熱心に論じられていたかと思うと、突然に中断されてしまい、巻を越えてまったく別のところで新しく再開されたりする。後半部分に到ると、全体の構成からしてどうにも不必要としか思えない記述が続いている。そうかと思えば、山中の巨岩から水が吹き零れるかのように、著者の内面の告白が迸り出てくるような、美しい箇所が散見する。約めていうならばこの大部の書物は一見したところ無秩序であり、テクストは混沌とした態を示している。順序立てて読み進み、容易に要約を施すということができないのである。

だがいくたびか読み直しているうちに、こうした無秩序の記述の背後に細やかな配慮がなされていることがわかってくる。バッハの『フーガの技法』ではないが、最初に短い主題が提示され、それが時をみて巧みに変奏され、反復と反転を通して、次々と新しい主題を創りあげてゆく。テクストの内側を進む者は、思いもよらぬところで冒頭の主題が姿を変え、より力強く回帰するさまを認めることになる。それが途中で大きな転調を迎える。「信巻」の途上に差しかかったところで、これまで公理のように拝跪されてきた経典に差し替えが行なわれ、テクストの航路に変更がなされることになる。座標軸に変動が生じているのだ。

ともあれこの書物に接近する手立てとして、冒頭と中間部、結末部、具体的にいうならば序文の冒頭と、途中で転調がなされる「信巻」の序文、「化身土巻」の最後部という三つの部分を並べてみることで、エクリチュールの底に流れている通奏低音のあり方を確かめてみることにしよう。

> ひそかにおもんみれば、難思《なんじ》の弘誓《ぐぜい》は難度海《なんどかい》を度《ど》する大船《だいせん》、無礙《むげ》の光明《こうみよう》は無明《むみよう》の闇《あん》を破《は》する慧日《えにち》なり。しかればすなはち浄邦《じようほう》、縁熟《えんじゆく》して調達闍世《じようだつじやせ》をして逆害《ぎやくがい》を興《こう》ぜしむ。浄《じよう》業《ごう》、機《き》あらはれて釈迦韋提《しやかいだい》をして安養《あんよう》をえらばしめたまへり。これすなはち権化《ごんけ》の仁《にん》、ひとしく苦悩《くのう》の群萠《ぐんもう》を救済《ぐさい》し、世雄《せおう》の悲《ひ》、まさしく逆謗闡提《ぎやくほうせんだい》をめぐまんとおぼす。
>
> （『教行信証』p.23）

「ひそかに考えてみよう。阿弥陀仏が立てた誓願は壮大すぎて、人はそれを心に想い浮かべることすらできない。その誓願は、危険な海を渡航するさいに乗る巨船のようなものである。阿弥陀仏の光を妨げるものは存在していない。その光は愚かで救いなき闇を貫く、叡智の太陽である。さて、今ここに、浄土教を説く縁というものがいよいよ熟してきた。ダイバダッタとアジャセの事件が起きたのである。浄土教の機運が生じてきた。シャカがイダイケ王妃に安養浄土の地を準備して与えたのだ。彼らはかりそめにも普通の人の姿をしているが、実はシャカが、苦しみに喘ぐ大勢の人々を救済しようとするときの姿である。またシャカの深い慈愛が、五逆の罪を犯し、救いの道を絶たれた者にすら恩恵を与えようと思うときの姿でもある。」

これが『教行信証』の書き出しである。きわめて凝縮された漢語的表現が続くので、当初は面食らうが、経典だと割り切っていくたびも音読を重ねていくうちに、少しずつ言葉の意味が解きほぐされてくる。ナンジノグゼイワ、ナンドカイヲドスルダイセン……。最初の方ではn, dといった子音の連鎖が続き、「無礙の光明は無明の」とm音の反復へと移っていって、不思議な韻律を作り上げている。

冒頭の一行目に、はやくも『教行信証』の最初の大きな主題である海と航海、暗黒と光明という二対の言葉が顔を見せている。さらに次を読むと、もう一つの主題である、アジャセ王子による父王殺害の物語への暗示がなされている。いずれの主題についても後に章を改め、その内実を詳しく記しておきたいが、有体にいってこの書物の主題はそれに尽きる。『教行信証』の面白いところは、徒に前言に耽ることを避け、冒頭で早くも二つの問題設定を行なってしまうところにある。

「ひそかにおもんみれば」という書き出しからただちに連想されるのは、親鸞の師であった法然が『選択本願念仏集』の冒頭近くに書き付けた、次の一節である。

私《わたくし》に云く、窃《ひそか》に計《はかり》みれば、それ立教《りっきょう》の多《た》少《しょう》は宗《しゅう》に随《したが》つて不同《ふどう》なり。

（『選択本願念仏集』p.12）

［わたしがひそかに考えたことですが、教えを立てるということは、宗派によって多少の違いがあるものです。］

若き日の親鸞は、あまたいる法然の弟子たちのなかで、この書物を筆写することを許され、法然から題字と自分の名を真筆で書き与えられるという特権的な処遇を受けた。その後、流謫の寄る辺なき日々のなかで、おそらくは暗誦するほどまでに繰り返し読み直したことであろう。『教行信証』を執筆するにあたって、「窃《ひそか》に計《はかりみ》れば」という一節が無意識的に想起されたことは想像に足る。それは教説の信奉という問題を越えて、書く行為に向かい合うときに師から弟子へと継承された身振り、ハビトゥスであるように思われる。

次に「教巻」「行巻」を飛ばして、「信巻」の序文から引いてみよう。ちなみに全六巻からなる『教行信証』のなかで、わざわざ序文を掲げているのは、冒頭を除けばこの巻だけだ。それは著者である親鸞が、この巻をもってテクストが折り返し点にさしかかったという認識を抱いていたことを暗に示している。

> それおもんみれば、信楽獲得《しんぎようぎやくとく》することは、如来選択《によらいせんじやく》の願心《がんしん》より発起《ほつき》す。真心《しんしん》を開闡《かいせん》することは、大聖 衿哀《だいしやうこうあい》の善巧《ぜんぎよう》より顕彰《けんしよう》せり。しかるに末代《まつだい》の道俗《どうぞく》、近世《ごんせ》の宗師《しゆうし》、自《じ》性唯《しようゆい》心《しん》にしづんで、浄土《じようど》の真証《しんしよう》を貶《へん》す。定散《じようさん》の自《じ》心《しん》にまどふて、金剛《こんごう》の真信《しんしん》にくらし。こゝに愚《ぐ》禿釈《とくしやく》の親鸞《しんらん》、諸仏如来《しよぶつによらい》の真説《しんせつ》に信順《しんじゆん》して、論家《ろんげ》釈 家《しやくけ》の宗義《しゆうぎ》を披閲《ひえつ》す。ひろく三経《さんぎよう》の光沢《こうたく》をかうぶりて、ことに一心《いつしん》の華文《かもん》をひらく。しばらく疑問《ぎもん》をいたして、つゐに明 証《みやうしよう》

をいだす。まことに仏恩《ぶつおん》の深重《じんじゅう》なるを念《ねん》じて、人倫《じんりん》の哢言《ろうげん》をはぢず。浄邦《じょうほう》をねがふ徒《と》衆《しゅ》、穢域《えいき》をいとふ庶類《しょるい》、取捨《しゅしゃ》をくはふといふとも、毀謗《きはう》を生《しゃう》ずることなかれ。

（『教行信証』p.127）

［さて考えてみよう。人が真実の信心を獲得するのは、如来が選んだ本願の御心から始まるものである。真実の心が開かれるのは、シャカの憐れみによる巧みな策のおかげで形を見たものだ。にもかかわらず末代の者たちは、出家であれ、在家であれ、また諸宗の師僧たちは、自分の本性、自分の心に耽溺拘泥するばかりで、浄土の真実の証しを蔑《ないがしろ》にしている。自力で心を統一したり善行を行なったりはするけれども、金剛石のように固い真実の信仰のことはよく知らないでいる。ここにわたし、愚禿坊主の親鸞は、さまざまな仏たちの真実の教えを信じ従い、インド、中国、日本の高僧の論議註釈を眺めてみた。浄土三部経の輝かしさを身に受け、とりわけ『浄土論』の一心の、あのすばらしい文章を繙いた。まず最初に問題を提示し、次にそれを明確に解き明かしてみる。仏の縁は深く重いものだ。それを思うと、人が何と悪くいおうとも、恥かしい気持ちなど感じるわけがない。浄土を求める人々、現世の穢れを厭う人々は、取捨をすることこそあるかもしれないが、これを悪しざまに謗ってはいけない。］

これはいうなれば、仕切り直しの宣言である。この序文のなかで親鸞は改めて仏の本願の意義を説き、自分に向かって他力の道を選ぶことの再確認を求めている。彼は浄土の教えを無視し、自力に拘泥する僧侶たちを批判し、彼らから誹謗中傷を受けてもいっこうに動じないという立場を改めて明確にしている。後に詳しく記すことにするが、「信巻」において特筆すべきなのは、冒頭で予告されていたアジャセの問題がここで初めて本格的に検討され、白熱戦ともいうべき議論が展開されていることだ。もっともその緊張した論議にさしかかる前に、心の準備はよいかと、あらかじめ自分にいい聞かせているのが、この文章にほかならない。「それおもんみれば」という書き出しは、いうなれば第二の序文であり、いかなる逆境に置かれたとしても、けっして自説を撤回することはないという、親鸞の心中の決意を物語っている。そしてこの「信巻」でのスリリングな議論を分水嶺とすることで、『教行信証』は後半へと移行してゆく。

ところで、この書物の末尾のあたりはどうなっているのだろうか。

ひそかにおもんみれば、聖道《しょうどう》の諸教《しょきょう》は行証《ぎょうしょう》ひさしくすたれ、浄土《じょうど》の真宗《しんしゅう》は証道《しょうどう》いまさかんなり。(……)よろこばしきかな、心《しん》を弘誓《ぐぜい》の仏地《ぶつじ》にたて、念《ねん》を難思《なんじ》の法海《ほうかい》にながす。ふかく如来《にょらい》の矜哀《こうあい》をしりて、まことに師教《しきょう》の恩厚《おんこう》をあふぐ。慶喜《きょうき》いよ〳〵いたり、至孝《しこう》いよ〱おもし。これによりて真宗《しんしゅう》の詮《せん》を鈔《しょう》し、浄土《じょうど》の要《よう》をひろふ。

（同p.444, 446〜447）

「ひそかに考えてみよう。聖道の（伝統的な）教えは、修行も悟りも長い間に衰えてしまった。今では浄土真宗こそが悟りの道として、盛んに唱えられている。（……）悦ばしいことではないか。心を仏のしろしめす壮大な誓願の地のうえに立て、想像も及ばぬ真理の海に、思いを流す。如来の慈愛の深さを知り、師の教えの恩の厚さを仰ぎ見る。悦びはいよいよ大きくなり、孝行の念がますます強く感じられてくる。というわけで今こそ真宗の究極のところを書き記し、浄土の教えの要点を書きとめておいた。」

「ひそかにおもんみれば」という言葉が、冒頭と同じくここでも反復されている。これは西洋音楽の言葉を借りていうならば、リトルネロ、つまり小さな旋律の回帰《リトルノ》である。ささいではあるが同じ表現が反復されることによって、語り手は読者を冒頭へと連れ戻し、歓喜をもってその回帰を認める。

とはいうもののリトルネロは同一なるものの回帰ではない。書物の冒頭、中仕切り、そして巻末と、ここに並べた三つの引用を比べてみると、大きな違いが横たわっていることがわかる。

冒頭で告知されているのは、いよいよ浄土の教説が説かれるべき機運が熟したという、予告の言葉である。それでは、そのために解明され、解決されなければならない問題とは何か。語り手は緊張と警戒の相のもとに、それを手短に説明してみせる。

書物がちょうど真ん中にさしかかったところで出現する「それおもんみれば」は、それまでの前提を深く理解したうえで、議論がいよいよ熱を帯びて本格化していくことを予告する徴である。もはや「ひそかに」思案する必要などない。他人からの誹謗中傷を怖れることなく、堂々と自説を展開してみようではないかという親鸞の決意と矜持が、ここでは強く感じられる。

書物の最終部分では、もはや解決すべき問題はみごとに解決されている。究極の真理の実現が、勝ち誇った強い到達感をともなって語られている。浄土の教説はついに興隆をはたした。さまざまな困難と紆余曲折にもかかわらず、阿弥陀仏の誓願は実現され、人々は如来の慈愛の深さを理解するにいたった。

こうして『教行信証』は幸福な終わりを告げる。すべてを読み終えた者は、数多くの逸脱と転調にもかかわらず、このテクストがみごとな整合性を湛えていることを今さらながらに認識することだろう。読者は著者の積年にわたる労苦を偲ぶとともに、書物のまったき完成が阿弥陀仏の意思と権能に基づくものであることを、強い歓びのもとに受け入れるのだ。

では具体的にこの書物はどのように構想され、どのように執筆されてきたのだろうか。それを知るためには、まず著者である親鸞の、宗教家としての生涯を辿らなければならない。

実は『教行信証』を読み進めていくと、晦渋なる教理が延々と説かれている合間を縫って、突然に著者の内面の独白が挿入されているところがある。親鸞の内面の悲嘆と寄る辺なさが、あたかも岩間から湧き出る清澄な清水のように、予告もなく表白されている箇所が、いくつも存在している。たとえば「信巻」の一節。

まことにしんぬ。かなしきかな愚禿鸞《ぐとくらん》、愛欲《あいよく》の広海《こうかい》に沈没《ちんもつ》し、名利《みょうり》の大山《たいせん》に迷惑《めいわく》して、定聚《じょうじゅ》のかずにいることをよろこばず、真証《しんしょう》の証《さとり》にちかづくことをたのしまず、はづべしいたむべし。

(同p.192)

[心得ておくべきことを、ここにキチンと記しておこう。愚禿の親鸞はなんと悲しいことよ。広大な愛欲の海に溺れ、名声と功利の高い山に迷っている。浄土へ向かう者たちのうちに数えあげられていることを、悦ばしく思おうともしない。真実の悟りに近づいていることを愉しいとも思わない。これは恥ずべきであり、傷ましいことではないだろ

うか。」

こうした個人的な感慨が、これもまたリトルネロのように、寄せては返す旋律となって繰り返され、やがて最終章、「化身土巻」の結末部分で一挙に、堰を切ったかのように噴出する。それが先に引用した部分で(……)と略号をつけ省略したところである。全体を原文で引くのは大部なので、簡単に要約をしてみることにしておきたい。

親鸞はひそかに回想する。一二〇七年のことであったが、仏の教えがあまりに逸脱し、学者たちが誤った修行に耽っているのに耐えられなくなった興福寺の学僧たちが、太上天皇(後鳥羽院)に対して奏上を申し出たことがあった。これに対して土御門天皇とその臣下たちは大いに怒り、恨みを懐いた。その結果、源空(法然)法師をはじめその門弟数人が弾圧を受けた。死罪にされたり、僧籍を剥奪され、遠国に流刑にされたりした。かく申す自分もその一人であり、それ以降はもはや僧侶でも俗人でもない、曖昧な身の上となった。わたしが禿という姓を用いるのはそのためである。五年の歳月が経った。源空は赦されて都に戻り、一二一二年に入寂された。

さて自分はというと、一二〇一年の時点で、それまでの自力の修行を捨て、本願に帰依した。

一二〇五年に師匠源空の許しを得て、師の著書を書き写し、師から「選択本願念仏集」という内題の文字や自分の名前を真筆で書いていただいた。また師の画像を描き写すことも許された。師は画像の銘として、「南無阿弥陀仏」と第十八願を書き込んでくださった。夢のお告げによって「綽空」という、それまでの自分の名前を改め、「親鸞」と記してくださった。『選択本願念仏集』は真宗の要点と奥義を記した書物であり、門弟のなかでもそれを書き写すことのできた者は少ない。自分はそれを許されたばかりか、師の画像を写すことまで許された。これも一心に念仏を行なった徳ゆえであり、浄土に行けることが決定的となった。なんと悦ばしいことだろう。

『教行信証』の末尾では、こうしてそれまでの部分で漣のように繰り返されてきた旋律が、これを最後とばかりに大きなうねりを見せ、大きな展開を見せることになる。大いなる真理の実現を前に悲嘆と孤独は克服され、ただ歓びだけが現前する。錯綜した迷路の連続だと思えていた光景の背後に、実は巧みに計算された調和が隠されていたことが判明し、言葉が織りなす網状組織の内側にあって繰り返し唱えられてきたことが、最後にみごとに結実する。フーガの主題は反転と変奏を重ね、あらゆる逸脱を肯定しながら、大いなる解決に到達するのだ。『教行信証』を読み終わったとき感じる骨格の手ごたえとは、そのようなものである。

2　海の隠喩、光

前章では『教行信証』の全体が一見混沌のように見えて、実は小旋律の反復を契機に組み立てられた巧みな構築物であることを記しておいた。そこでもう一度、この書物の冒頭に戻り、そこに早くも大きな主題が提示されていることを確認しておこう。

> ひそかにおもんみれば、難思《なんじ》の弘誓《ぐぜい》は難度海《なんどかい》を度《ど》する大船《だいせん》、無礙《むげ》の光明《こうみょう》は無明《むみょう》の闇《あん》を破《は》する慧日《えにち》なり。しかればすなはち浄邦《じょうほう》、縁熟《えんじゅく》して調達闍世《じょうだつじゃせ》をして逆害《ぎゃくがい》を興《こう》ぜしむ。
>
> （『教行信証』p.23）

二つのことが語られている。ひとつは海と航海、暗黒と光明、迷妄と救済をめぐるものであり、きわめて抽象的で隠喩に満ちた記述がなされている。もうひとつは物語的な構造をもっており、シャカの時代に古代インドに生きた、ダイバダッタとアジャセという悪逆の徒をめぐるものである。

この二つは、対等の資格において並んでいるわけではない。斜めの角度で交差し、それぞれのもっとも突出した一点において重なり合っている。最初の一文は阿弥陀仏に帰依することで成就される、困難ではあるが喜悦に満ちた救済のあり方を説いている。それに対して続く一行は、いかなる悪人でも赦されうるのか、また救済されうるのかというラディカルな問いを掲げ、人間における救済の不可能性と不可避性の検討を求めている。実をいうとその検討は、阿弥陀仏が念仏による衆生の救済を思い立った誓願、つまり他力本願の根源に関わる問題である。この問題を具体的に探究することで、人ははじめて最初の問題、すなわち具体的な救済の場における阿弥陀仏の慈愛の深さを理解できることだろう。だが逆に道筋を辿ることも可能だ。第一の主題を通して救済の無差別性をひとたび受け入れた後に、その極端に困難な例として、第二の主題の中心となる逸話へ接近することである。いずれにせよ二つの主題は、お互いに相手の尾を口に含む二匹の蛇のような関係にあり、『教行信証』は全体として両者を同時に理解することを読む者に求めている。

アジャセの悪行とその救済の物語については、後に詳しく触れることにして、まず最初の問題、すなわち海と航海をめぐる主題体系について考えてみることにしたい。

親鸞において海は、両義的で矛盾した表情のもとに現われる。それはまず際限もなく続く

（恒沙＝ガンジス河の砂の数ほどにも）苦痛と認識の過ち（無明）の空間であり、人間がけっして到達できない規模をもった、圧倒的な脅威である。この海を航海することは危険にして困難きわまりないものであり、それゆえ「難度海」と呼ばれる。「滅《めつ》すべきところの苦《く》は大海《だいかい》のみつのごとし。」（同p.47）［消し去らねばならぬ苦しみは、大海の水のように多い。］

とはいうものの、ほんのわずかでもいいが、この苦海を前にわが身の欲望を軽減しようと思う者がいれば、その者は苦しみを脱して、歓喜の世界に到達することができるだろう。

一毛《いちもう》をもて百分《ひやくぶん》となして、一分《いちぶん》の毛《もう》をもて大海《だいかい》のみづをわかちとらんがごとし。二三渧《にさんたい》のもしすでに滅《めつ》せんがごとし。大海《だいかい》の水《みず》は余《よ》のいまだ滅《めつ》せざるもの丶ごとし。二三渧《にさんたい》のごとき心《こころ》おほきに歓喜《かんぎ》せん。

（同p.46〜47）

［たとえば一本の髪の百分の一の細さの毛を用いて、大海の水を掬いあげようとする。水はわずか二、三滴が減ったようなものだ。大海の水はいまだ少しも減っていない。もっともこの二三滴のおかげで、心は大きな悦びに包まれる。］

海はなるほど苦と誤謬に満ちてはいるが、同時にこの苦痛を浄化するだけの、ほとんど無限とも呼ぶべき拡がりをもっている。それは自力によってなされた善や修行、すなわち虚偽と邪心に汚れた善を押し流し、より肯定的な別の善に造り直すという役割をもっている。いかなる「五《ご》濁悪時《じょくあくじ》の群生海《ぐんじょうかい》」（同p.116）であるといえども、ひとたび阿弥陀如来の言葉を信じるならば、それは「本願海」に転じることができる。「衆水《しゅすい》、海《かい》にいりて一味《いちみ》なるがごとし。」（同p.116）［さまざまに多くの水もひとたび海に入ってしまえば、同じになってしまう。］

　この原理をより詳しく述べた行《くだり》をいくつか引いてみよう。

願海《がんかい》は二《に》乗《じょう》雑善《ぞうぜん》の中下《ちゅうげ》の屍骸《しがい》をやどさず。いかにいはんや人天《にんでん》の虚仮《こけ》邪偽《じゃぎ》の善業《ぜんごう》、雑《ぞう》毒雑心《どくぞうしん》の屍骸《しがい》をやどさんや。
（同p.108）

［本願の海は自力の善しか行わない二流の者の屍骸を、水のなかに留めることをしない。いわんや人間や天人の世界での、虚偽と邪心の善行や、毒に塗れた屍骸を留めておくことはない。］

海《かい》といふは、久遠《くおん》よりこのかた凡聖《ぼんしょう》所修《しょしゅ》の雑修雑善《ざつしゅぞうぜん》の川水《せんすい》を転《てん》じ、逆謗闡提恒沙無明《ぎゃくほうせんだいごうじゃむみょう》の海水《かいすい》を転《てん》じて、本願大悲智慧真実恒沙万徳《ほんがんだいひちえしんじつごうじゃまんどく》の大宝海水《だいほうかいすい》となる、これを海《うみ》のごとしとたとふるなり。

（同p.107〜108）

［海というのは久しい昔から現代にいたるまで、川の水や海の水を引き受けている。凡人聖人を問わず、修行したり、善行を積んできたことの川の水や、悪逆非道の輩《やから》、仏縁をもたぬ者が携えている、膨大な無明（救済の不可能性）の海の水のことだ。海はそれらを本願の愛と知恵の真実、膨大な功徳に満ちた貴重な海の水に作り直す。それゆえに海のようだと喩えるのだ。］

すでにして海とは阿弥陀仏がしろしめす海である。それはもはや苦痛と虚偽と汚穢に満ちた拡がりではなく、「慈悲海」であり、「誓願海《せいがんかい》」「智慧海《ちえかい》」「法門海《ほうもんかい》」（同p.86）と、阿弥陀仏の属性をもって呼ばれることになる。この海は智恵と誓いに満ち溢れていて、深淵にして涯というものがない（「弥陀《みだ》の智願海《ちがんかい》は、深広《じんこう》にして涯底《がいてい》なし。」同p.69）。それは「弘誓一乗海《ぐぜいいちじょうかい》」（同p.111）であり、「大《だい》信心海《しんじんかい》」（同p.169）であり、「無辺《むへん》の生死海《しょうじかい》」（同p.447）である。「序」の冒頭に掲げられた「難度海《なんどかい》」

の一節は、旋律がみごとに反転して、「行巻」の半ばでは次のような変奏のもとに現われることになる。

大悲《だいひ》の願船《がんせん》に乗《じょう》じて、光明《こうみょう》の広海《こうかい》にうかみぬれば、至徳《しとく》のかぜしづかに、衆禍《しゅか》のなみ転《てん》ず。すなはち無明《むみょう》の闇《あん》を破《は》し、すみやかに無量光明土《むりょうこうみょうど》にいたりて、大般涅槃《だいはつねはん》を証《しょう》す。（同p.99）

［大きな慈愛の誓いの舟に乗って、光に満ちた広々とした海に浮かんでみると、至徳の風がそっと生じ、群なす厄難の波を騒がせる。ただちに救いがたき昏迷の闇が切り裂かれ、計り知れない光の溢れる地にするすると到着する。巨大な船は涅槃に達したのだ。］

このとき、それまできわめて困難であった航海は、実は悦びに満ちたものに転じる。「陸道《ろくどう》の歩行《ぶぎょう》はすなはちくるしく、水道《すいどう》の乗船《じょうせん》はすなはちたのしきがごとし。」（同p.51）［陸路を歩いて行くのは大変だが、船に乗って水路を行くのは愉しい。］

ここでもう一度、序文の冒頭に立ち戻ってみよう。暗闇のなか、困難な海を渡航する巨船は、突然に阿弥陀仏の発する「無礙《むげ》の光明《こうみょう》」、すなわち何ものにも妨げられることのない強烈な光に出会う。ではこの光は何を意味しているのだろうか。

『教行信証』の後半、「真仏土巻」はけっして長いテクストではないが、全巻にわたって巨大な光としてのブッダの描写に終始している。そこでは「無量寿仏《むりょうじゅぶつ》の威神光明《いじんこうみょう》、最尊第一《さいそんだいいち》にして諸《しょ》仏《ぶつ》の光明《こうみょう》のおよぶことあたはざるところなり」（同p.280）［無量寿仏の威厳に満ちた光はもっとも尊く、最高のものであって、他の仏たちの光には到達のできないところである］と前置きした上で、『大無量寿経』に記された、さまざまな異名が羅列されている。「無量光仏《むりょうこうぶつ》、無辺光仏《むへんこうぶつ》、無《む》礙光仏《げこうぶつ》、無対光仏《むたいこうぶつ》、炎王光仏《えんのうこうぶつ》、清浄光仏《しょうじょうこうぶつ》、歓喜光仏《かんぎこうぶつ》、智慧光仏《ちえこうぶつ》、不断光仏《ふだんこうぶつ》、難思光仏《なんじこうぶつ》、無称光《むしょうこう》仏《ぶつ》、超日月光仏《ちょうにちがっこうぶつ》」（同p.280）。延々と続く形容のカタログを纏めてみるならば、その光は際限がなく広大で、対立するものも遮るものもない巨大な炎のようであり、清らかにして叡智に満ちている。また人間の力では思考することも名付けることもできず、太陽と月を超えるほどの輝きに満ちているとされる。

また親鸞はさらに別の仏典に基づいて、

阿弥陀仏《あみだぶつ》の光明《こうみょう》、最尊第一《さいそんだいいち》にしてならびなし。諸仏《しょぶつ》の光明《こうみょう》みなおよばざるところなり。

八方上下《はっぽうじょうげ》無央数《むおうしゅ》の諸仏《しょぶつ》のなかに、仏《ぶつ》の頂中《ちょうちゅう》の光明《こうみょう》、七丈《しちじょう》をてらすあり。仏《ぶつ》の頂中《ちょうちゅう》の光明《こうみょう》、一里《いちり》をてらすあり。仏《ぶつ》の頂中《ちょうちゅう》の光明《こうみょう》、二百万仏国《にひゃくまんぶつこく》をてらすあり。仏《ぶつ》のたまはく、もろ〳〵の八方上下《はっぽうじょうげ》無央数《むおうしゅ》の仏《ぶつ》の頂中《ちょうちゅう》の光明《こうみょう》、炎照《えんしょう》するところみなかくのごとし。阿弥陀《あみだ》仏《ぶつ》の頂中《ちょうちゅう》の光明《こうみょう》の炎照《えんしょう》するところ千万仏国《せんまんぶつこく》なり。

（同p.282～83）

［阿弥陀仏の光はもっとも尊く、最高のものであって、並ぶ者がいない。他の仏たちの光は、どれ一つとして及ぶことができない。世界のいたるところに存在している仏たちのなかには、その頂の光が七丈に達する者がいる。また一里に及ぶ光をもつ者もいる。二百万の仏国を照らしだすほどの、強力な光をもつ者もいる。とはいえ、仏がいうところによれば、世界のいたるところに存在する仏たちの頂の光が照らし出す範囲は、大体がこの程度のものである。しかるに阿弥陀仏の頂の光が照らし出す範囲は、なんと千万の仏国に及んでいる。］

といって、最大限の形容を用いて光の強度と拡がりを説明している。それは文字通り、「日月《にちがつ》の明《みょう》よりもすぐれたること百千億万倍《ひゃくせんおくまんばい》なり」（同p.283）［太陽と月よりも、百千億万倍である］と語られている。
阿弥陀仏の光明は人を圧倒するばかりではない。それはあらゆる意味において人に功徳を施すことができる。

それ衆生《しゅじょう》ありてこのひかりにまうあふものは、三垢《さんく》消滅《しょうめつ》し、身意《しんい》柔軟《にゅうなん》なり。歓喜《かんぎ》踊躍《ゆやく》して、善心《ぜんしん》こゝに生《しょう》ず。もし三塗《さんず》勤苦《ごんく》のところにありても、この光明《こうみょう》をみれば、みな休《く》息《そく》をえてまた苦悩《くのう》なし。

（同p.280）

［もし人間がその場にいて、この光に出会ったとしたら、三つの汚れた欲望が消え去り、軀も心も軽やかに和らぐことだろう。歓びに躍り上がって、善き心が生まれてくる。たとえ三つの悪道の苦しみのさなかにいたとしても、この光を見れば、誰もが安らぎを覚え、苦しみを忘れることだろう。］

光は人を欲望から解放し、その苦痛を消し去るばかりではない。それはそれ自体として知恵でもある。「光明《こうみょう》は不羸劣《ふるいれつ》になづく。不羸劣《ふるいれつ》といふは、なづけて如来《にょらい》といふ。また光明《こうみょう》はなづけて智慧《ちえ》とすと。」(同p.287)[光は疲れ衰えることがない。それがゆえに如来と呼ばれるのだ。そしてこの光は知恵とも呼ばれる。]

阿弥陀仏はこうして暗黒のさなかに偉大なる光として出現する。それは宗教史家エリアーデの語を用いるならば、神聖なるものの顕現、すなわちヒエロファニー ιεροφάνεια である。だがこの超越者はユダヤ=キリスト教の絶対神のように、人間に向かって託宣をするわけではない。彼はただ現前する。というより仏が現前するという事態そのものが、何よりも仏のメッセージなのである。彼は何ごとも語らず、ただ尽きることのない光明として人間の前に現われる。現前するという行為そのものが仏の思惟であり、意志である。そしてこの現前を通して人間は救済される。

阿弥陀仏には四つの特徴がある。一つには、少しも軀を動かさずしてさまざまに姿を変え、泥のなかで蕾を開く花(「淤泥華《おでいけ》」同p.258)のように仏の功徳を施す。第二に、いかなるときでも大光明を放つ。第三に、多くの仏の会座を余すところなく照らす(「無余《むよ》」同p.259)。第四に、仏のいましまず国土ばかりか、まだ三宝のないところでも荘厳する。つまるところ、阿弥陀仏こそが諸仏の正体であり、「おそらくは長劫《ちょうごう》におなじことをしんぬ」(同p.256)[おそらく永遠に等しい間、同一不変の存在であると判明する]と、親鸞は記している。

ここでわれわれは二つの点について留意しておかなければならない。一つは阿弥陀仏の出現が天上からの降臨という垂直的な形を取らず、むしろ水平軸においてなされているという事実である。もう一つは出現が光明という形を取るにもかかわらず、あるいはそれゆえに、人間にとって視覚的な認識が抑圧され、それに代わって発語という行為が求められるということである。いずれもが『教行信証』の核心となる二つの要素なので、ここで検討しておきたい。

阿弥陀仏はけっして高みから降り来るわけではない。彼が姿を現わすのは無明の海の彼方にある「無《む》量《りょう》光明《こうみょう》土《ど》」においてである。またそれは書物の後半では「真仏土《しんぶつど》」とも呼ばれることになる。『教行信証』は降臨と昇天という垂直の移動については語らない。人はつねに渡水と航海の喩のもとに救済に到達する。このことに関しては、後に往相《おうそう》と還相《げんそう》の問題を論じるときにもう一度触れておきたいが、親鸞にあってはまず水平軸における移動が重視されていることを忘れてはならない。それは彼のテクストにあってしばしば言葉が範例的に羅列され、長々しいカタログを構成しているという事実とも無関係ではない。『教行信証』では、しばしば事物とその形容が際限なく並べられる。垂直的な論理の飛躍は忌避され、どこまでも横滑りに言葉が並べられる。エクリチュールは水平的であり、飛翔ではなく航海のモデルのもとに目的地に到達する。

阿弥陀仏の顕現における第二の特徴は、それが必ずしも視覚的な語りを喚起せず、むしろその抑圧に向かうことである。このことは、あまりに強烈な光は人を盲目にさせるという事実とは別に、人をして念仏という発語行為へと向かわしめる契機として検討に値する。

親鸞は阿弥陀仏に関して、くだくだしく描写をしない。われわれが仏像を通して知っているはずの優雅な容姿について語ろうとしない。『教行信証』を読むかぎり、彼はただ『大無量寿経』から、次のように通り一遍の、抽象的な表現を借りてくるばかりである。

今日世尊《こんにちせそん》諸根悦予《しよこんえつよ》し、姿色清浄《ししきしようじよう》にして光顔巍巍《こうげんぎぎ》とましますこと、あきらかなるかゞみのきよくして、かげ表裏《ひようり》にとほるがごとし。威容顕曜《いようけんよう》にして、超絶《ちようぜつ》したまへること無量《むりよう》なり。

（同p.30）

［今日、ブッダは全身に悦びが満ちあふれ、お姿は清らかであり、光り輝くお顔もふくよかでいらっしゃる。澄みきった鏡のように汚れなく、影が表から裏へ透き通って見えるかのようだ。その気高い容貌は輝かしく、計り知れないまでに超絶としている。］

ここで強調されているのは、光の輝きのなかに浮かび上がる、ほとんど実体を欠いた透明さである。だがそれは具体的な視覚像を構成しない。というよりむしろ、視覚的なるものを狭めることで浮かび上がる、別の形態をした現前を強調したいかのように思われる。

親鸞は光明寺の善導和尚が「一行三昧」について、次のように説いたことを重視している。

たゞすゝめてひとり空閑《くうげん》に処《しょ》して、もろもろの乱意《らんい》をすてゝ、心《こころ》を一仏《いちぶつ》にかけて、相貌《そうみょう》を観《かん》せず、もはら名字《みょうじ》を称《しょう》すれば、すなわち念《ねん》のなかにおいて、かの阿弥陀仏《あみだぶつ》および一《いっ》切《さい》の仏等《ぶっとう》をみることをうと。

（同p.67）

［ただ自分から進んで誰もいないところに身を置き、さまざまに思い乱れる気持ちを捨て、心を仏にだけ向けて、仏の姿や形を想像することなく、ひたすらにその名前だけを称《とな》えるならば、ただちにその念仏の間に、あの阿弥陀仏ばかりか、すべての仏たちを見ることができる。］

だが、どうして阿弥陀仏の姿や形を心中で映像化してはいけないのだろうか。どうして声の方が映像よりも優位に立っているのか。親鸞はそれに対し、次のように答えている。

いまし衆生《しゆじよう》さはりおもくして、境細心粗《きようさいしんそ》なり。識《しき》あがり神《じん》とびて観成就《かんじようじゆ》しがたきによりてなり。こゝをもて大聖悲憐《だいしようひれん》して、たゞちにすゝめてもはら名字《みようじ》を称《しよう》せしむ。まさしく称名《しようみよう》やすきによるがゆへに、相続《さうぞく》してすなはち生《しよう》ず。

（同p.67）

［人間は罪障が重い。想像すべき仏は微細なものだというのに、粗雑な認識しかできず、精神にも乱調がある。想像を成し遂げることは難しい。それが原因である。それがゆえに仏は人間を憐れに思い、ひたすらに自分の名前を称えることを勧めるのだ。名前を称えるだけならば簡単だからで、それを続けていけば浄土に生まれることができる。］

こうして念仏の是非が導かれることになる。仏の現前とは仏が映像として立ち現われることではない。仏の名前が唱えられることが、すなわちすでに仏の現前なのだ。阿弥陀仏とは阿弥陀仏という名前に他ならず、その名前を口にするかぎりにおいて、ただちに現前する何者かである。この仏がどのような容貌をし、どのような託宣を口にするかは、いささかも問題ではない。阿弥陀仏の意味とは無量の光として顕現することであり、それはその名前を称えることによってのみ可能となる。いや、もはや名前を称えることがすなわちその現前なのだ。

親鸞は「南無阿弥陀仏」という念仏について、次のように説明している。

> みなを称《しよう》するに、よく衆生《しゆじよう》の一切《いつさい》の無明《むみよう》を破《は》し、よく衆生《しゆじよう》の一切《いつさい》の志願《しがん》をみてたまふ。称名《しようみよう》はすなはちこれ最勝《さいしよう》真妙《しんみよう》の正業《しようごう》なり。正業《しようごう》はすなはちこれ念仏《ねんぶつ》なり。念仏《ねんぶつ》はすなはちこれ南無阿弥陀仏《なもあみだぶつ》、南無阿弥陀仏《なもあみだぶつ》はすなはちこれ正念《しようねん》なり。
>
> （同p.44～45）

［仏のお名前を称えるならば、仏は人々のあらゆる救いがたき昏迷を破り、あらゆる願いを果たしてくださる。称名とはもっとも優れた、真実の、正しい行為である。正しい行為とは念仏のことだ。念仏とは南無阿弥陀仏を称えることであり、南無阿弥陀仏こそが正しい思念なのである。］

また別の所では、

南無《なも》といふは、すなはちこれ帰命《きみよう》なり。またこれ発願廻向《ほつがんえこう》の義《ぎ》なり。阿弥陀仏《あみだぶつ》といふは、すなはちこれその行《ぎよう》なり。この義《ぎ》をもてのゆへに、かならず往生《おうじよう》をう。

（同p.73）

［「南無」というのは帰命、つまり心を寄せて従うということである。如来の誓願に従って浄土へ生まれ変わるという意味である。阿弥陀仏とは、往生する主体である。こうした意味だからこそ、念仏を称えれば必ず浄土に行くことができる。］

念仏を称えるだけで浄土に行けるのかという問いに対し、親鸞はあっけらかんと、その通りであると答えている。このような簡潔にして自信に満ちた断言は、親鸞に先んじること二〇〇年、同じく念仏の功を説いた源信には考えられぬものであった。源信は『往生要集』（九八五年、寛和元年）のなかで、平生時における念仏と臨終時におけるそれとを厳密に区別し、称名においては細かな約束ごとを定めないかぎり、その利益を得ることはできないと定めていたからである。親鸞にとって念仏とは阿弥陀仏の顕現を約束するものである以上に、阿弥陀仏そのものであった。浄土への往生を保証するものである以上に、そのパフォーマティヴな行為が浄土そのものを現出せしめる権能を持っていた。

こうして念仏の教義が確定された。では人はいかにして念仏という行為へと導かれることになるのか。いかにして阿弥陀仏の顕現を目の当たりにし、真仏土へ到達することができるのか。だがこの本質的な問題を考える前に、われわれは少し横道に逸れ、テクストとしての『教行信証』を基礎づけている別の問題について触れておかなければならない。この書物を構成している声の起源に関することである。

3　ガンジスの砂の数ほどの引用

『教行信証』は匿名の語り手のもとに、いかにも解説書のように仏教の教説を祖述した書物ではない。語り手はどこまでも「愚禿釈」の親鸞その人である。先にも記したように、ときおり間欠泉のように迸り出る彼の個人的な情感の存在からも、それは明らかである。

では、この語り手は何を手掛かりとして、釈迦と阿弥陀仏の教えを知るにいたったのか。情報源となるのはいうまでもなく先行する経典であるが、夥しい経典のなかにあっては、いずれかの書物を真理の公準として認定しておかなければならない。

「いづれのところにかよる、なんのゆへにかよる、いかんがよる、いづれのところにかよるとならば、修多羅《しゅたら》によるなり。」（『教行信証』p.60〜61）［何を典拠とすべきか、その理由とは何か、どのようにして典拠とするのか、何を典拠とすべきかといえば、すなわち経典《スートラ》なのである。］だが、すべての経典が適切なのではない。一二種類に分類される経典にあって、ブッダが直接に説いたものをとりわけ「修多羅《しゅたら》」、すなわちスートラと呼ぶのだが、絶対の基準として選ばれる修多羅はそのなかでもとりわけ優れたものでなければならない。「教巻」の冒頭に「それ真実《しんじつ》の教《きょう》をあらはさば、すなわち大無《だいむ》量寿経《りょうじゅきょう》これなり。」（同p.29）とあるのは、『大無量寿経』をもって以下の続くテクストの究極の参照項とするという宣言である。

『大無量寿経』は『仏説無量寿経』とも『無量寿経』とも、また約《つづ》めて『大経』ともいい、『観無量寿経』『阿弥陀経』と並んで、一般的に『浄土三部経』と呼ばれている経典である。「無《む》量寿《りょうじゅ》はこれ安楽浄土《あんらくじょうど》の如来《にょらい》の別号《べつごう》なり。」（同p.57）［「無量寿」とは安楽浄土の如来の別名である。］岩波文庫『浄土三部経』の解説によるならば、その成立はおそらく西暦一四〇年ころに、インドのクシャナ王朝のどこかであったと推定されている。この経典を構成しているのは、弟子アーナンダを前にしたブッダの説教であり、そのなかで修行僧ダルマーカラがローケーシヴァラ・ラージャ（世自在王仏）に向かって立てたもろもろの誓願が中心的な位置を占めている。ちなみに原文はサンスクリット語であるが、親鸞が手にしたのはいうまでもなく漢訳である。

『教行信証』のあらゆるところに、この『大無量寿経』が顔を覗かせている。それは単に「経」とか『如来会』と呼ばれたりして、すべての言説の基準となる公器の役割を果たしている。とはいうものの親鸞は他にも三十数点の経典に言及し、それらからの引用を長々と羅列している。登場する順番に名前を記しておこう。

『大宝積経』、『大阿弥陀経』、『無量清浄平等覚経』、『悲華経』、『十住毘婆沙論』、『助菩提』、『宝月童子所問経』、『無量寿経優婆提舎願生偈』、『無量寿経連義述文賛』、『観仏三昧経』、『華厳経』、『讃阿弥陀仏偈』、『目連所問経』、『往生礼讃』、『文殊師利所説摩訶般若波羅蜜経』、『観無量寿経』、『観経疏』、『観念法門』、『浄土五会念仏略法事儀讃』、『称讃浄土経』、『仏本行経』、『般舟三昧経』、『新無量寿観経』、『楽邦文類』、『観音義疏』、『正信法門』、『阿弥陀経義疏』、『正観記』、『往生要集』、『心地観経』、『選択本願念仏集』……。

この書物のリストを眺めてみると、いくつかの興味深い事実が判明する。『大阿弥陀経』や『観無量寿経』のように、『浄土三部経』の他の二つの経典が挙げられているのは当然に思えるし、源信の『往生要集』や師でもある法然の『選択本願念仏集』が顔を見せているのも、浄土宗の文脈のなかでは自然のことに見える。

いや、この表現では充分ではない。法然門下にあって、親鸞が居並ぶ先輩僧をさしおいて、師から『選択本願念仏集』の書写を許されたという事実を想起してみるならば、この書物が『教行信証』に圧倒的な影を投じていることは説明を要しない。たとえ文中にその名をめぐって言及がなされていないときでも、そこには『念仏集』の教説が背後に控えているといった場合が数多く存在している。順序としては逆になるが、『教行信証』を一読した後で『念仏集』に赴いた読者は、教義の根本はもとより比喩形象にいたるまで、親鸞が実に多くのものを法然から借り受けていることに気づくことだろう。

さて、他の仏典への言及に話を戻すならば、『華厳経』の名はあっても、『法華経』はない。本邦ではもっともポピュラーな経典である『般若心経』についても同様で、親鸞はその存在を無視している。にもかかわらず、言及されているいくつかの書物、たとえば『無量寿経優婆提舎願生偈』や『無量寿経連義述文賛』などは、その題名からして『無量寿経』の註釈書、解説書であったと推測される。

ちなみにこうした混乱は、親鸞から八〇〇年後に生きるわたしにも、個人的に了解のできる性格のものである。一九七〇年代の初頭、日本に初めてジャック・ラカンの思想が紹介されたとき、わたしはその日本語訳を手にしてまったく理解できない自分を発見した。ペーパーバックの原書を入手したものの、それも歯が立たず、仕方なく英訳を取り寄せたり、解説書を読んだりして、彼の理論の輪郭を探ろうとした記憶がある。まして中世初期とは、書物を手にすることがきわめて困難な時代であった。漢訳された仏典を理解するさい、親鸞が註釈書による解釈を、可能なかぎり傍証として併記しておきたいと考えたところで不思議はない。仮にそれが記述の重複といった印象を現代人に与えたとしても、当時と現在では書物についての観念が大きく異なっていたという事実を想起するならばそれで充分であろう。

とはいうものの、『大宝積経』に含まれている『無量寿如来会』と『無量清浄平等覚経』とは、基本的に同一の書物である。後漢朝から宋朝までの、ほぼ千年の間に、『大無量寿経』は一二回にわたって翻訳がなされている。『無量清浄平等覚経』はそのもっとも古いものの一つで、後漢時代に訳業がなされた。『無量寿如来会』は唐代に翻訳がなった。『教行信証』にはしばしば、異なった書名のもとに、ほとんど同一の内容の引用が続けてなされていることがあるのは、こうした事情に起因している。

親鸞はこの事実に、はたしてどの程度まで自覚的であったのだろうか。それとも彼は経典に複数の漢訳があることに無頓着で、異なった題名をもつ書物が、いくぶん叙述の陰影こそ違え本来的に同一の内容を語っているという事実を前に、改めてブッダの真理の普遍をより強く確信するにいたったのだろうか。『教行信証』は叙述に重複が多く、いたるところ引用ばかりで、著者である親鸞の書物としては独創性に欠けるという評言が、これまでしばしばなされてきた。だがこの大部のテクストを前にわれわれが留意すべきなのは、親鸞が書物なり教説の独創性という観念にいささかも関心をもっていなかったという事実である。そこに記されている真理が『大無量寿経』という絶対の公準から自動的に導き出されたものである以上、そこに記述者である自己に独自の解釈などというものを改めて施す必要がどこにあろうか。自分が言及したあらゆる経典を基礎づけているのが『大無量寿経』である以上、そこに相同性や類似性が認められたとしても何の不思議もないというのが、親鸞の基本的な立場であった。

この世界の全体にはガンジス河の砂の数ほどの仏が存在している。もし彼らの説く教えがそれぞれに異なっているとすれば、そのどれを信じればよいのか。こうした問いに対し、『教行信証』は端的に答えている。

諸仏《しよぶつ》の言行《ごんぎよう》あひ違失《いしつ》したまはず。たとひ釈迦《しやか》さして一切《いつさい》の凡夫《ぼんぶ》をすゝめて、この一身《いつしん》をつくして専念専修《せんねんせんじゆ》して、いのちをすてゝのちさだめてかの国《くに》に生《しよう》ずといふは、すなはち十方《じつぽう》の諸仏《しよぶつ》ことぐ〳〵みなおなじくほめ、おなじくすゝめ、おなじく証《しよう》したまふ。なにをもてのゆへに、同体大悲《どうたいだいひ》のゆへに。一仏《いちぶつ》の所化《しょけ》は、すなはちこれ一切仏《いっさいぶつ》の化《け》なり。一切《いっさい》仏《ぶつ》の化《け》は、すなはちこれ一仏《いちぶつ》の所化《しょけ》なり。

（同p.356〜57）

［仏どうしの間に、言葉と行動で違いはない。もしシャカがすべての人間にむかって、この身を尽くして念仏と修行に邁進するように勧め、生命が尽きるときには必ずやあの浄土に生まれ変わると請け負ってくださるのであれば、それは他のすべての仏たちも、誰もが同じようにそれを讃え、同じことを勧め、同じことを請け負ってくださるという意味なのである。どうしてであろうか。それは仏ならば誰もが持っている広大な慈愛ゆえにである。一人の仏が導くところは、すべての仏の導くところでもある。すべての仏の導くところは、一人の仏の導くところでもある。］

ここに述べたように、一人の仏の言動が、同時にすべての仏のそれと同じであるとすれば、同じことがどうして仏の教えを説く経典において成立しないわけがあるだろうか。親鸞において、仏と経典は互いに齟齬をきたすことなく、個別性をはるかに越えた存在である。ある経典と別の経典が同一の原典の異なった漢訳であるという問題は、こうした認識に立つかぎりにおいて廃棄される。あらゆる経典が同時に同じことを説いたとして、何がいけないことがあろう。またそうした相同的な言葉を目に付くかぎり収集して筆写し、ひとつの巨大なテクストの内側に縫いこめたとして、そこにどのような不都合が生じようか。

先にも書いたことであるが、一三世紀の東国で『教行信証』の執筆に勤しんでいた親鸞にとって、書籍と情報への接近は京都ほどに容易ではなかった。辺境の地へ赴くにあたって持参することのできた書物が限られていたことは想像に足る。そうした状況にあって書物という概念が、今日のわれわれのそれと大きく異なっていたとしても、それは不思議ではない。書物とはそれを運よく手にしたとき、ただちに筆写すべき何ものかであった。もし親鸞が先に名を掲げた経典からの抜き書きをしていなかったとしたら、比叡山のような学問組織に属している特権的な学僧を除けば、それらに目を通す者は少なかったであろう。

親鸞にとって書くという行為は、独創性という問題の圏内にあるものではなかった。仏の大悲について記すという作業とは、それについてすでに書かれている先行テクストを蒐集し、その抜き書きの引用集を作成することに他ならなかった。一人の仏の声は同時に世界のすべての仏の声である。こうした認識のもとで一冊の書物は、それが完成された瞬間に巨大な収蔵庫《アーカイヴ》となり、さらに次の瞬間には、さらなるテクスト断片を受け入れてやまない未完結性を提示することになった。『教行信証』のテクストが最終的に固まった年代を正確に指定することは、おそらくそれほど意味のあることとは思えない。ひとたび原稿に封印を施したとしても、親鸞がその後も新たなる経典から抜き書きをそこに加えなかったという保証がどこにもないからだ。かくして『教行信証』は、たとえ現実的には完結していようとも、本質的に未完結性を湛えることになった。それはあらゆる仏の言葉を、強烈な相同性のもとに迎え入れてやまない開かれた作品として、われわれの眼の前に現前している。

親鸞の文体に横たわっている水平的な羅列への志向は、こうしたテクストのあり方と密接に関連している。垂直的な跳躍を許さず、置換の可能な言葉を際限もなく並置していくという作業は、そこにリスト化される言葉の間に強い相同性が働いていることを前提としている。引用され、言及されるあらゆる言葉は仏の属性であり、仏に回帰すべきものである。それゆえそれらはすべて、光明に満ち、神聖なるものの顕現を分有しているのである。『教行信証』の言葉とは、無限の点のように並ぶ光明が創りだす集合体であり、それは強烈な磁力によって、「南無阿弥陀仏」という言葉へと収斂していくのである。

とはいうものの『大無量寿経』を絶対的な典拠として書きすすめられていった『教行信証』は、ちょうど折り返し点に差しかかったあたり、巻でいうと「信巻」の中途で微妙な転調を迎えることになる。楽曲に喩えるならば、キーが変わるのだ。それまで一度も顔を見せていなかった『大涅槃経』が頻繁に登場するようになり、後に別に章を設けて書くことになるが、アジャセ問題を検討するときに指導的な参照軸の役割をはたすようになる。

「行巻」までを執筆していた時点で親鸞がこの経典を読んでいなかったといってしまえばそれまでであるが、「信巻」から「化身土巻」へと書物が後半に到ったとき、明らかに理論的な基準軸の変更がなされているという印象が否めない。そこにはアジャセ問題を解決するにあたって従来の『大無量寿経』に依拠するだけでは充分ではないという、親鸞の判断があった。この転調が『教行信証』という大著の全体に微妙な陰影、微妙な歪みを投げかけていることは、テクストが声低く語っているところである。詳細についてはもう少し後廻しにすることにして、われわれはこれから、日本の仏教テクストにおいて『教行信証』が体現している文体的偏差とは何かという問題に少し付き合っておきたい。文体とはこの場合、思考の痕跡であり、思考のあり方そのものであるといえる。それが親鸞における空間認識に深く関連していることを、われわれは理解しておかなければならない。

4　際限のない羅列

『教行信証』の文体は、この書物を語っている声のあり方に深く関わっている。

親鸞は『教行信証』を執筆するにあたって、先行する数多くの仏典に典拠を求め、引用に引用を重ねつつ教説を説いた。ところによっては他者の言説の分量があまりに多すぎて、著者である親鸞の言葉を見つけ出すのが困難に思える箇所も少なくもない。厖大な引用から構成されている書物といえば、西洋の近代以降ではフロベールの『ブヴァールとペキュシェ』やマルクスの『経済学・哲学草稿』、また新しいところではベンヤミンの『パサージュ論』といった作品がただちに思い出される。『教行信証』をそうした書物と比較できるかどうかは措くとして、少なくとも著者である親鸞の構想のなかに、テクストの外部からの言説を無際限に引き受けることで、書物が単独の声に帰着することを回避しようとする意志があったことは、確実であったように思われる。その結果、完成した書物は、阿弥陀仏をめぐる言説の収蔵庫《アーカイヴ》に近い性格を帯びることになった。

だが、こう記した瞬間に、わたしはテクストをめぐる強い疑問に襲われることになる。親鸞は自著のなかに先行する夥しい経典の声を導きいれたのだが、はたしてその声は誰に帰属しているのだろうか。個々の経典の執筆者なのだろうか。それとも経典のなかで教えを説いているブッダなのだろうか。先にわたしは『教行信証』が一応は完成を見たと記したが、そもそもアーカイヴに完成というものがありうるものだろうか。親鸞が『教行信証』の著者であると書いたとき、その「著者」は、現代のわれわれが当然のように受け取っている著者の概念とはたして同一なものなのだろうか。

『教行信証』を読み進んでいくときわたしの心を捕えて離さないのは、この書物の非近代的(前近代ではない)あり方をめぐるこうした疑問である。だがさしあたって検討すべきなのは、それを執筆するに際して親鸞が用いた文体でなければならない。文体の偏差を見つめることによって、徐々にテクストのなかの階梯を登り、書物全体のあり方へと視点を移動してみようというのが、本章でのわたしの狙いである。ともあれ具体的に『教行信証』からいくつかの例を取り出し、それをつぶさに分析していくという作業を開始しなければならない。

日本に百済から仏教が伝来したのは六世紀の中ごろである。仏教は儒教と同じく漢文によって伝わり、漢文化に親しい権力者の知識層の間でまず広まった。聖徳太子がこれを篤く庇護したのが七世紀。やがて平安時代ともなると、空海や最澄といった思想家が輩出することになった。

七九七年に空海が執筆した『三教指帰《さんごうしいき》』を手に取ると、そこに驚くべく優雅な漢文が実現されていることがわかる。執筆当時まだ二四歳であったこの思想家は、『詩経』『楚辞』から同時代のポルノグラフィー『遊仙窟』にいたるまで、豊富な読書遍歴を物おじせずに披露し、儒教、道教、仏教の間での比較思想学を展開している。文体は端正に磨き上げられた四六駢儷体であり、四字と六字の対句が破格なく、強い装飾性を帯びて続いていくさまは壮観である。当時の日本は唐からすれば辺境、蛮族の地でしかなかった。だがそこに生を享けた若者が、いまだ唐に留学をする以前に、完璧に近い文化的洗練さを体得していたことは、特筆するにたる。空海が苦慮していたのは、現代思想としての仏教が辺境の地にあって歪み、地方化を被ってしまうことであった。それを拒否するためにも、テクストは規範を越えてまで洗練された漢語、すなわち共通語《リンガフランカ》で、明晰な論理のもとに執筆されなければならなかった。

鎌倉仏教にいたって、日本の仏教的言説は大きく変化する。末法の世に、辺土に生を享けたという事実が、もはや回避できない重大な課題として眼前に迫ってきたとき、仏教の文脈のなかで知的思考を続けてきた者たちは、中国の高雅で洗練された文体で書き続けることの無為を思い知らされる。自分が語りかけようとする相手はどこまでも日本人であり、彼らのリテラシーは優雅な「普遍語」からはほど遠いものである。この自覚はおのずから彼らの文体に変化を与える。なるほど彼らは著述に際して、九世紀に生きたエリート僧、空海と同じ漢文を採用し、そこに読み下しの符牒を添え、日本語として音読が可能な形で原稿を執筆する。だがそれはいささかも規範的にして普遍的な漢文などではなく、日本語の継起的秩序によって決定的に変更された漢文である。鎌倉仏教の思想家たちはもはや中国語ではなく日本語で思考し、それを表現する手立てとして漢文を採用しているにすぎない。親鸞が『教行信証』を著わしたとき、彼を取り囲んでいた言語状況はそのようなものであった。

今ここで、親鸞の文体を検討するに先立って、彼とまったく同時代を生きた道元のそれを参照項としてここに掲げてみたい。鎌倉仏教を代表するこの二人の思想家は活動の時期が重なり合い、ともに晩年を京都で過ごした。彼らの住居は奇しくも目と鼻の距離にあったが、互いに交渉はなかった。曹洞宗の僧侶であった道元にとって念仏とは、「春の田のかへるの、昼夜になくがごとし」（「辦道話」）という評言にも明らかなように、軽蔑すべき何ものかであった。親鸞はといえば、「非僧非俗」という立場に立つ以上、禅宗どころか日蓮宗といった同時代の宗教的動向に対してすら関心を喪失していた。彼が道元の座禅第一主義に興味を抱くことはありえなかった。

かくのごときにこの二人が没交渉であったことは事実である。にもかかわらず『正法眼蔵』と『教行信証』という、日本思想史にあって特筆すべき二部の大著が、ともに一三世紀前半から中頃にかけて執筆されたという事実は、偶然の一致と見なすだけではすまない問題のように思われる。先にも記したように、『教行信証』は推定ではあるが、おそらく一二二四年(元仁元年)あたりまでには一応の執筆が終了していた。それに対し、『正法眼蔵』の巻頭を飾る「辦道話」が執筆されたのが一二三一年。この大著は道元が逝去する一二五三年まで、二〇年以上にわたって書き継がれた。いずれもがすぐれて同じ時代になった書物であった。

ここでこの二つの書物からそれぞれに短い文章を断片的に取り出し、道元と親鸞がいかに異なった文体の持主であるかを比較検討してみよう。いうまでもないことだが、文体の差異とは思考のパターンの差異であり、ひいていえば世界観、言語観の差異でもある。

「有時」は道元の『正法眼蔵』のなかでも、特異な美しさをもつことで知られている章である。冒頭を読んでみよう。

いはゆる有時《うじ》は、時《じ》すでにこれ有《う》なり、有はみな時なり。丈六金身《こんしん》これ時なり、時なるがゆゑに時の荘厳光明《しょうごんこうみょう》あり。（……）恁麼《いんも》の道理なるゆゑに、尽地《じんち》に万象《ばんしょう》 百草《ひゃくそう》あり、一草《いっそう》一象《いっしょう》おのおの尽地にあることを参学すべし。かくのごとくの往来は、修行《しゅぎょう》の発足《ほっそく》なり。到恁麼《とういんも》の田地《でんじ》のとき、すなはち一草一象なり。会象《えしょう》 不会象《ふえしょう》なり、会草《えそう》不会草《ふえそう》なり。正当《しょうとう》恁麼時《いんもじ》のみなるがゆゑに、有時みな尽時なり。有草《うそう》有象《うしょう》ともに時なり、時時の時に尽有《じんう》尽界《じんかい》あるなり。しばらくいまの時にもれたる尽有尽界ありやなしやと観想すべし。

（『正法眼蔵（一）』p.252〜53）

「ある時」というが、「時」とはすでに「ある」ものであり、「ある」とはすべて「時」なのである。五メートルの高さをもつ黄金の仏像は「時」である。「時」であるがゆえに、厳《おごそ》かで光り輝いているのだ。（……）という道理であるから、世界のいたるところにさまざまな現象があり、さまざまな植物がある。どの植物もどの現象も、それぞれの世界において現前しているのだと認識しなければならない。こうしたことに思考をめぐらすことが修行の第一歩なのだ。どこでもよい、そうした土地に赴いてみると、植物もあれば現象もある。理解のできる現象もあれば、できない現象もある。理解のできる植物もあれば、できない植物もある。まさにそうした「時」ばかりであるから、「ある時」とは「すべての時」ということなのだ。植物があり、現象がある。いずれもが「時」である。それぞれの「時」にすべての「ある」が、すべての世界が込められている。機会を見て、今の「時」に漏れ零れた「時」や世界があるかどうかを、深く考えてみるべきだろう。」

節くれだった文章である。漢語と日本語が混ざりあっているばかりではない。漢語のなかでも、「道理」や「修行」のように、日本人の日常生活に親しい語彙があるかと思うと、「恁麼」のように、中国でしか用いない表現が混在しているため、すらすらと読み通すことができない。ちなみに「恁麼」とは「そうした」とか「このような」という程度の簡単な単語であり、現在の中国でもネンマと発音されて、日常的に使用されている単語である。それがあえてそのままの表記で記され、あまつさえ「到恁麼」「正当恁麼時」といったように他の漢字と結合して用いられているため、日本人の初見の読者は充分に当惑してしまう。

道元はなぜそのような、日本語としては効率の悪い作業を文中に持ち込んだのだろうか。日本語を通して自動的になされるであろう認識に異化効果《オストラネーニエ》を加えるためである。日本語の文脈に予告もなく、さまざまなレベルでの中国語が挿入され、しかもその用法の意図が明瞭でないままに言説が進行していくとき、それを読む者、朗誦する者は、思わず躓き、立ち止まり、自然化された言語分節の秩序がもはや機能しないことを知らされる。テクストを読むさいに次々と到来する他者の言語を前に、そのつど文脈の位置を調整し、直感を全面的に開放して、著者道元の説く論理の道筋を辿らなければならなくなる。

「有時」とは中国語では単に「あるとき」という程度の、平易な表現である。道元はそれを「うじ」と読ませ、強引に抽象名詞のように扱っている。この単語を二つに分割し、そこから喚起される哲学的思考を自由に遊ばせている。彼にとって探求とは、あらかじめ思考されている概念を言語によって表象することではなく、眼の前に置かれた言語にある一定の操作を加えることで変換を演出することであった。異化された語彙から出発したとき、どのような思考が導きだされるか。それは予期せぬ思考の到来をじっと待ち続けることである。言語が思考を表象するわけではない。逆に言語の歪形が契機となって思考が造成され、伸展してゆくのだ。

このことを具体的に本文に即していうならば、たとえば「一草一象」「会象不会象」「会草不会草」という三つの言葉の連なりは、日常的な論理法則に由来するものではない。漢字の連結のぐあいを組み換え、シニフィアン（意味表現）の戯れのなかから編み出されたものである。それをシニフィエ（意味内容）の側から推測していこうとしても隔靴掻痒の思いが強く残るばかりである。わたしが目下執筆中であるこの原稿では、無理を承知で現代語訳を試みてみたが、いかに精密に解説を施そうとしても、道元が原文によって一気に達成してみせた詩的緊張を再現することはできない。

『正法眼蔵』にあってはこのように、エクリチュールのいたるところに非連続的な跳躍が待ち構えている。しばらくはなだらかに思えた文脈が突然に断ち切れ、見なれぬ中国語の単語が登場したかと思うと、単語の組み換えによってアクロバット的な思考が、一般的な認識能力を平然と無視した形で発展していく。道元は生涯にわたり、中国語を媒介として、日本語にこうした異化効果を施し続けた。それはとりもなおさず、日常的な認識に対する禅宗の側からの、思考秩序の直感的な転換をも意味していた。まさに強靭な精神力だと感嘆しないわけにはいかない。彼は執筆にあたっては簡潔な断言をもってよしとし、それを容易な言葉で敷衍することを避けた。説明をしようとすると、それはさらに新しい思考へと変化してしまうからである。長々とした羅列や冗語は避けられ、言語の跳躍はつねに垂直軸に沿って行なわれた。

ここで『正法眼蔵』の後に『教行信証』から採った文章を提示してみよう。道元の頑ななまでの一元論に対し、親鸞は最初、徹底した二元論を主張する。あらゆるものごとは二通りの仕方で分類されうると説く。すべての概念は対概念である。だがその二項対立は真に均衡ある形で並置されているわけではない。二つのものが同時に提示されるのは、そのどちらか一方が不充分で劣位にあるからである。それはもう片方の絶対的な優位を確実なものとして紹介するため、囮《おとり》として差し出されるものにすぎない。

> つしんで浄土真宗《じようどしんしゆう》を案《あん》ずるに、二種《にしゆ》の回向《えこう》あり。一《ひとつ》には往相《おうそう》、二《ふたつ》には還相《げんそう》なり。
>
> 菩薩阿毘跋致《ぼさつあびばつち》をもとむるに二種《にしゆ》の道《どう》あり。一《ひとつ》には難行道《なんぎようどう》。二《ふたつ》には易行道《いぎようどう》なり。
>
> 遊戯《ゆげ》にふたつの義《ぎ》あり。一《ひとつ》には自在《じざい》の義《ぎ》、(……)二《ふたつ》には度無所度《どむしよど》の義《ぎ》なり。
>
> われもて経《きよう》のなかに如来《によらい》の身《しん》をとくに、おほよそ二種《にしゆ》あり。ひとつには生身《しようしん》、ふたつには法身《ほつしん》なり。
>
> (『教行信証』p.29, 56, 274, 299)

親鸞はあらゆる事象を細かく分類してやまない。八三歳のときに執筆された『愚禿鈔』を読むと、「二教対」「二機対」と称して、あらゆる教説と信心のあり方が、整然とした二項対立のもとに説明されている。

教説には「本願」と「方便」の二種類が存在している。「本願」とは完璧にして欠けるところのない、他力の教えである。それに対し、「方便」はどこまでも浄土に生まれるための要点を押さえた、自力の教えにすぎない。前者が「易」であるとすれば、後者は「難」である。前者が「横」「頓」「超」「真」「純」「正」であるとすれば、後者は「竪」「漸」「渉」「仮」「雑」「邪」である。こうして四〇もの側面において「本願」と「方便」が対比され、いずれの面においても前者が優れていることが語られる。信心のあり方においても同様で、他力の者に対しては「信」「賢」「善」「正」「是」「実」といったぐあいに、肯定的な形容が延々と連なり、自力の者に対しては「疑」「愚」「悪」「邪」「非」「虚」と、否定的な形容がどこまでも続いている。要するに二項のうちの片方はあらゆる意味で正しく完璧であり、他方は不完全で誤ったものである。親鸞は弁証法的なるものにまったく関心を示さない。世界をめぐる認識は完全なものと不完全なものとに二分され、両者の鬩ぎあいによって第三の、より高次な、統合的な認識が生じるということはない。というのも二項対立が設定され、他力の自力に対する決定的な優位が確認された時点で、認識はすでに完璧な段階に達しているからであって、事後は無際限に同語反復《トートロジー》が続くばかりとなる。こうして親鸞の説く二元論は、ほとんどの場合が偽装された一元論であることが判明する。

親鸞のテクストを真の意味で道元のそれから隔てているものとは、いったい何だろうか。それは水平性であり、事物の無限ともいうべき列挙、すなわちカタログである。道元が垂直的想像力に促されて思考を活性化させるとき、親鸞はもっぱら海路をゆく船のように、同じ次元に属する語彙概念をどこまでも羅列してみせる。道元が書くという行為にあって認識の転倒をみずから招き寄せ、予期もせざる高所へと向かうとき、親鸞はすでに到達した高所から低所を眺めている。彼はすべての認識が完了した地点に立って、その認識の完璧さを際限なく説き続ける。そのとき高地とは、いっさいの起伏を超越した絶対の平地であって、そこではすべての言説が本質的に同じ強度をもち、というよりも、道元的な意味での思考の強度から解放されて、カタログ的な列挙に甘んじることになる。

「真仏土巻」にある一節を引いてみよう。

> 如来世尊《にょらいせそん》、国土《こくど》のためのゆへに、時節《じせつ》のためのゆへに、他語《たご》のためのゆへに、ひとのためのゆへに、衆根《しゅこん》のためのゆへに、一法《いっぽう》のなかにおいて二種《にしゅ》の説《せつ》をなす。一名《いちみょう》の法《ほう》において無量《むりょう》の名《な》をとく。一義《いちぎ》のなかにおいて無量《むりょう》の名《な》をとく。無量《むりょう》の義《ぎ》において無量《むりょう》の名《な》を

とく。いかんが一名《いちみよう》に無量《むりよう》の名《な》をとくや。なをし涅槃《ねはん》のごとし。また涅槃《ねはん》となづく。また無生《むしよう》となづく。また無出《むしゆつ》となづく。また無作《むさ》となづく。また無為《むい》となづく。また帰依《きえ》となづく。また窟宅《くつたく》となづく。また解脱《げだつ》となづく。また光明《こうみよう》となづく。また灯明《とうみよう》となづく。……

（同p.297）

［如来はそれぞれの国の事情に応じ、またそれぞれの時節や外国語、人に応じ、もろもろの感覚の容量に応じ、一つの真理を二通りに説明する。一つの名前をもつ真理を通し、計り知れぬ数の名前を説く。一つの意味をもつものを通し、計り知れぬ数の名前を説く。計り知れない数の意味をもつものを通し、計り知れない多くの名を説く。どのようにして一つの名前を通して、計り知れない数の名前を説くのか。それは涅槃のようなものだ。涅槃と名付けてもいいが、無生と名付けてもいい。無出とも、無作とも、無為とも、帰依とも、窟宅とも、解脱とも、光明とも、灯明とも、名付けていい。……］

一見して恐ろしく平易な文章が綴られている。「衆根」や「無量」といったように、今日ではまず用いられない若干の単語を別にすれば、とりわけ難解な単語があるわけではない。文語文に馴れた者であれば、支障なく読み進めることができる。論理の垂直的な跳躍はどこにもない。ただその代わりに言語がどこまでも水平軸に沿って、どんどん横移動を重ねていく。如来が説くただ一つの「名」は、無限に近いまでに細分化された「名」へと分岐する。その「名」とは「涅槃」であり、「無作」である。また「無生」であり、「無為」であり、「帰依」であり、「窟宅」であり、「解脱」であり、「光明」である。引用はこれ以降を割愛したが、実はその後もこのリストは続いて、なんと二五種類に及ぶ言葉が羅列される。いずれもが仏教の本質を理解する際にキーワードとなる単語である。親鸞はその一つひとつを特化することもなく、実に平然と並べていく。これは『正法眼蔵』の著者であれば、まず考えられないことである。親鸞にあっては無花果の実のように、ひとつの言葉のなかに無限に多くの言葉が詰まっている。それらはつねに対等であり、位階の上下をもたない。

「一義のなかにおいて無量の名をとく」という姿勢は、ただちに「無量の義において無量の名をとく」という行為に通じている。ここに名辞と意味の無限の多様性をめぐり、ユートピア的状況が実現する。

親鸞はさらに先を続け、仏陀の本質とは「義異名異」にあると説いている。

いかんが一義《いちぎ》に無量《むりょう》の名《な》をとくや。なをし帝釈《たいしゃく》のごとし。いかんが無量《むりょう》の義《ぎ》において、無量《むりょう》の名《な》をとくやと。仏如来《ぶつにょらい》のみなのごとし。如来《にょらい》の義異名《ぎいみょうい》異とす。また阿羅呵《あらか》となづく。義異名《ぎいみょうい》異なり。また三藐《さんみゃくさんぶつだ》三仏陀となづく。義異名《ぎいみょうい》異なり。

（同p.297〜98）

［一つの意味しかないものに計り知れない数の言葉を説くというのは、たとえば帝釈天のようなものである。計り知れない数の意味をもつものに、計り知れない数の言葉を説くというのは、如来の名前のようなものだ。如来には多くの意味があるが、名前もたくさんある。阿羅漢と呼んでもいい。これも多くの意味で多くの名前である。三藐三仏陀も同様であって、多くの意味で多くの名前である。］

「義異名異」のリストは仏陀の域に留まらない。それは全世界にあってわれわれが認めることのできる、ありとあらゆる存在に及んでいる。

かくのごとき一切《いっさい》、義異名《ぎいみょうい》異なり。善男子《ぜんなんし》、これを無量《むりょうぎ》義のなかに無量《むりょう》の名《な》をとくとなづく。また一義《いちぎ》に無量《むりょう》の名《な》をとくことあり。いはゆる陰《おん》のごとし。またなづけて陰《おん》とす。また顛倒《てんどう》となづく。またなづけて諦《たい》とす。またなづけて四念処《しねんじょ》とす。また四食《しじき》となづく。また四《し》識住処《しきじゅうしょ》となづく。またなづけて有《う》とす。またなづけて道《どう》とす。またなづけて時《じ》とす。またなづけて衆生《しゅじょう》とす。またなづけて世《せ》とす。また第一義《だいいちぎ》となづく。また三修《さんしゅ》となづく。いはく身戒心《しんかいしん》なり。また因果《いんが》となづく。また煩悩《ぼんのう》となづく。また解脱《げだつ》となづく。また十二《じゅうに》因縁《いんねん》となづく。また声聞辟支《しょうもんびゃくし》仏《ぶつ》となづく。仏《ぶつ》をまた地《じ》獄餓鬼畜生人《ごくがきちくしょうにん》天《てん》となづく。また過去《かこ》現在未来《げんざいみらい》となづく。これを一義《いちぎ》に無量《むりょう》の名《な》をとくとなづく。

（同p.298〜99）

「このように、万物は多くの意味をもち、多くの言葉をもっている。いいかね、計り知れない意味のなかで計り知れない言葉を説くというのは、そういうことなのである。一つの意味を計り知れない数の言葉を通して説くことだってある。身体を司る〈陰〉がそれだ。顛倒といってもよい。諦とも、四念処とも、四食とも、四識住処とも、有とも、道とも、時とも、衆生とも、世とも呼んでもよい。第一義でも、三修（身と戒と心のこと）でもいい。因果でも、煩悩でも、解脱でも、十二因縁でも、声聞や辟支仏でもいい。仏のことを、地獄・餓鬼・畜生・人間・天上と呼んでもよい。過去・現在・未来と呼んでもいい。計り知れない量の言葉を通して一つの意味を説くというのは、そのようなことである。」

親鸞が究極的に抱いた言語のヴィジョンにあっては、あらゆる意味があらゆる言葉に自在に対応する。仏陀はあらゆる存在に姿を変え、あらゆる名前、あらゆる言葉の根源となる。このヴェクトルは文字通り留まるところを知らず、ついには仏陀を「地獄餓鬼畜生人天」と呼んで憚らないという、極限的な形をとるまでに至っている。これをはたして親鸞の教義的混乱と呼ぶべきか、それとも意図的になされた修辞と見なすべきか。ともあれ世界に存在するあらゆる意味と言葉を等号で結合させ、そこにいかなる矛盾も生じる余地を残さないという、教義としてはきわめて異常な事態がここに実現する。親鸞にとってそれこそが、「涅槃」において思考がとるべき唯一の形態であった。涅槃とは無量の義と無量の名の蕩尽のもとに出現する現象であり、それは同時に「無為」であり「解脱」であることと同義であった。

『教行信証』ではこうして高揚した調子がひとたび沈静したとき、ふたたび平易にして素朴な喩えが用いられる。「行巻」から、仏陀の「悲願」の意味を読み解いている一節を引いてみよう。

悲願《ひがん》はたとへば大虚空《だいこくう》のごとし、もろ〳〵の妙功徳広無辺《みようくどくこうむへん》なるがゆへに。なをし大車《だいしや》のごとし、あまねくよくもろ〳〵の凡聖《ぼんしよう》を運載《うんさい》するがゆへに。なをし妙蓮華《みようれんげ》のごとし、一《いっ》切世間《さいせけん》の法《ほう》に染《ぜん》せられざるがゆへに。善見薬王《ぜんけんやくおう》のごとし、よく一切煩悩《いっさいぼんのう》のやまひを破《は》するがゆへに。なをし利剣《りけん》のごとし、よく一切驕慢《いっさいきょうまん》の鎧《よろい》を断《だん》ずるがゆへに。勇将幢《ゆうしょうどう》のごとし、よく一切《いっさい》のもろ〳〵の魔軍《まぐん》を伏《ふく》するがゆへに。なをし利鋸《りこ》のごとし、よく一切無《いっさいむ》明《みょう》の樹《き》をきるがゆへに……。

（同p.一一）

［慈愛の願いとは、いうなれば大空に似ている。優れた功徳に限りがないからである。また愚人聖人に関わりなく、誰をも浄土へ運んでくれるため、大きな車にも似ている。世間のしがらみに汚れていないため、美しい蓮の花にも似ている。すべての欲望の病を退治してくれるため、万能の薬にも似ている。驕り慢心の鎧を断ち落としてくれるため、よく切れる剣にも似ている。いかなる魔性の軍をも降伏させるため、勇敢なる将軍の幢《はたほこ》にも似ている。すべての救いがたき昏迷の樹木を斬り落としてくれるため、よく切れる鋸にも似ている……。］

車、蓮の花、万能薬、剣、旗、鋸……。いずれもが民衆の生活にとって親しい隠喩である。旋律を与えるなら、今様としてもそのまま通用するかもしれない平易な修辞が、ここでは意図して用いられている。『教行信証』が当時稀書であった仏典を渉猟し、その抜き書きを通して高度な教理問答に向かおうとする傾向を帯びている一方で、こうした民衆の想像力に強く訴える部分を持っていることを忘れてはならない。ここに引いた一節には、少し韻律を整えるならば、そのまま同時代の『梁塵秘抄』に収録されたとしてけっして不思議ではないような世界が描かれているのだ。この点については後に章を改め、和讃との関連においてもう一度、触れておきたいと思う。

5　水平移動

水平であること、横に移動していくこと、垂直的な非連続を避け、相同的なるものがどこまでも平面的に並んでいくこと。『教行信証』には全編にわたって、高さの回避という空間的偏差が存在している。言葉という言葉がカタログを構成したかと思うと、そのかたわらでは夥しい経典からの引用が、重複を顧みず横並びに配置される。昇天と失墜の代わりに、航海と羅列とが救済の手立てとなる。こうした空間的志向は、「無上菩薩」(至上最高の悟り)を獲得しようとする人間の「菩薩心」においても、縦方向に対する横方向の決定的優位として現われている。

菩提心には竪のものと横のものとがあると、親鸞は説く。竪にはさらに「竪超《しゅちょう》」と「竪出《しゅしゅつ》」、つまり竪に一気に跳び越えるものと進んでいくものの二種類があり、横にも同じく「横超《おうちよう》」「横出《おうしゆつ》」の二種類がある。いきなりこうした分類学を次々と持ち出されても当惑するしかないが、ともかく「信巻」に記されている説明を読み進むことにしよう。竪超、竪出とは「歴劫迂回《りやくこううえ》の菩提《ぼだい》心《しん》、自力《じりき》の金剛心《こんごうしん》」(『教行信証』p.170)である。つまり恐ろしく長い時間をかけて迂回したときにはじめて達成される菩薩心であり、自力で悟りを開こうとする固い決意である。それに対して「横出」「横超」とは、如来の力によって人間に与えられた、なんとか仏になりたいという一心の願いであって、本来的に他力を旨としている。「横出」にはそれでも他力のなかの自力的要素が強いが、「横超」はまさに他力のなかの他力であり、他力における「金剛心」とされる。

横に跳び出ること、横に流れていくことは「迂回」、つまり時間をかけて遠回りをすることの逆であり、一瞬にして悟りを開くことに他ならない。

横超《おうちよう》といふは、すなはち願成就一実円満《がんじようじゆいちじつえんまん》の真教《しんきよう》、真宗《しんしゆう》これなり。また横出《おうしゆつ》あり。すなはち三輩九品定散《さんぱいくぼんじようさん》の教《きよう》、化土懈慢迂回《けどけまんうえ》の善《ぜん》なり。大願清浄《だいがんしようじよう》の報土《ほうど》には品位階次《ほんいかいじ》をいはず、一念須臾《いちねんしゆゆ》の頃《あいだ》に速《すみやか》にとく無上正真道《むじようしようしんどう》を超証《ちようしよう》す。故《ゆえ》に横超《おうちよう》といふ。

(同p.179)

［横超というのは、如来の本願が成就され、絶対にして完全な真の教えであり、真宗のことなのである。横出というのはさまざまな階層と段階の人々に応じた教えであり、仮初の浄土に生まれるという、遠回りの善である。しかし本願によって成就された清浄真実の教えは、人々の階層や段階を問わない。すばやく一瞬のうちに、最高の正しい真実の悟りに到達する。横超と呼ばれるのはそのためである。］

こうして一瞬にして最高の悟りに到達することが「横超」と呼ばれる。それは自力によってのろのろと回り道をしながら悟りを目指そうとする「竪」の行為とは比較にならないまでに、絶対にして最高の到達をなしうる方法である。自力に対する他力の圧倒的な優位はもはや明らかであるのだが、本願が水平軸に横へと移動することによってこそ、迅速に実現されるものであることを親鸞が強調していることを忘れてはならない。垂直に跳ぶことは効率の悪い迂回であり、水平に跳ぶことは、瞬時にして本願を成就させることに直結しているのだ。

ここで親鸞における地理学を検討してみよう。

『教行信証』の「序」では、人間の救済への過程は海上の渡航に喩えられていた。「信巻」ではその変奏として、地理的説明をともなった、より詳しい絵解きがなされている。そこでは人は無限の水と強大な炎のなかを潜り抜けたとき、西岸にある浄土に到達すると説かれている。

> ひとありて西《にし》にむかひてゆかんとするに百千《ひやくせん》の里《り》ならん。忽然《こつねん》として中路《ちゆうろ》にふたつのかはあり。一《ひとつ》にはこれ火《ひ》のかは、みなみにあり。二《ふたつ》にはこれ水《みず》のかは、きたにあり。二河《にが》おの〳〵ひろさ百歩《ひやくぶ》。おの〳〵ふかくしてそこなし。南北《なんぼく》にほとりなし。まさしく水火《すいか》の中間《ちゆうげん》に、ひとつの白道《びやくどう》あり。ひろさ四五寸《しごすん》ばかりなるべし。このみち、ひんがしのきしより西《にし》のきしにいたるに、またながさ百歩《ひやくぶ》。そのみづの波浪《はろう》まじはりすぎて道《みち》をうるほす。その火焔《かえん》またきたりて道《みち》をやく。水火《すいか》あひまじはりてつねにして休息《くそく》することなけん。
>
> （同p.143）

［ここに一人の人間がいて、西の方へ行こうとしている。百里、いや千里の道のりである。突然、その人の行く手に二つの河が広がって現われる。一は火の河で、南側にある。もう一つは水の河で、北側にある。二筋の河はそれぞれ百歩の幅をもち、底がないかのように深い。しかも南北に果てしなく伸びている。その水と火の間に一本の白い道が

通っている。広さは一メートル半ほどだろうか。この道は東の岸辺から西の岸辺まで、長さにして百歩である。水の河の側では波が重なり合って打ち寄せ、道を濡らしている。火の河の側でも炎が到来して、道を焼いている。水と火とが混じりあって、片時も休むことができない。」

人が発とうとしている東岸とは「娑婆の火宅」、すなわち煩悩の充満する現世である。それに対して西岸は浄土であり、その間にひと筋の細く白い道が伸びているという図式となる。火と水の河の間を進んでいくことは至難のわざである。だからといって東岸に戻るならば、盗賊やら獣、さらに毒虫の群れが襲いかかってくるだろう。要するに先に進もうが、後ろに退こうが、どちらにしても死を免れることはできない。

逡巡している人の耳に、東側にいる盗賊たちの引き留める声がする。だが同時に、心を決めて道を直進せよという声も聴こえてくる。西側はといえば、ただちに「一心正念《いっしんしょうねん》」（同p.144）してすぐに道を渡って来るようにという、呼び声が聴こえてくる。そこで人は後方を振り返ることなく、そのままどんどん道を進んでいくと、まもなく西岸に到着し、際限のない悦びに包まれる。東岸に屯する盗賊や猛禽のたぐいは「衆生《しゅじょう》の六根《ろっこん》六識《ろくしき》六塵《ろくじん》五陰《ごおん》四大《しだい》」（同p.145）、つまり人間のもろもろの感覚と認識の器官であり、地上の物質を構成している元素のことである。こうした感覚世界の魅惑は、浄土へ向かおうとする者を最後まで誘惑してやまない。だがそれを振りきり、死の危険を克服して白い道を進んだとき、はじめて人は救済に到達するのだ。

『教行信証』のこの描写はきわめて興味深い。それはわたしのように比較文学を学んだ者にとって、ダンテの『神曲』地獄篇第一歌を強く連想させるためである。詩人ダンテは昏い森に迷い、豹、ライオン、牝狼に行く手を阻まれ、挟み撃ちとなったところを先達の詩人ウェルギリウスに救われた。ダンテは親鸞の没後三年目、一二六五年に生まれ、地獄篇を執筆し終えたのは一三〇七年前後であった。『教行信証』も『神曲』も、いずれもが超越者の手で図らずも導かれることになった、困難な旅程の記録である。それが日本とイタリアの中世に、わずか八〇年ばかりの時差しかもたず成立したという事実は、偶然とはいえ、わたしの関心を引いてやまない。

さて、白道を前にして、意を決してなされた歩みは、実をいうとみずからの意志によってなされるものではない。この点が重要なのであるが、人はどこまでも阿弥陀仏の招きによって白道を渡るのであり、自力、すなわち自分の努力と意志によって救済を願う者は、途中で挫折を強いられる。

白道《びやくどう》四《し》五《ご》寸《すん》といふは、白道《びやくどう》は、白《びやく》の言《ごん》は黒《こく》に対《たい》するなり。白《びやく》はすなはちこれ選択《せんじやく》摂取《せつしゆ》の白業《びやくごう》、往相回向《おうそうえこう》の浄業《じようごう》なり。黒《こく》はすなはちこれ無明《むみよう》煩悩《ぼんのう》の黒業《こくごう》、二乗《にじよう》人天《にんてん》の雑善《ぞうぜん》なり。道《どう》の言《ごん》は、路《ろ》に対《たい》せるなり。道《どう》はすなはちこれ本願一実《ほんがんいちじつ》の直道《じきどう》、大般涅槃《だいはつねはん》、無上《むじよう》の大道《だいどう》なり。路《ろ》はすなはちこれ二乗《にじよう》、三乗《さんじよう》、万善諸行《まんぜんしよぎようの》の小路《しようろ》なり。

（同p.167）

［一メートル半の白い道について説明しておこう。「白」というのは、黒に対してのことである。白というのは、仏が選ばれ採用された白い行為という意味であり、往生回向の清らかな行為のことである。黒というのは昏迷と欲望に汚れた黒い行為であって、小乗の人間や天人のなす雑多な善行のことである。「道」というのは、「路」に対してのことである。道とは本願の真っ直ぐな道であって、大いなる涅槃に向かう、この上もなく広い道である。路というのは小乗の人間や天人の手によって、さまざまな善行と修行からなされる、狭い路である。］

白と黒、大道と小路という対立の根底にあるのは、「選択摂取」と「万善諸行」の対立である。これはいい替えてみると、人ではなく仏がみずから選んでくださった行為と、人間が勝手に行なうさまざまな善行と修行ということになる。端的にいうならば、前者が他力であり、後者が自力である。白い道を進むという行為は、みずからの手になる善行や修行に基づくものであってはならない。それらは詰まるところ、雑業に囚われた小路に迷うことでしかない。白道とは空間的にはひどく狭い道ではあるが、実は「大道」なのであり、それだけが大いなる涅槃に通じる道なのである。

大道を渡りきった者には尽きることのない歓喜が待っている。この道を歩むことは、一見危険で大変そうに見えるが、ひとたび阿弥陀仏を信じてしまいさえいれば、実はたやすいことなのだと判明する。とはいうものの親鸞は『阿弥陀経超玄記』や『無量寿経』に依拠しながら、多くの人々が浅薄な認識しかもたぬため、それを達成できずにいることを嘆いている。

おほきにこれやすかるべきがゆへに、おほよそあさき衆生《しゅじょう》は、おほく疑惑《ぎわく》を生《しょう》ぜん。すなわち大本《だいほん》に易往而無人《いおうにむにん》といへり。かるがゆへにしんぬ難信《なんしん》なりと。

（同p.172）

［これがきわめて容易な行為であるはずなので、それゆえに、一般に思慮の浅薄な人の多くは、疑惑の念を抱くのである。『無量寿経』に「行くのは簡単だが、実際には誰も行かな

い」とある通りなのだ。信じるとは難しいことなのだと、認識すべきだろう。」

難行だと思われていた白い道の渡行は、ひとたび阿弥陀仏を信じることができれば、実は難行でも何でもなく、易行、すなわち容易なことであった。だがこの信じるという行為、帰依するという行為に踏み切ることができないとき、それは易行とはなりえない。困難をきわめているのは実は火と水が分かつ危険な境界を渡っていくことなのではなく、信じるという行為なのだ。そのため多くの人はこの道を渡ることができず、「娑婆の火宅」すなわち煩悩が支配する汚穢の地に留まって、虚しい生を生きることしかできない。

ここで親鸞が龍樹の『十住毘婆沙論』を引きながら、易行と難行について語っている一説に耳を傾けてみよう。

菩薩《ぼさつ》阿毘跋致《あびばっち》をもとむるに二種《にしゅ》の道《どう》あり。一《ひとつ》には難行道《なんぎょうどう》、二《ふたつ》には易行道《いぎょうどう》なり。難行《なんぎょう》道《どう》といふは、いはく五濁《ごじょく》の世、無仏《むぶつ》のときにおいて、阿毘跋致《あびばっち》をもとむるを難《なん》とす。

（同p.56〜57）

［菩薩が不退の位に達しようとするにあたっては、二通りの道がある。一つは難行の道

であり、もうひとつは易行の道である。難行の道とは、五つの汚れに満ち、仏が不在の世にあって、不退の位を求める場合で、これは難しい。」

以後、難行道に相当する五つの場合が掲げられる。そのうちもっとも重要なものは五番目の最後のもので、「自力《じりき》にして他力《たりき》のたもつなし」（同p.57）［自分の努力ばかりで、他の力に身を委ねることがない」という場合である。

では、易行の道はどうだろうか。

易《い》行道《ぎょうどう》といふは、いはく、たゞ信仏《しんぶつ》の因縁《いんねん》をもて浄土《じょうど》に生《しょう》ぜんと願《がん》ず。仏願力《ぶつがんりき》に乗《じょう》じて、すなはちかの清浄《しょうじょう》の土《ど》に往生《おうじょう》することをえしむ。仏力住持《ぶつりきじゅうじ》して、すなはち大乗《だいじょう》正《しょう》定《じょう》の聚《じゅ》にいれたまふ。正定《しょうじょう》はすなはちこれ阿毘跋致《あびばっち》なり、たとへば水路《すいろ》の乗船《じょうせん》はすなはちたのしきがごとし。（同p.57）

［易行道というのは、ただ神仏の縁だけを頼りにして、浄土に生まれ変わりたいと願うことだ。仏の願力に乗って、ただちにあの清らかな浄土に行くことができる。仏の力に支

えられ、ただちに大乗菩薩となり、仏になることを約束される。この約束こそが不退の位である。それは、船に乗って水路を行くように愉しい。」

自分の力で浄土に向かおうとすることはひどく難しい。しかし浄土への一心を仏に託し、仏の力を借りて向かうことは容易いことなのだ。親鸞はここでも航海の喩えを用いている。険しい陸路を歩むよりも、なだらかな海路を巨きな船に乗って行くことの方がはるかに易しいし、また愉悦に満ちたものであると。

別のところで親鸞は、自力で浄土に向かおうとすることを「聖道門」と呼び、他力で解脱を得て、浄土に達することを「浄土門」と呼んでいる。聖道門の修行は「雑行」「雑修」である。それは「助正《じょしょう》兼行《けんぎょう》」［正業と助業をいっしょにしてしまう］、「定散心雑《じょうさんしんぞう》」［定善と散善を心のなかで混ぜてしまう］（同p.349）に他ならず、「至《し》心《しん》ならざれば、千《せん》がなかにひとりもなし」（同p.360）［真の心ではないので、千人に一人も浄土に生まれることがない］と、激しい批判の言葉を放っている。それに対し浄土門を潜る者は、「こゝろをもはらにしてなさしむれば、十《じゅう》はすなはち十《じゅう》なから生《しょう》ず」（同p.360）［心をひたすらそのことだけに専心するのである以上、十人が十人、浄土に生まれ変わることになる］と、最大限の賞讃を記している。

それではある人が信じ、ある人が信じることができないという差異は、どこに由来しているのだろうか。回向を求めて人が真剣に発願心を懐くか、懐かずに終わるかは、何に起因しているのか。人は懐疑心を働かせてあることを疑い信じないということはできたとしても、その逆に、とうてい信じがたく思えるものに対し、自力で十全の信を与えることはできない。発願にあたっては、実は人間を越えた力が働いている。親鸞は先の引用においては「神仏の因縁」、簡単にいって「縁」と呼んでいる。「縁《えん》にしたがひて行《ぎよう》をおこして、おのおの解脱《げだつ》を求《もと》めよ。」（同p.142）［縁に従って行為を起こし、それぞれに解脱を求めるのがよい。］縁は個人の属するものであって、他人の縁を借り受けることはできない。人はもっぱら縁に導かれて「難度海」を航海するのであって、それはけっして自力のよくするところではない。

阿弥陀仏とは大いなる慈愛のもとに、この縁を統括している主体である。彼は苦痛に喘ぐ者たちのなかに入り込み、「神通《じんつう》に遊戯《ゆげ》し、教化地《きようけじ》にいたる。」（同p.274）［不思議な力を用いて戯れ、人々を教え諭すという境地に到達する。］この「遊戯《ゆげ》」という言葉は「証巻」の最後部に一度しか登場していないが、重要だと思われるので、該当箇所を引用しておこう。

遊戯《ゆげ》にふたつの義《ぎ》あり。一《ひとつ》には自在《じざい》の義《ぎ》、菩薩衆生《ぼさつしゆじよう》を度《ど》すること、たとへば師子《しし》の鹿《しか》をうつに所為《しょい》はゞからざるがごときんは、遊戯《ゆげ》するがごとし。二《ふたつ》には度無所度《どむしょど》の義《ぎ》なり。菩薩《ぼさつ》、衆生《しゅじょう》を観《かん》ずるに畢竟《ひっきょう》してところなし。無量《むりょう》の衆生《しゅじょう》を度《ど》すといへども、実《じつ》に一衆生《いちしゅじょう》として滅度《めつど》をうるものなし。衆生《しゅじょう》を度《ど》するとしめすこと遊戯《ゆげ》するがごとし。

（同p.274）

［遊戯には二つの意味がある。一つは自由自在ということで、菩薩は人々をそれこそ自由自在に救済する。遊戯とは、ライオンが鹿を捕らえるのに何の苦労もいらないようなものである。二つ目には、救済しようとしても救済される者などいないという意味である。菩薩が人々を見まわしてみても、究極のところ、救済されるにふさわしい者などいないのである。計り知れない人々を救済するといっても、本当はただ一人の者として救済されるものなどいない。人を救うといいながらも、遊び戯れているようなものである。］

きわめて難解な一節である。たとえいかに菩薩が人々を救済しようと心がけていて、かつそれがいかにたやすいことであったとしても、人々は救済を信じて彼のもとに馳せ参じようとしない。そのため菩薩によって救済された者は、これまでにただの一人もいない。このときに用いられている「遊戯」の一語は、はたしてこれをニヒリズムの証しであると理解すべきであろうか。いや、むしろ心身ともに、生の全面にわたって菩薩を信じることの困難と稀有を物語っていると受け取るべきであろう。『教行信証』を読んでいて思わずドキリとするのは、こうした極端な修辞が随所に用いられていることである

ところでたとえ人がこの白い道をみごとに渡りきって、みごとに浄土に到達できたとして、それで救済は充分になされたと判断してよいのだろうか。親鸞は、それだけでは行程の半分を修了したのにすぎないと考えている。回向は残りの半分の達成を俟ってはじめて完成するものなのだ。『教行信証』においてもっとも重要な概念である「往相《おうそう》」と「還相《げんそう》」の二相がここで説き明かされる。

> つしんで浄土《じょうど》真宗《しんしゅう》を案《あん》ずるに、二《に》種《しゅ》の回《え》向《こう》あり。一《ひとつ》には往相《おうそう》、二《ふたつ》には還相《げんそう》なり。
>
> （同p.29）

往相とは簡単にいって行く道であり、還相とは帰り道のことである。人はひとたび往相を体

験したならば、かならずや還相をも心がけなければならない。

往相《おうそう》といふは、おのれが功徳《くどく》をもて一切衆生《いっさいしゅじょう》に回施《えせ》したまひて、作願《さがん》して、ともにかの阿弥陀如来《あみだにょらい》の安楽浄土《あんらくじょうど》に往生《おうじょう》せしめたまふなり。還相《げんそう》といふは、かの土《ど》に生《しょう》じをはりて、奢摩他毘婆舎那《しゃまたびばしゃな》方便力成就《ほうべんりきじょうじゅ》することをえて、生死《しょうじ》の稠林《ちゅうりん》に回入《えにゅう》して、一切衆生《いっさいしゅじょう》を教化《け》して、ともに仏道《ぶつどう》にむかへしめたまふなり。もしは往《おう》、もしは還《げん》、みな衆生《しゅじょう》をぬきて生死海《しょうじかい》を渡《ど》せんがためにしたまへり。このゆへに回向為首得成就大悲心故《えこういしゅとくじょうじゅだいひしんこ》とのたまへり。

（同p.165〜66）

［往相とは、如来が自分の功徳を万人に施しになられ、願を立てられ、連れ立って阿弥陀仏の安楽浄土に向かい、かの地に生まれようではないかということである。還相とはその浄土に生まれ終わった後で、精神の統一と知恵と慈愛を完成させたことを踏まえ、生と死の密林に戻り、万人を教え諭し、ともに仏の道へと向かわせることである。往といっても、還といっても、どちらも人々を苦しみから解放し、生死の海を渡らせようとする目的でなされることだ。回向によって広大な慈愛の心を完成させることができると

いうのは、そのためである。」

こうしてあまたの菩薩は往相を経て、還相の途に就く。それはひとたび足を運んだ浄土への道筋をそのまま引き返し、ふたたび汚濁に満ちた娑婆、すなわち現世へ回帰することである。回向が真に完成されるのは、この二重の運動がなされたときである。

とはいうものの還相のさなかにある菩薩に対し、人々はどのような態度を見せるだろうか。彼らは菩薩の、純粋に利他である行為を理解できず、いたずらに目先の欲望に囚われ、苦しみの世界から脱却する手立てを認めることができない。縁に従って、救済の可能性に信頼を寄せることができずに留まっているのである。

> 菩薩《ぼさつ》はすでに生死《しようじ》をまぬかれて、所作《しよさ》の善法《ぜんぼう》、回《え》して仏果《ぶつか》をもとむ。すなはちこれ自利《じり》なり。衆生《しゆじよう》を教化《きようけ》して未来際《みらいさい》をつくす。すなはち利他《りた》なり。しかるにいまのときの衆《しゆ》生《じよう》、こと〴〵く煩悩《ぼんのう》のために繋縛《けばく》せられて、いまだ悪道生死《あくどうしようじ》等《とう》の苦《く》をまぬかれず。縁《えん》にしたがひて行《ぎよう》をおこして、一切《いつさい》の善根《ぜんごん》つぶさにすみやかに回《え》して阿弥陀仏《あみだぶつ》のくにゝ往《おう》生《じよう》ぜんと願《がん》ぜん。かのくにゝにいたりおはりて、さらにおそるゝところなけん。

［菩薩はすでに生死を免れていて、自分の功徳を廻らして仏の功績を積む。これはみずからを利することである。一方、人々を教え導き、未来のことを気遣うことは、他を利することである。それだというのに、現在の人々は例外なく煩悩に捕えられていて、いまだに悪道に陥り、生死の苦しみから自由になることができない。縁に従って行為を起こし、あらゆる善なるはたらきを活用して、阿弥陀仏の国に生まれ変わりたいと願うべきだ。この国に着きさえすれば、それ以上、怖いことなどないだろう。］

（同p.341）

6　誓願

あるときブッダは、三万二千人の修行者とともにラージャグリハの町に滞在していたことがあった。彼は三六人の弟子たちに囲まれていた。いずれもが叡智に満ち、神通力に長けた長老たちであったが、年少のアーナンダだけがまだ修行の途上であった。ブッダはこの青年を慈しみ、彼に向かって如来の知恵のことを語りだした。そして過去の偉大なる如来の名前を八〇人にいたるまで列挙し、最後にローケーシヴァラ如来に到った。かつてダルマーカラという若い修行者がこの如来を前に、四十八もの大きな誓願を立てたことがあった。アーナンダはこの物語に興味を持ち、敬虔な気持ちを抱きながら、ブッダの言葉に耳を傾けた。

『大無量寿経』はこうして開始される。『教行信証』の根幹をなすこの経典は、ダルマーカラが修行を重ね、みごとに正覚、すなわち悟りを得、阿弥陀仏へと変容をとげるまでの物語である。

人は独力で正覚に到達することはできない。真の覚醒を得るためには他者が必要である。他者を媒介としたとき、人は初めて正覚に達することができると、『教行信証』は説いている。わたしが正しい認識を得るためには、他者がすでに正しい認識に到達していることが必要条件であり、その他者の正覚は他ならぬわたしの正覚を前提としている。凡夫が菩薩になるためには、自分と他者とが相互に覚醒を確認しあうことが必要なのだ。逆にいうならば、他者が正覚を得ないかぎり、わたしは正覚を得ることをすまいという一連の宣言が、そこから引き出されることになる。正覚そのものが他者によって導かれて初めて成就する状態であることを考え合わせてみるならば、そこには一種の矛盾が生じているようにも思える。ともあれ『大無量寿経』におけるダルマーカラの誓願をここで検討してみることにする。

誓願は全部で四十八に及んでいる。いずれもがブッダに対する呼びかけで始まり、共通の表現によって閉じられている。つまり同じ構造のもとにあるといってよい。比較的単純に見える第一の誓願を取り上げてみよう。

たとい、われ仏《ほとけ》となるをえんとき、国に地獄、餓鬼、畜生あらば、（われ）正覚《しょうがく》を取らじ。
（『浄土三部経（上）』p.155）

［世尊よ。もしも、かのわたしの仏国土に、地獄や、畜生（動物界）や、餓鬼の境遇におちいる者や、アスラ（阿修羅）の群れがいるようでしたら、その間はわたしは、〈この上ない正しい悟り〉を現に悟ることがありませんように。］（同p.33）

この誓願をより平易な形の文章に書き直してみると、次のようになる。

わたしが正覚を現実に悟る日があるとすれば、そのときにはこの仏国土に、地獄や畜生、飢餓の境遇におちいる者や、アスラの群れなどは、絶対にいなくなっているはずである。

第二願でも第一願と同様、仏国土に生まれた者のなかから、生まれ変わって餓鬼や畜生、アスラへと転落する者はいなくなっているはずだという宣言がなされている。範疇としては現世における人間の悲痛さの消滅が、この二つの願いを通して祈願されている。

第三と第四願では身分と階級による差別の消滅が、第五～六願では前世からの因果律と記憶が説かれている。第七から第九願では超人的な透視力や聴覚、読心術が説かれ、第十願から第十六願までは万人救済をめぐって、仏の光明から人々の長寿、悪人の消滅などが祈願されている。問題はそれに続く第十七願からの四つの願である。そこには『教行信証』の指針となった、他力本願の自力本願に対する絶対的優位の根拠なるものが記されている。それ以降、請願は緊張度を失い、説教のさいに用いられる修辞的な字句ばかりが目立つようになる。ダルマーカラは自分が正覚を得た暁には、大地から天空に到る空間に麝香の香りが立ちこめ、宝石の花が雨のように地に降り注ぐことがあり、雲の上から楽器の音が聴こえてくるはずであると語っている。絢爛豪華な描写が目立つのだが、もはやそこには誓願をめぐる本質的な問題はない。語られているのは現実に人々を前にしたときの宗教家の雄弁だけであって、親鸞は積極的に言及を行なっていない。

第十七願から二十願までを、以下に書き出してみよう。

たとい、われ仏《ほとけ》となるをえんとき、十方世界《じっぽうせかい》の無量《むりょう》の諸仏《しょぶつ》、ことごとく咨嗟《ししゃ》して、わが名を称《たた》えずんば、正覚《しょうがく》を取らじ。（第十七願）

たとい、われ仏《ほとけ》となるをえんとき、十方《じっぽう》の衆生《しゅじょう》、至心《ししん》に信楽《しんぎょう》して、わが国《くに》に生《うま》れんと欲《ほっ》して、乃至《ないし》十念《じゅうねん》せん。もし、生れずんば、正覚《しょうがく》を取らじ。ただ、五逆《ごぎゃく》と正法《しょうぼう》を誹謗《ひぼう》するものを除《のぞ》かん。（第十八願）

たとい、われ仏《ほとけ》となるをえんとき、十方《じっぽう》の衆生《しゅじょう》、菩提心《ぼだいしん》を発《おこ》し、もろもろの功徳《くどく》を修め、至心《ししん》に願を発《おこ》して、わが国《くに》に生《うま》れんと欲《ほっ》せば、寿《いのち》の終《お》わる時《とき》に臨《のぞ》みて、（われ）仮令《もし》、大衆《たいしゅう》とともに囲繞《いじょう》して、その人《ひと》の前《まえ》に現《げん》ぜずんば、正覚《しょうがく》を取《と》らじ。（第十九願）

たとい、われ仏《ほとけ》となるをえんとき、十方《じっぽう》の衆生《しゅじょう》、わが名号《みょうごう》を聞《き》きて、念《ねん》をわが国《くに》に係《か》け、（さらに）もろもろの徳本《とくほん》を植えて、（それらを）至心《ししん》に回向《えこう》して、わが国に生れんと欲《おも》わんに、（この願い）果遂《かすい》せずんば、正覚《しょうがく》を取《と》らじ。（第二十願）

（同 p.157〜158）

これを論理的に敷衍すると、次のような内容となる。

わたしが正覚を得るときには、さまざまな世界に住まう限りない数の仏が、ことごとくわたしを褒め称え、わたしの名前を称える（念仏）ことであろう。（第十七願）

わたしが正覚を得るときには、さまざまな世界に生きる人々はわたしを心の底から信じて疑わず、十回でいいから念仏を称えることだろう。彼らはわたしの浄土に生まれ変わる。もっとも五逆と仏教を誹謗した者はそのかぎりではない。（第十八願）

わたしが正覚を得るときには、さまざまな世界に生きる人々は、いろいろな功徳を施し、心の底から願って疑わない。彼らはわたしの浄土に生まれ変わる。彼らの寿命が尽きるそのときに、わたしは周囲の人々に混じって、彼らの前に姿を見せるだろう。（第十九願）

わたしが正覚を得るときには、さまざまな世界に住む人々はわたしの名前が称えられているのを聞き、わたしの浄土のことを一心に思って、いろいろな徳を積むことだろう。彼らは心の底からわたしの浄土に生まれ変わりたいと願い、それを果たすことだろう。

（第二十願）

「他力《たりき》といふは、如来《にょらい》の本願力《ほんがんりき》なり。」（『教行信証』p.100）

「行巻」が後半にさしかかったところで、親鸞は端的に、力強くそう宣言している。「本願力」とは大菩薩が悟りのなかにあって、「種々《しゅじゅ》の身《しん》、種々《しゅじゅ》の神通《じんずう》、種々《しゅじゅ》の説法《せっぽう》を現《げん》じたまふこと」（同p.100）［さまざまに姿を変え、不思議を披露し、さまざまな話をなさること］である。

ではこの他力はここに掲げた誓願のなかに、どのように段階的に登場しているのだろうか。ここで実際に『大無量寿経』に掲げられた誓願の順序を若干変え、第十九願→第二十願→第十八願といったふうに、よりわかりやすい形に並べ直して考えてみることにする。

第十九願で語られているのは、一般の世俗的人間の実践道徳の延長にある誓願である。ある人が菩提心を起こし、いろいろと善いことを行ない、功徳を積む。この人は浄土に生まれたいと切望し、ためにブッダはその人物の死に際に出現することを約束する。これは典型的な自力本願の姿勢である。

これに対し、続く第二十願はまったき自力ではなく、他力に向かおうとする動きが感じられる。ここでは人々は阿弥陀仏の念仏を一心に称えることで他力本願の姿勢を見せてはいるが、一方では個人的に功徳を積むことを考えている。それは自力である。この願は信仰の折衷的なあり方を示している。他力に身を委ねようとはしているのだが、まだ自力の段階に留まっているのである。

第十七願と第十八願は、わずかの言葉を違えただけの、対となった誓願であり、興味深い対照を示している。第十七願は無限の他力を体現している存在（「無量の諸仏」）による誓願主体（如来）の承認であり、第十八願は無限の他力に誓願主体（如来）を合一化させようとする意志を示している。『教行信証』は前者を「真実の行願」、後者を「真実の信願」（同P.113）と呼んでいる。およそ四十八願のなかでもっとも重要であり、『教行信証』の教義の根底とされているのが、『大無量寿経』から引き出されたこの第十八願なのである。そこではもっとも完璧な形での他力本願が説かれている。

第十八願は

至心信楽《ししんしんぎょう》の願《がん》なり。これすなはち選択本願《せんじゃくほんがん》の行信《ぎょうしん》なり。その機《き》はすなはち一切善悪大《いっさいぜんあくだい》小凡愚《しょうぼんぐ》なり。往生《おうじょう》はすなはち難思議往生《なんじぎおうじょう》なり。仏土《ぶつど》はすなはち報仏報土《ほうぶつほうど》なり。これすなはち誓願不可思議《せいがんふかしぎ》、一実真如海《いちじつしんにょかい》なり。大無量寿経《だいむりょうじゅきょう》の宗致《しゅうち》、他力真宗《たりきしんしゅう》の正意《しょうい》なり。

（同p.113〜14）

［至心信楽の願である。これこそは阿弥陀仏が選び取った行と信である。この願が問題とするのは、善人も、悪人も、偉大な人間も、卑小な人間も、愚かな人間も、普通の人間も、要するにすべての人間である。この人たちの往生は、考えることも難しい、不思議な往生である。浄土は報仏身のまします浄土である。これこそは誓願の不思議であり、海のように万物を包み込む真実である。『大無量寿経』の要点はまさにここにある。それは他力本願をもってよしとする浄土真宗の、本当の意味である。］

こうして『大無量寿経』に記された誓願を検見することを通して、親鸞は他力本願こそが唯一にして真実の信仰のあり方であることを証し立ててみせる。もちろん人はただちに第十八願の説く他力にまったき帰依をはたすことはできない。第十九願、第二十願と段階を経て、自力の信仰から他力の信仰へとゆっくりと移行していかなければならない。世俗の生真面目な道徳のなかに見え隠れしている自力の姿勢から少しずつ解放され、「十回でもいいから念仏を称える」という行為の側へと移っていかなければならない。ダルマーカラが如来になろうとして立てた誓願は、彼が如来となって現前している以上、みごとに成就されたはずである。そうである以上、第十八願が成就されて、もはや久しい歳月が経過しているはずではないか。それはもはや、けっして覆されることのない真理と化しているのだ。

『大無量寿経』では、ダルマーカラの物語を聞き終えたアーナンダに対し、ブッダはこう言葉を続ける。

「アーナンダよ、かの如来は過ぎ去ったのでもないし、未だ来られないのでもない。そうではなくて、〈無上の正しい覚り〉を現に覚ったこの如来・敬わるべき人は、これより西の方向に、百千億・百万番目の仏国土である〈幸あるところ〉という世界に現に住し、身を養い、日を送り、法を説いていられる。」(『浄土三部経(上)』p.57)

ダルマーカラが正覚を得るために四十八の誓願を立てたという物語は、過去の物語ではないとブッダは説く。それは時空を超えたところで演じられている事件であり、今・ここにおいて繰り返し反復されている事件でもある。その意味で仏教的物語に流れている時間は、ヘブライ的な伝統のそれとは対照的である。旧約であれ新約であれ、聖書が語る対話は、それがひとたび生起してしまった以上、世界がもう二度と以前に戻ることができないといった、カイロス的時間構造のもとにある。ノアの洪水の後、イエスの処刑の後、世界は新しい舞台へと進んでいき、もう二度と以前の旧世界へ回帰することがない。それに対し仏教的時間のなかでは、いかなる生起する事件もこうした不可逆性とは無縁である。修行者と如来の対話は特定の歴史的時間にあってなされたものではなく、本来的に過去でも未来でもない場所で生じる事件である。いや、それは必要とあらば、今・ここにおいても生じうる対話でもある。他力本願こそが真宗の本意であることを証明し確認するために、ダルマーカラの誓願は時空を超え、そのたびごとに立てられ続ける。

　だがここでもう一度、第十八願をつぶさに読み直してみることにしよう。そこに奇妙な註釈が添えられていることに、読者は気付くことだろう。あらゆる人間は浄土へ向かうことができると説くこの誓願には不思議なことに例外があって、「五逆《ごぎゃく》と正法《しょうぼう》を誹謗《ひぼう》するものを除《のぞ》かん」という言葉が添えられているのだ、これはいったい何を意味しているのだろうか。

　ちなみに親鸞の師である法然もまた『選択本願念仏集』第三章のなかで、念仏を根拠づける一節としてこの第十八願の重要さを力説していた。だが彼はこの小さな註釈を切って落とし、一顧だにしていない。とはいうものの師が回避したこの部分こそが、親鸞にとっては一冊の大著の執筆動機となるほどに大きな意味を持っていた。というよりも、実のところ『教行信証』における最大の問題とは、この小さな註釈をめぐるものなのである。そのためにはわれわれはひとたび『大無量寿経』を離れ、『大般涅槃経』へと、参照の機軸を変更してみなければならない。

7　アジャセ

アジャセは父親であるビンバシャラ王を幽閉し、死に至らしめる。その罪を深く後悔するが、高熱の後、全身に疽《かさ》が生じてひどく苦しむ。母親であるイダイケ妃が介抱するが、疽はいっこうに治らない。なぜならば心の病から生じたものだからだ。

アジャセをいかにすれば赦すことができるのか。これが『教行信証』において親鸞が掲げている、第二の大きな主題である。いや、この表現ではまだ不充分かもしれない。そもそもこの書物はアジャセの問題を解決するために構想されたものであり、この困難な課題に向き合うため、書物の座標軸そのものに変更が余儀なくされたのであった。

アジャセの物語は書物の冒頭、「序」においてすでに仄めかされていた。「世雄《せおう》の悲《ひ》、まさしく逆謗闡提《ぎゃくほうせんだい》をめぐまんとおぼす」（『教行信証』p.23）［ブッダは慈愛ゆえに、五逆の罪と誹謗を犯した者や、善根なく救いのない者に恩恵を与えようと考えた］とある一行が、この問題の所在を予告している。赦すことがけっしてできないほどの重罪を犯した者を、にもかかわらず、あるいはそれゆえに赦すとすれば、そのために何をすればよいのだろうか。これが親鸞の掲げた問題であった。

その後もこの物語はいくたびか言及されている。「行巻」ではあらゆる人間はかならずや浄土に生まれ変わるというブッダの言葉が引かれた直後に、ただし「五逆《ごぎゃく》と、聖人《しょうにん》を誹謗《ひぼう》せんと、正法《しょうぼう》を廃壊《はいえ》せんとをばのぞかん」（同p.44）［五つの重罪を犯した者、聖者を誹謗した者、仏の教えを破壊しようとした者はこのかぎりではない］と、わざわざ例外条項が指定されている。これはアジャセ問題をいずれ解明すべき案件として提示するために設けられた伏線であり、『教行信証』執筆中の親鸞が、いずれ機満ちてそれを取り上げる時が到来することを待っているかのような感じがしないでもない。

親鸞は『大無量寿経』を紐解き、如来の回向によって浄土に生まれ来る者たちについて再検討を試みる。「教巻」の冒頭でも宣言されていたように、この経典こそは『教行信証』全体を統括し、すべての教説の原理的規準として選ばれた書物である。それは「経」とか「大経」と略記されて、いたるところで参照言及がなされている。

『大無量寿経』は端的に、救済を希《こいねが》う衆生は誰もがただちにその願いを達成できると説いている。もっともそれには例外があり、「五逆」、すなわち五つの大罪をなした者と、仏の教えを誹謗中傷した者にはそれは適わないと記している（「五逆《ごぎゃく》と誹謗正法《ひぼうしょうぼう》とをばのぞく。」同p.165）。

そこで親鸞は『観無量寿経』に移る。この経典も『大無量寿経』と並んで、『浄土三部経』のなかで重要な位置を占める経典である。『観無量寿経』は、五逆の者は望めば浄土に生まれ変わることができるが、誹法を犯した者にはその可能性がないと語っている（「観経《かんぎょう》には五逆《ごぎゃく》の往生《おうじょう》をあかして謗法《ほうぼう》をとかず。」同p.231）。ただ「下品下生」も救済されるという一筋がある。これは微かではあるが、希望ではないか。

最後に親鸞は『大般涅槃経』に訴える。『大般涅槃経』は「教巻」「行巻」では姿を見せておらず、「信巻」の中途に初めて現われ、それ以後、頻繁に言及されるようになった経典である。この経典では単純に救済困難な人とその病について論じている（「涅槃経《ねはんぎょう》には難治《なんち》の機《き》と病《やまい》とをとけり」（同p.231）が、五逆と謗法についてはとくに規定がない。これはこの二者をとくに例外として排除しないことを意味している。

ここで、すでにいくたびも言及してきたが、「五逆」という言葉の意味を記しておくことにしよう。親鸞は慧沼《えしょう》を引きながら、五逆には二通りの定義のしかたがあるとしている。最初の定義によれば、それは以下の五つの行為である。自分の意志で父親を殺害する。同じく母親を殺害する。阿羅漢（聖者）を殺害する。間違った考えのもとに教団の秩序を破壊する（「倒見《とうけん》して和合《わごう》僧《そう》を破《は》す。」同p.239）。悪心を抱いて仏の軀を傷つけ、流血に到らしめる（「悪心《あくしん》をもて仏身《ぶつしん》より血《ち》をいだす。」同p.239）。また別の定義によれば、最初の定義による五つの悪行に加えて、さらに四つの悪行が加わることになる。すなわち仏塔を破壊したり、経典を燃やして、寺の財産を盗み出す。三乗の正しい教えを誹謗し、妨害や攻撃などをして、隠蔽したり封印したりする。出家した者を罵り、責め苛み、牢獄に押し込めたり、還俗や労働を強要して、最後に殺してしまう。誹謗を重ねて因果を否定し、長い夜を通して十の悪行を休みなく行なう。いずれの定義によっても、アジャセの行ないが五逆の最たるものであることは間違いがない。

先に掲げた三つの経典に戻ると、もっとも厳しい態度で「難化《なんげ》の機《き》」（同p.230）［教え導くことが困難な場合］を論じているのが『大無量寿経』であり、その対称点にあって寛大な処置を定めているのが『大般涅槃経』である。『観無量寿経』はその中間に位置している。『教行信証』における親鸞の課題とは、五逆と謗法の徒をめぐるこの複数の立場を調停し、記述のなかに現われている矛盾を解消することである。だがはたしてそれは可能なのか。複数の経典は互いに自己を主張しながら、鬩ぎ合いをやめようとしない。その間を歩もうとする親鸞の歩みは、彼自身が用いた比喩に倣うならば、さながら巨大な焔と逆巻く水流の間に引かれた白い道を行く者のようである。

最初になされるべきなのは、『大無量寿経』と『観無量寿経』の間の主張の差を解決することである（「この二経《にきよう》いかんが会《え》せんや。」同p.231）。ここで親鸞は直接にこの二つの巨大な経典を対比することを避け、曇鸞の『浄土論註』と善導の『観無量寿経疏』に見られる、先行する二つの解釈に言及する。

前者によるならば、『観無量寿経』は五逆よりも謗法をはるかに重い罪であると見做している。五逆は謗法がなされてこそ生じるものであって、善知識の導きによって念仏を唱えるならば解消できるものであるとされる。また後者、すなわち善導の説くところによれば、『観無量寿経』が謗法の者は浄土に行けないと説くのは、その者が謗法を犯した時点で、すでに浄土という考えを否定しているのであるから、そもそも浄土に往生したいという願望を懐くわけがないということになる。謗法者は浄土に行けないと説かれているのは、謗法があらかじめなされないようにという配慮から生じた言葉であり、たとえ謗法を犯したとしても、人は仏の願力によって悔悟し回心をすれば、往生を遂げることができるのである。ここで親鸞はあたかも念押しをするかのように、『観無量寿経』の次の一節を引いてみせる。

ひとありて五逆十悪《ごぎゃくじゅうあく》をつくり、もろ〳〵の不善《ふぜん》を具《ぐ》せらん、悪道《あくどう》に堕《だ》して多劫《たこう》を経歴《きょうりゃく》して無量《むりょう》の苦《く》をうくべし。命終《みょうじゅう》のときにのぞんで、善知識《ぜんちしき》のをしへて南無無量寿仏《なもむりょうじゅぶつ》を称《しょう》せしむるにあはん。かくのごとく心《こころ》をいたしてこえをしてたえざらしめて十念《じゅうねん》を具足《ぐそく》すれば、すなはち安楽浄土《あんらくじょうど》に往生《おうじょう》することをえて、すなはち大乗正定《だいじょうしょうじょう》の聚《じゅ》にいりて畢《ひっ》竟《きょう》して不退《ふたい》ならん。

（同p.233）

［五逆や謗法を犯したり、いろいろな不善を行なってきた者は、悪道に墜ち、はてしない歳月にわたって、たとえようもない苦しみを受けるに違いない。生命を終えるときになって、優れた導き手に教えられるまま、南無阿弥陀仏を称えることなどあるだろうか。そのように心をこめ、途切れることなく声を続け、十念の念仏をなしおおせるのであれば、安楽浄土に生まれ変わることができ、大乗の悟りの約束された位に就くことができ

るだろう。二度ともと来た道へと退くことはないだろう。」

では『大無量寿経』と『大般涅槃経』とを調停する試みはどのようになされるのだろうか。親鸞は対立しあうこの二つの経をそのまま並べることを控え、もっぱら『大般涅槃経』からアジャセをめぐる厖大な物語を引き出し、物語の解釈を通してこの経典の正当性を前面に提示し、いわば押し出しの形でアジャセの救済を説いてみせるのだ。

「信巻」の前半にいたったとき、この「五逆と誹謗」の問題はいよいよ本格的に俎上に載せられようとしていた。だが話はまだ抽象的な議論の段階を越えず、アジャセの物語が語られるのはその中盤に到ってからである。このとき、テクストの上に大きな転調がなされる。それまで『大無量寿経』を基軸に据えてなされてきた『教行信証』の叙述に、大胆にも基軸の変更がなされる。『大無量寿経』に代わって『大般涅槃経』が台頭し、たちまちのうちにその引用が止めどもなく続くと、ついには支配的な言説と化してしまうのである。『教行信証』という書物の成立過程においてこの突然の転調がなされたのは、ひとたび書物が完成された後の加筆によるものであった（赤松俊秀の原本調査によれば、「信巻」の後半部はすべて親鸞が校訂作業のさいに加筆した、増補部分であるとされている。山折哲雄『「教行信証」を読む』p.104）。だが本稿ではこの点には深入りすることなく、『教行信証』をひとたび完成された書物と見なすことによって、『大般涅槃経』から引用されたアジャセの物語に耳を傾けておくことにしよう。

「信巻」後半部は、作者親鸞の短い憂鬱な独白の後に、堂々と『大般涅槃経』の名を掲げるところから語り起こされる。

「それ仏《ぶつ》、難治《なんち》の機《き》をとくとして／涅槃経《ねはんぎょう》にいはく……」（『教行信証』p.192）［ところでブッダは救済の困難な者について、『涅槃経』のなかでこういっている。］

アジャセはマガダ国の王で、紀元前五世紀初頭に生きた人物である。サンスクリット語ではクーニカ・アジャータシャトル、パーリ語ではアジャータサットゥといい、これが漢訳されて阿闍世となった。『教行信証』に倣ってその生涯を要約してみよう。

アジャセが誕生したとき、父の国王ビンバシャラは恐るべき予言を聞かされた。眼の前の赤ん坊がやがて成長すると、父親を殺すことになるのだという。徳に優れた王は予言を無視し、アジャセを養育した。アジャセはきわめて凶悪な性格に育った。彼は殺戮を好み、四悪、すなわち妄語、綺語、悪口、両舌をよくし、怒りと愚かしさに満ちた、激しい心を抱いていた。アジャセは王位に就くと、ダイバダッタという偽の導師の甘言に騙され、無実の父王を幽閉し死に至らしめた。彼は後にそれを悔いたが、高熱から全身に腫瘍が生じ、醜く悪臭を放つまでとなった。そしてすべてをわが身の果報と受け取り、「地獄《じごく》の果報《かほう》まさにちかづきてとをからず」(同p.194)[地獄の報いがほどなく到来するだろう]と嘆いた。

王妃イダイケは息子を気遣って、さまざまな薬を試みたが、いずれも効果がなく、腫瘍はますます拡がるばかりだった。そこで若い王を慰めるために、次々と六人の大臣が彼を訪問した。

最初の大臣は、そもそも誰が地獄に行ったことがあるのかといい、それはただの人の伝聞にすぎないといった。悪の行為(「黒業《こくごう》」同p.195)というものがない以上、その報いもありえない。そう考える名医がいるので、診察を受けられるようにと懇願した。二番目の大臣は、国土を治める立場にある王が父や兄を殺害したとしても、それは罪にならないと語り、心の怒りと暗愚を取り去ることのできる導師を紹介するといった。三番目の大臣は、万人には過去からの業なるものがある以上、アジャセの父王殺しにはいかなる咎もないと説いた。

四番目の大臣は、過去に父王を殺した王はあまた存在しているが、一人として地獄に墜ちた者はいないと断言した。五番目の大臣は、自我は不滅であるならば殺害の罪はなく、自我が存在しないならばすべては無常であり、もとより殺害の意味はない。王にはいかなる罪もないと論じた。

さらに六番目の大臣が出てきたが、そのときここで耆婆《ぎば》という名医が王の前に躍り出て、果敢にも対話を試みた。耆婆の言葉は他の大臣たちとはまったく異なっていた。彼はアジャセが慚愧の念を抱いていることを認め、「慚」とは自分から進んで罪を作らない心、「愧」とは人を唆せて罪を起こさせない心だと説いた。また慚とは内面で深く恥じ入ること、愧は人に向って告白することだとも説いた。慚は人に対し、愧は天に対し恥じることでもある。人間社会は慚愧の念があるゆえに保たれているのであり、慚愧なき者は畜生である。耆婆はそう語ると、シッダルータ王子、すなわちブッダの存在を王に教えた。ブッダは自分の軀を傷つけた逆罪の徒であるダイバダッタのためにすら、その罪の軽減を求めた如来であった。

アジャセが耆婆の言葉に耳を傾けているとき、空中から声がした。アジャセの悪業はけっして免れることのできないものである。ただちにブッダのもとを訪問するようにと、声は促した。天空にいる、アジャセの父王ビンバシャラの声であった。声を聞いてアジャセは卒倒し、腫瘍はますます酷く、高熱と悪臭を放つようになった。それを知ったブッダは、「阿闍世王《あじゃせおう》のために涅槃《ねはん》にいらず」（同p.206）［わたしはアジャセ王のために、一人だけでは涅槃に入らない」と宣言し、次のように語った。

われ為《ため》といふは一切凡夫《いっさいぼんぶ》、阿闍世王《あじゃせおう》はあまねくおよび一切五逆《いっさいごぎゃく》をつくるものなり。また為《ため》はすなはちこれ一切有為《いっさいうい》の衆生《しゅじょう》なり。われついに無為《むい》の衆生《しゅじょう》のためにして世《よ》に住《じゅう》せず。なにをもてのゆへに、それ無為《むい》は衆生《しゅじょう》にあらざるなり。阿闍世《あじゃせ》はすなはちこれ煩悩《ぼんのう》等《とう》を具足《ぐそく》せるものなり。また為《ため》はすなはちこれ仏性《ぶっしょう》をみざる衆生《しゅじょう》なり。もし仏性《ぶっしょう》をみんものにはわれついにためにひさしく世《よ》に住《じゅう》せず。なにをもてのゆへに、仏性《ぶっしょう》をみるものは衆生《しゅじょう》にあらざるなり。阿闍世《あじゃせ》はすなはちこれ一切《いっさい》いまだ阿耨多羅三藐三菩提心《あのくたらさんみゃくさんぼだいしん》を発《はっ》せざるものなり。

（同p.206〜07）

［わたしが「ために」といったのは、一般人すべてのためにという意味である。アジャセとは、五逆を犯した者一般を意味している。「ために」とはまた、移りゆくすべての人々のためにということである。わたしは悟りを開いた人々のために、この世に生きているわけではない。というのも悟りを開いてしまえば、もはや普通の一般人ではなくなって

しまうからだ。アジャセは煩悩に囚われている存在である。わたしが「ために」といったのは、仏性に気付かないでいる一般人のためにということである。仏性に気付いた者のためというのであれば、わたしは長く現世に留まっていることもない。というのも仏性に気づいてしまった者はもはや一般人ではないからだ。アジャセはといえば、いまだ無上の悟りを起こす菩薩心を起こしていない者である。」

ブッダのこの言葉は、アジャセの物語が一過性の逸話などではなく、人間の救済一般をめぐる巨大な寓話であることを示している。いかなる人間もその根底に仏性を宿し、悟りへ到る可能性を有している。ただ彼らの多くはそれに気付かないまま、眼の前にある卑小な煩悩の世界に執着しているだけだ。アジャセは父殺しという大逆を犯したが、彼とてもその煩悩から自由でなく、悟りを起こすだけの心を抱いていない。だが、それがゆえに、わたしはブッダとして現世に留まっているのだ。アジャセを救済することこそが、自分に与えられた本来の仕事なのだ。

ブッダはおおよそこのようなことを語ると、次にアジャセという言葉の語釈にとりかかる。

阿《あ》闍《じゃ》はなづけて不《ふ》生《しょう》とす。世《よ》は怨《おん》になづく。仏性《ぶっしょう》を生《しょう》ぜざるをもてのゆへにすなはち煩《ぼん》悩《のう》のあだ生《しょう》ず。煩悩《ぼんのう》のあだ生《しょう》ずるがゆへに仏性《ぶっしょう》をみざるなり。煩悩《ぼんのう》を生《しょう》ぜざるをもてのゆへにすなはち仏性《ぶっしょう》をみる。仏性《ぶっしょう》をみるをもてのゆへにすなはち大般涅槃《だいはつねはん》に安住《あんじゅう》することをう、これを不生《ふしょう》となづく。このゆへになづけて阿闍世《あじゃせ》とす。善男子《ぜんなんし》、阿闍《あじゃ》は不生《ふしょう》になづく、不生《ふしょう》は涅槃《ねはん》となづく。世《せ》は世法《せほう》になづく、為《ため》は不汙《ふわ》になづく。世《よ》の八法《はっぽう》をもてけがされざるところなるがゆへに、無量《むりょう》 無辺《むへん》阿僧祇《あそうぎ》劫《こう》に涅槃《ねはん》にいらず。このゆへにわれ阿闍世《あじゃせ》王《おう》のために、無量《むりょう》 億劫《おくこう》に涅槃《ねはん》にいらずとのたまへり。

（同p.207）

「阿闍」という名前の意味は、「生じない」ということである。「世」とは怨みである。仏性が生じていないせいで、煩悩（欲望）の恨みが生まれ、欲望の恨みが生まれたがゆえに、仏性に気が付くことができない。人が仏性に気付くのは、欲望が生じないときである。仏性に気付くがゆえに、人は涅槃の境地にあって安らぐことができる。それが生じないのだから、「阿闍世」と呼ばれるのだ。いいですかな、みなさん。阿闍は「生じない」ということであり、「生じない」とは涅槃の境地である。「世」は世間のあり方を意味し、「為」とは汚れないという意味である。世間の八つの雑事に汚されていないがゆえに、たとしえない長い歳月にわたり、涅槃に入ることがないのだ。わたしが阿闍世王のために、たとしえない長い歳月にわたり涅槃に入らずといったのは、そのためである。」

今、「未生怨」を、仏性が生じないがゆえに抱かれることになった欲望という風に読み解いてみたが、これは漢文の字面を読み解いてみると、生まれる以前から抱いていた恨みと解釈することも不可能ではない。というのも「信巻」の後の方では、偽りの導師であるダイバダッタがアジャセに対し、次のように語りかけているからである。

善見太子《ぜんけんたいし》、またこの言《ごん》をなさく、国《くに》のひといかんぞ我《われ》を罵辱《めにく》すると。提婆達《だいばだつ》のいはく、国《くに》のひと汝《なんぢ》をのりて未生《みしよう》怨《おん》とすと。善見《ぜんけん》またいはく、なんがゆへぞ我《われ》をなづけて未生《みしよう》怨《おん》とする、たれかこの名《な》をなすと。提婆達《だいばだつ》のいはく、汝《なんぢ》いまだむまれざりしとき、一切《いつさい》相師《そうし》みなこの言《ごん》をなさく、この児《こ》むまれをはりてまさにその父《ちち》を殺《ころ》すべし。このゆへに外人《がいじん》みなことゞゝく汝《なんぢ》を号《ごう》して未生《みしよう》怨《おん》とす。一切内《いつさいない》のひと汝《なんぢ》が心《こころ》をまもるがゆへに、いひて善見《ぜんけん》とす。毘提夫人《びだいぶにん》この語《ご》をきゝをはりて、すでに汝《なんぢ》をうむとして身《み》を高楼《こうろう》のうへよりこれを地《じ》にすてゝ、汝《なんぢ》がひとつの指《ゆび》をやぶれり。この因縁《いんねん》をもてひとまた汝《なんぢ》を号《ごう》して婆羅留枝《ばらるし》とす。

（同p.226〜27）

［アジャセ太子はまたこうも尋ねた。国民は自分をどのように罵り、侮辱しているのか。ダイバダッタは答えた。国民はあなたを「未生怨」と呼んでいます。アジャセは尋ねた。なぜわたしを「未生怨」と呼ぶのか。誰がそのような名前をつけたのか。ダイバダッタは答えた。あなたがまだ生まれていなかったときのことですが、あらゆる占い師が口を揃えて、この子供は生まれるといずれ父親を殺すに違いないといった。そのため宮殿の外の人々はことごとくあなたを「未生怨」と呼ぶようになった。しかし宮殿の中ではあなたの気持ちを気遣って、アジャセと呼ぶことにした。イダイケ夫人は占い師の言葉を聞くと、あなたを産んだとき、高楼の上からあなたを大地に投げ落とした。あなたの指は一本、折れてしまった。こうした事件があったので、人々はあなたをバラルシ（指折れ）と呼ぶようになった。］

実は物語の順序としては、このダイバダッタの進言が最初であり、この話を知ったアジャセが怒り心頭に発してビンバシャラ王を捕縛し、牢に幽閉したのであった。アジャセはまた母親のイダイケ妃が老王に会いたいと請願したのに怒り、母親の髪を摑んで、刀を抜いて斬り取ろうともした。もっともこのときはさすがに耆婆が止めに入り、ことなきを得たが、ビンバシャラ王は食物も薬も与えられることがなかったので、七日を過ぎて落命してしまった。

ところでそもそもアジャセは、どうしてかかる呪われた宿命のもとに生まれついたのであろうか。実はすべての不幸の根源は、父であるビンバシャラ王の悪業にあったのである。もっともアジャセがそれを知らされたのは、すべての悲劇的事件がなされてしまった後に、救済者であるブッダの口を通してであった。では、ブッダはいかなる真理を語ったのであろうか。

ビンバシャラ王は、かつてビプラ山に狩りに出かけたことがあった。鹿を求めて野を彷徨ったが、一匹の獲物に出会うこともなかった。たまたまそのとき、王は一人の仙人に出会った。仙人を見て怒り、悪心を起こした王は、配下に命じて彼を追い駆けさせ、殺害を命じた。仙人は死ぬ間際に王を呪い、来世では必ずや彼を殺すと誓って息絶えた。この言葉を聞いて王はただちに後悔し、仙人を手厚く葬った。だが仙人の呪いは解けず、彼は王の息子アジャセへと転生して、生まれる以前の怨みを果たすことになったのである。

ビンバシャラ王からアジャセ王へと到る物語は、わたしに少なからぬ神話伝説との類似を想起させる。転生による怨恨の継承という主題は、古代インドの説話にきわめて一般的に見られるものだ。『マハーバーラタ』を繙くならば、屈辱の死を迎えたラクシャサ（夜叉）の王の魂が転生し、王子に憑依して、かつての宿敵を倒すといった物語には事欠かない。武勲に秀でた戦士につれなくされた王女が復讐を誓い、みずから冥府に赴いて美少年に生まれ変わると、長い歳月の末に戦士に矢を向けるといった物語すら存在している。呪詛は時空を超えることでますますその強度を深めるというのが、物語の文法であるかのようだ。

アジャセ王は多くの点で、ギリシャ神話に登場するエディプスに似ている。エディプスもまたアポロンの神託によって、長じて父王を殺めるであろうという呪いを受けた。彼はそのため幼くして投棄され、そのとき足に傷を得た。エディプス（腫れた足）という名は、その事件が原因で付けられた名前である。これはアジャセがイダイケ王妃によって高楼から投げ捨てられ、一本の指を折ったという挿話にみごとに対応している。母親への両義的な固執という点でも、二人の王には通じ合うところが明確に存在している。

もっともアジャセとエディプスの違いにも留意しておかなければなるまい。エディプスは幼くして自分の宿命を知らされると、それを回避しようとして逆に宿命通りに生きてしまうという悲劇を生きた。彼は深い絶望の末、盲目の乞食として長らく放浪し、生涯の終わりにおいてようやく神々の祝福を受けることができた。アジャセはといえば、みずからの宿命にまったく無知のまま非道を繰り返し、悔悟の途上でブッダに廻りあうことができた。ギリシャにあって人はまず神が気紛れに定めた物語に抵抗し、悲劇的な挫折を体験する。インドにあっては人はその物語にまったく無自覚のまま、翻弄されるばかりである。彼はブッダから初めてみずからの宿命を教えられ、同時にそれから救済される手立てを諭されるのである。

加えて興味深いのは、アジャセの苦悶の場面が、旧約聖書の『ヨブ記』における義人《ツエデク》ヨブのそれに酷似している点である。ヨブが「その足の跖《うら》より頂《いただき》までに悪しき腫物《はれもの》を生ぜしむ」（『ヨブ記』二章七節）ように、アジャセもまた全身に疽を患い、軀の全体から悪臭を放つまでに到る。神の仕打ちの残酷さに苦しむヨブの前には三人の友人が現われ、さまざまな理屈を弄して彼を慰めようとする。アジャセの場合も同様で、六人の大臣が彼を慰撫しようと試み、さまざまな教説を披露する。もちろんそれらはいずれも空虚な詭弁にすぎず、ヨブとアジャセはともに納得することがない。とはいうもののいかに苦痛から解放され、全能の超越者を受け入れるかという点では、この二人の物語には通じ合うところが少なくない。

もっともここでも両者の差異に目を向けておこう。ヨブを襲った厄難はまったく不条理なものである。神は悪魔に挑発されるままに、信仰に篤いヨブに苦難を与え、彼に意味のない試練を与えたのである。ヨブの苦悶は、この受け容れがたい事態をどう受け容れるかという一点に関わっている。アジャセの苦悶の原因は大きく異なっている。彼は図らずも自分が犯した悪行が、人間の犯しうるもののなかでもっとも重い五逆に属していることを知り、死して地獄に墜ちることの恐怖に苛まれているのだ。彼はおのれの悪を深刻に自覚し、自分が救済不可能な場所に立っていることすらも知悉している。にもかかわらず救済を願わずにはいられないというジレンマが、彼を深く苦しめている。

アジャセはどのような形で救済されるのであろうか。いかなる悪人でも救済されうると説く浄土宗の教義にあって、五逆と誹法は例外であるとされるとき、その五逆を犯した者を救済するためにはいかなる方法がありうるのだろうか。まず物語のなかでブッダが実践した救済策を論じ、次にそれを教義的に正当化するために親鸞が行なったテクスト的実践を検討してみることにしよう。

先にも記したように、ブッダはまず「わたしはアジャセ王のために、一人だけでは涅槃に入らない」と宣言する。「無《む》量《りょう》 無《む》辺《へん》阿《あ》僧祇《そうぎ》劫《こう》に涅槃《ねはん》にいらず。」(同p.207)これはいかなる困難があろうとも、アジャセをみごとに浄土へと導いてゆくという、ブッダの慈愛と決意の表明である。次に彼はアジャセのために月愛三昧《がつあいざんまい》の行に入り、その軀から巨大な光を放つ。偉大なる光明として顕現することがブッダの意味であり、究極のメッセージであったことを、ここで想起しておこう。託宣と放光とは、本質的には同一の現象なのだ。そして清涼なる光を身に浴びたとき、アジャセの皮膚の腫瘍はたちどころに消滅する。その身体は快癒したのである。

ブッダは次に人々に向かい、至上の涅槃に近づく縁を得るためには「善友《ぜんぬ》」(同p.210)、善き友人を得ることが肝心であると説く。これはアジャセにおける耆婆のことを指している。深く悔悟するだけでは不充分である。悔悟とともに、優れた導き手を得、その声に耳を傾けなければならない。

次にブッダは徐《おもむろ》にアジャセに向かい合い、地獄に墜ちることの恐怖を否定すると、罪と功徳をめぐって驚くべき立場を披露する。仏たちと父王、そしてアジャセの間には、功徳をめぐる深い縁が横たわっていた。先王はビプラ山で仙人を殺害し、地獄にこそ墜ちなかったが、罪の報いを受けた。しかしその死ははたしてアジャセの罪であろうか。アジャセに罪があるのであれば、先王の供養を受けてきた仏たちにも同じ罪があるのだという論法である。仏たちには当然、罪があるわけではない。であるならアジャセ一人が罪に問われることはないのだと、ブッダは説く。


王《おう》もしつみをえば、諸仏世尊《しょぶつせそん》もまたつみをえたまふべし。なにをもてのゆへに、汝《なんぢ》が父《ちち》先生頻婆沙羅《せんおうびんばしゃら》、つねに諸仏《しょぶつ》においてもろ〳〵の善根《ぜんごん》をうへたりき。このゆへに今日王位《こんにちおうい》に居《こ》することをえたり。諸仏《しょぶつ》もしその供養《くよう》をうけざらましかば、すなはち王《おう》たらざらまし。もし王《おう》たらざらましかば、汝《なんぢ》すなはち国《くに》のために害《がい》を生《しょう》ずることをえざらまし。もし汝父《なんぢちち》を殺《ころ》してまさにつみあるべくば、われら諸仏《しょぶつ》またつみましますべし。もし諸仏世尊《しょぶつせそん》つみをえたまふことなくば、汝《なんじ》ひとりいかんぞしかも罪《つみ》をえんや。

（同p.211〜12）

［王にもし罪があるというのなら、もろもろの仏にもまた罪があるはずである。きみの父君であるビンバシャラ王は、つねに仏たちのため功徳善行を積んでこられた。彼はそれゆえ王位に就くことができた。もし仏たちが先王の供養を受けてこなかったとしたら、彼は王になることはなかっただろう。もし王になっていなかったとしたら、きみも国のために先王を殺すことはなかったはずだ。もしきみが父君を殺して罪があるというのであれば、われわれ仏たちにも罪があるはずだ。もし仏たちに罪があるとすれば、きみ一人にどうして罪があることになろう。］

これに続いてブッダは、人間を狂い惑わせるものには「貪狂《とんきょう》」「薬狂《やくきょう》」「呪狂《しゅきょう》」「本業縁狂《ほんごうえんきょう》」という、四つの原因があると説く。欲望、薬物、呪い、過去からの縁である。この四つに導かれて悪をなす者は多いが、それは戒めを犯したというわけではない。アジャセの場合には王の権力が欲しいという欲望によって狂い、父親を殺したのであって、「貪酔《とんすい》せり、本心《ほんしん》の作《さ》せるにあらず。もし本心《ほんしん》にあらずはいかんぞつみをえんや。」（同p.213〜14）［欲に酔っていただけで、本心から出た行為ではない。本心ではなかった以上、どうして罪になるというのか。］

では罪の意識はどこから来るのか。それは誤った認識、暗愚の心に由来していると、ブッダは語る。殺人にせよ、他の悪行にせよ、ブッダの眼からすれば蜃気楼のような幻であり、人が眠りのなかで見る夢のようなものである。

たとへば幻師《げんし》の四衢道《しくどう》のほとりにして、種々《しゆしゆ》の男女象馬瓔珞衣服《なんによぞうめようらくえぶく》を幻作《げんさ》するがごとし。愚痴《ぐち》のひとはおもふて真実《しんじつ》とす、有智《うち》のひとは真《しん》にあらずとしれり。殺《せつ》もまたかくのごとし、凡夫《ぼんぶ》は実《じつ》とおもへり。諸仏世尊《しよぶつせそん》はそれ真《しん》にあらずとしろしめせり。（……）大王熱《だいおうねつ》のときの炎《ほのお》のごとし。愚痴《ぐち》のひとはこれはこれ水《みず》とおもはん、智者《ちしや》は了達《りようたつ》してそれ水《みず》にあらずとしらん。殺《せつ》もまたかくのごとし。凡夫《ぼんぶ》は実《じつ》とおもはん、諸仏世尊《しよぶつせそん》はそれ真《しん》にあらずとしろしめせり。

［たとえば幻術師が町の四つ角に立って、男女や象や馬、装身具や衣服の映像を幻として見せるようなものである。暗愚の者はそれを本当であると思うが、知恵ある者はそうではないことを知っている。殺人もまた同じである。愚かな一般人は本当のことだと思うが、仏たちは本当ではないとちゃんと知っている。（……）大王よ、それは暑い日に起きる蜃気楼のようなものである。暗愚の者はそれを水だと思うが、知恵ある者はちゃんと判っていて、水ではないと知っている。殺人のことも同様である。愚かな一般人は実際に起きたことだと思うが、仏たちはそれは本当ではないことを知っている。］

（同p.214〜15）

ブッダはこうして、人間の愚かにして昏い認識が原因となって、さまざまな虚妄が実態であるかのように感じられてしまうことの過ちを指摘してゆく。だがひとたび悟りの境地に達してしまえば、殺人の方法もその原因や結果も、すべてが虚妄のものであることが判明する。そのかぎりにおいて罪は構成されない。

こうして説法は認識の誤りを糺すことから、悟りを開いて涅槃に向かうことの本質へと移っていく。

大王《だいおう》たとへば涅槃《ねはん》は有《う》にあらず無《む》にあらずして、しかもまたこれ有《う》なるがごとし。殺《せつ》もまたかくのごとし。非有非無《ひうひむ》にしてしかもまたこれ有《う》なりといへども、慚愧《ざんぎ》のひとはすなはち非有《ひう》とす、無慚愧《むざんぎ》のものはすなはち非無《ひむ》とす。果報《かほう》をうくるものこれをなづけて有《う》とす。空見《くうけん》のひとはすなはち非有《ひう》とす。有見《うけん》のひとはすなはち非無有《ひむう》とす。

（同p.216）

「大王よ、たとえば涅槃とはあるわけでも、ないわけでもなく、それでいて、やはりあるものなのだ。殺すというのも同じである。あるわけでも、ないわけでもなく、それでいて、やはりあるわけである。慚愧の心を懐く者は、それはないと見なす。慚愧の心を懐かない者は、それはないわけではないと見なす。報いを受けた者は、それはちゃんとあると見なす。すべては空であると考える人は、あるわけではないと見なす。すべては実在すると考える人は、ないわけではないと見なす。」

アジャセはこの説法を聞いて、ブッダに深く帰依することを広言する。ブッダに出会うことによって自分が「大地獄《だいじごく》にありて無量《むりょう》の苦《く》をうく」（同p.217）ことから逃れ出たことを感謝し、「衆生の悪心」を破ることができたことの悦びを告げる。

もしわれあきらかによく衆生《しゅじょう》のもろ〳〵の悪心《あくしん》を破壊《はえ》せば、われつねに阿鼻地獄《あびじごく》にありて無量劫《むりょうこう》のうちにもろ〳〵の衆生《しゅじょう》のために苦悩《くのう》をうけしむとも、もて苦《く》とせず。

（同p.217～18）

［もしわたしが人々の悪心を破ることができるのであれば、たとえ阿鼻地獄に墜ちて、とこしえに長い時間にわたり、人々のために苦しんだとしても、けっして苦しいとは思いますまい。］

こうしてアジャセはブッダの弟子に連なることになる。彼は過去の悪行を深く悔いるとともに、優れた導師である「善知識」の導きを得ることができた。青年王はブッダから祝福を受け、彼の周りを三周して敬意を表した後、みずからの宮殿へと帰ってゆく。当初は地獄墜ちを何よりも恐怖していたこの青年王は、今では衆生の救済のためであれば、彼らの代わりに地獄に墜ち、永劫の苦しみを受けてもよいとまで、心のあり方を変えてしまうのだ。

『大般涅槃経』に導かれるままに、親鸞はアジャセの父殺しと救済の物語を長々と書き続け、ついにそのまったき救済にまで到達する。彼は『教行信証』の著者という立場から、この「難化の機」（同p.230）の物語を、さまざまな迂回のもとに肯定し、善知識と深い悔悟の念さえあれば、たとえ五逆の悪人であったとしても浄土に向かうことができると結論する。だがこの結論の代償として、『教行信証』には大きな転調がなされてしまうことになる。それまで指針として掲げられていた『大無量寿経』の唯一性が後退し、『大般涅槃経』の優位が前景化する。それはともすれば厖大な引用のなかに埋没し、いっこうに独自性を見定めることができなかったテクストが、唯一真正のものとして大きく浮かび上がる瞬間でもある。『教行信証』はそのねじれの運動において、独自のものとして顕現するのだ。それはただ単に先行する超越的な声の表象であることをやめ、複数の声の対決と闘争の過程として、みずから生成することになるのである。

8　テクストの過剰

親鸞は「信巻」の後半において、大変な荒業を用いてアジャセの救済という困難な課題を解決する。もっともこの大仕事が終わった後も、「証巻」「真仏土巻」「化身土巻」と、テクストは延々と続くことになる。そこでもいくつかの重要な問題が検討されていることはいうまでもない。煩悩を抱いたままで涅槃に入る資格を得るのは、どうすればよいか。すべてのものが変化してゆく仮初のものであるとすれば、涅槃もまた変化であるのか。

浄土に生まれることのできそうにもない者、生まれるとは決まっていない者を救済するには、どうすればよいのか。ブッダの大乗の知恵を理解することのできない者の場合はどうなのか。

末法の現在、信心は羽毛のように軽く、すでに持戒どころか、破戒すら不可能となっている。この無戒の状況にあって、どのように救済を願い出ればよいのか。

親鸞はこうしたさまざまな問いに対し、一つひとつ答えている。末法の世にあってブッダの教えが尽きようとしているとき、たとえ僧侶が妻帯をし、子供を設けたとしても、礼拝は忘れてはならない。たとえ戒律を持たなくなっていたとしても、その者はすでに涅槃の印を刻印されているからである。未来の僧侶は子供の手を引きつつ、酒場から酒場へと移り、淫欲に耽ることだろう。しかし彼らは彼らなりにブッダを継承しているのであり、ひとたびその御名を唱え、信心を起こした者は、一人残らず順番に、涅槃に入ることができるだろう。「衆生《しゅじょう》未来《みらい》に荘《しょう》厳清浄《ごんしょうじょう》の身《しん》を具足《ぐそく》して、仏性《ぶっしょう》をみることをえん。」（『教行信証』p.293）［人々は誰でも未来には厳かにして清らかな身体をもち、仏性を目の当たりにすることができるだろう。］

とはいうものの、最終巻である「化身土巻」にいたって、『教行信証』は不思議な展開を見せる。これまで一度も論じられることのなかった「外教邪偽《がいきょうじゃぎ》」、つまり邪悪にして虚偽に満ちた異端思想にどう対応するかという問題が掲げられ、これまで一度として言及されることのなかったさまざまな経典からの引用が、実に長々と続く。それに続いて浄土宗の立場から見た道教と儒教のあり方が説かれ、最後に作者親鸞のきわめて個人的な回想にいきなり切り替わると、ほどなくして全編が終わりを迎える。

「ひそかにおもんみれば」で始まるこの末尾の一節については、すでに本書の『教行信証』論冒頭で触れておいたので、ここでは簡潔に記しておきたい。

よろこばしきかな、心《こころ》を弘誓《ぐぜい》の仏地《ぶつじ》にたて、念《おもい》を難思《なんじ》の法海《ほうかい》にながす。ふかく如来《にょらい》の矜《こう》哀《あい》をしりて、まことに師教《しきょう》の恩厚《おんこう》をあふぐ。慶喜《きょうき》いよ〳〵いたり、至孝《しこう》いよ〳〵おもし。これによりて真宗《しんしゅう》の詮《せん》を鈔《しょう》し、浄土《じょうど》の要《よう》をひろふ。たゞ仏恩《ぶっとん》のふかきことをおもふて、人倫《じんりん》のあざけりをはぢず。

（同p.446〜47）

［なんと歓ばしいことか。わたしは今、心を本願の仏の地に打ち立て、思念を思いもよらぬ真実の海に委ねている。如来の慈愛の深さを知り、師の教えの恩情の厚さを見上げている。歓びはますます強くなり、恩に報いたい気持ちはますます重くなってくる。わた

しはこの書きものを通して真宗の効用なるものを抄出し、浄土の教えの要点を取り上げてみた。心に思うのはただ仏の恩情の深いことばかりであり、世間の人々に嘲笑されたところで恥を感じるところはない。」

この一節は、『教行信証』序の冒頭、「ひそかにおもんみれば、難思《なんじ》の弘誓《ぐぜい》は難度海《なんどかい》を度《ど》する大《だい》船《せん》、無礙《むげ》の光明《こうみょう》は無明《むみょう》の闇《あん》を破《は》する慧日《えにち》なり」（同p.23）に呼応している。『教行信証』全巻の完成を待って、心は「難思の法海」に身を委ね、「無礙の光明」を目の当たりにすることができた。この歓喜を前にして、世人の嘲笑が何であろう。親鸞はここで師法然と連座して受けた法難を初めて回想し、悲嘆の終焉と尽きることのない歓びを確認する。

この結末部が『教行信証』執筆のある時点から想定されていたことは、容易に想像がつく。というより親鸞はこの一節をもってフィナーレとすることを念頭に置きながら、経典を渉猟し、困難な理論的探究を続けてきたといっても過言ではない。大著の結末部が冒頭に接続し、みごとな大団円を構成している。だがわたしが気になるのは、このエピローグの直前、すなわち「化身土巻」の実質上の最後部に記されている、雑多な事柄である。

「化身土巻」の叙述は最終部分にいたって思いもよらぬ逸脱を続け、書物の本来の意図とはほとんど無関係にも思える主題へと移っていく。『教行信証』を論じるにあたって、最後にこのappendix、医学用語でいうならば虫垂にあたる部分について、簡単に触れておきたい。

まず親鸞は『大般涅槃経』を引き、「仏《ぶっ》に帰依《きえ》せんものは、つひにまたその余《よ》のもろ〳〵の天《てん》神《じん》に帰依《きえ》せざれ」（同p.389）と説く。仏に帰依した者は、最後まで仏以外の神々に帰依してはならない。鬼神を祀ったり、異教に仕えたりしてはいけない、という意味である。

ここでカルシッタ（佉《か》盧《る》虱《しっ》吒《た》）という仙人が突然に登場する。驢《ろ》唇《しん》とも呼ばれ、王を亡くしたさる国の王妃が驢馬と交わって産み落とし、羅刹に育てられたという不思議な経歴をもった仙人である。

カルシッタ仙人が天界の者たち（衆）に向かって、人間、龍、夜叉、蝎という四種類の衆生を救済しなければならないと説く。彼はこうした衆生の安楽のため、空にさまざまな星を配置し、それればかりか日月年といった季節と時間を創造したのだと語る。この話を聞いて、天、龍、阿《あ》修《しゅ》羅《ら》、緊《きん》那《な》羅《ら》、摩《ま》睺《ご》羅《ら》伽《が》（蛇神）といった者たちは全員が彼を讃美し、歓びに耽ったという。

これまで戒律と無戒について深刻な議論を重ねてきた『教行信証』において、いきなりこのような仙人が出現し、宇宙開闢の物語を語り出すというのは、いったいどう解釈すればよいのだろう。

だが、話はそれでは終わらない。波旬《はじゅん》という魔王が突然に登場する。その娘の離暗《りあん》は以前から功徳を積んでいた女性であったが、如来が悟りの道を開いたと聞いて、今こそ仏に帰依したいと宣言する。彼女が父である魔王のために仏を讃美する詩を朗誦すると、魔王の宮殿に住まう五百人の魔女やその一族がただちに菩提心を起こし、魔王のために詩を朗誦する。魔王はその詩を聞いて怒りと恐怖を感じ、憂鬱になる。だがこのとき、仏が光味菩薩の前に現われ、人々を煩悩から解き放ち、慈悲喜捨の四つの梵行へと促すことを説く。ともあれ最終的に魔王も仏の御足に低頭して礼拝をするに到る。彼もまた詩を詠んで、仏を讃美する。

「化身土巻」ではその後も、仏と現世を支配する大梵天との間で対話がなされることになる。大梵天は天界から地上まで、堂々たる宇宙論が展開した後、仏に向かって、そこに住まうさまざまに下層の鬼神を導き諭すことを依頼する。仏はかつて清浄であった世界が現在は凋落し、「集会《しゅうえ》の悪党《あくとう》、手《て》に髑髏《どくろ》をとり、血《ち》でそのたなごゝろにぬらん」（同p.407）［悪党どもが徒党を組んで手に手に髑髏をつかみ、血を掌に擦り付け、殺し合いをする］という世界と化してしまったことを嘆いている。そのかみ四万年であった人間の寿命も今では百年となり、正法が消滅したために、悪が世界を暗く覆うにいたってしまったのだ。仏は「法」（真理）に従って悪を捨てるならば、すべてを百億（いつの間にか、大勢になっている）の梵天王に託すと宣言する。百億の梵天王はただちにそれを受け容れ、「一切《いっさい》の菩薩《ぼさつ》摩訶薩《まかさつ》、一切《いっさい》の諸大声聞《しょだいしょうもん》、一切《いっさい》の天龍《てんりゅう》、乃至《ないし》一切《いっさい》の人非人《にんひにん》」（同p.413）がそれを讃美する……。

実はカルシッタ仙の説法から大梵天の帰依にいたるまでの部分では、『大乗大方等日蔵経』や『月蔵経』『首楞厳経』といった、これまで一度も言及されることのなかった経典の引用が、断片的に並べられている。引用はまさに切れ切れに羅列されてあるだけなので、論理的にどのような道筋となっているのか、正確に辿ることができない。親鸞が最終的に主張したいことは、二つのこと、すなわちいかなる異神邪神も仏陀に帰依すべきものであり、人はかかる邪神に仕えてはならないという教えである。だがこの教えのために、宇宙開闢から世界の凋落、天界の構造にいたるまでが長々と説明されるというのは、やはり常軌を逸しているといわざるをえない。わたしには大部の『教行信証』のなかで、この部分だけが異常な雰囲気を湛えているように思われる。そのせいか、この書物をめぐるさまざまな専門的研究や解釈にあっても、それに言及した論考はきわめて稀である。

広大無辺の世界のなりたちとそこに住まうさまざまに魔性の者をめぐるこうした叙述は、

『教行信証』という書物が複数の、互いに執筆年代も意図も異なる層から構成されていることを、わたしに想起させる。おそらく著者の親鸞は、未知の経典に出逢うたびに抜き書きを積み重ねていったのであろう。歳満ちてそれが巨大な書物を作り上げ、積年の課題であった難問も解決したという時点で、スクラップブックのなかでそれまで使用されることのなかった雑多な引用をどう処理すればよいのかという問題が浮上してきたのではないだろうか。「化身土巻」の結末に置かれた奇想天外な対話と説話は、この書物自体がけっして容易に要約できる性格のものではないことを、わたしに改めて示唆している。

大問題が解決した後に説かれることになる天地開闢の物語。この構成がわたしに連想させるのは、先にも言及した旧約聖書の『ヨブ記』である。

わたしは長い間、『ヨブ記』の結末部について、不思議な気持ちを抱いてきた。心正しきヨブが神の気紛れによって理不尽な試練に遭い、卑屈にもそれを受け容れることでみずからを回復するという物語的帰結に納得がいかなかったからではない。すべての惨劇が終わり、神と義人の間での信頼関係が確認されようとする重要な場面で、全能である神は、自分がいかに無から世界を築きあげ、あまたの生命を造りあげたかを、誇らしげに語ってみせるのである。神は山羊を、驢馬を、野牛を、そして駝鳥と馬、鷹を創造した。『ヨブ記』の巻末では、人間であるヨブがそれら動物たちと比べ、いかに無力で卑小な存在であるかが、繰り返し語られる。

神はヨブに、威光と尊厳を回復せよと呼びかけた。だが、問題はその次である。神はだしぬけに河馬と鰐の獰猛さと強靭さを讃えてみせる。この二匹の怪獣は口から炎を発し、剣も槍も跳ね返すほどに頑強な皮膚をもっている。彼らに敵《かな》う者はこの地上に存在しない。今わたしは日本聖書協会の翻訳に倣って、「河馬」「鰐」という訳語を用いたが、原語で「ベヘモス」と「レヴィアタン」と記せば、いかにそれが脅威的な怪獣であるかが、実感として感じられてくるはずだ。『ヨブ記』を初めて手に取ったとき、わたしが理解できなかったのは、なぜここで二匹の怪獣がわざわざ呼び出されなければならなかったのかという問題であった。

現在のわたしは、この部分が旧約聖書の成立時にあって、本筋とは無関係な別のテクストから借り受けられたものであることを知っている。おそらくそれは劇場の壮麗な緞帳のように、舞台で演じられた芝居の内容とは無関係に、額縁に似て最初から用意されていた枠組みであったのだろう。義人ヨブの受難の物語は、その額縁の空無の部分に象嵌されたと考えられる。

聖書はけっして理路整然と統合的に執筆された書物ではない。それは長い歳月の間に成立した、古代ユダヤ語によるアーカイヴであり、実に雑多なテクストの集合体である。何も律儀に考えることはない。何かの事情で、たまたま怪獣についてのテクストが紛れ込んでしまったのにすぎないのだ。そう考えたときわたしは、旧約聖書がテクストとして内蔵している多様性を、教義的一貫性という観念から離れ、読む快楽として体験できるようになった。

『教行信証』をアジャセという問題を解くための思考の軌跡だと考えることは、誤りではない。親鸞は逸脱と脱線を重ね、いくたびも仕切り直しを重ねながら、ついにこの難問に解決を見た。思えばひどく効率の悪い、しかし粘り強く、着実な思考の運動であった。だがそれをもってこの書物の役割が終わったのだと結論できないのは、カルシッタ仙から魔王波旬、百億の大梵天にいたる登場人物が跳梁し、世界全体の起源と構造について対話と説法を重ねるという場面が、延々と続いているからである。

親鸞はなぜ、書物を閉じるにあたって、こうした叙述に耽ったのだろうか。後世の者たちはそれをどのように理解したのだろうか。謎は尽きない。だがこうしたテクストの過剰を含みこむことで、『教行信証』という書物が体現している全体性の巨大さを、わたしは認識するのである。

『歎異抄』のスタイル

1　来歴

東国に生まれた一八歳の青年が、自分の故郷の近くで教えを説いていた僧侶に私淑し、なんとか弟子入りしたいという望みを抱く。だが、その僧侶がはたして本当の僧侶であるかどうかは、よくわからない。さまざまな噂が飛び交っている。比叡山に長く滞在し、常人にない修業を積んだ偉いお坊様で、ここいらの田舎になど来るはずもない立派なお方だと、最初から畏怖してしまう者もいれば、いや、何か都で悪いことをして所払いになり、そのまま戻れずにいる乞食坊主だと、疑いの目で見る者もいる。だが青年は強い情熱に捕われる。その人物がすでに都に戻ったと知り、志を同じくする若者たちと連れ立って、はるばる都まで尋ねていく。

都は飢饉の最中である。餓えと病に倒れ、身寄りもないままに放置された者たちの死体が、いたるところに散乱している。探し当てた当の人物は、すっかり年を取った老人だ。彼は長い間連れ添った家族とも別れ、門弟の仕送りだけを頼りに倹しい生活をしている。遠路から自分を訪ねてきた若者に好意を見せ、自分の兄弟子の著わした書物を読むように勧める。老人は暇を見ては、それを書写しているのだ。それから若者に向かって、自分の教えはけっして独創的なものではない、今は亡くなられたが、自分の先生であった人物の教えをそのまま繰り返しているだけだと語る。

若者は気に入られ、機会あるたびに老人の謦咳に接することを許される。もっともその教えは、ときに挑発的な逆説と反語に満ちている。若い弟子が、どう応えてよいのか、言葉に詰まるときもないわけではない。あるとき師は宣言する。わたしには弟子など一人もいない。わたしには善のことも、悪のことも、何もわからない。阿弥陀仏が恐ろしく長い時間をかけ、考えに考えて本願を立ててくださったのは、もっぱら自分一人を救ってくださるためであった。

それから短くない歳月が流れ、師は天寿をまっとうして入滅する。都では相変わらず飢饉が続いている。青年は僧侶として経験を積み、大和国に移って人々を教化する務めに入っている。都では師の孫が教義の正統性を主張し、新しく寺を建立する。しかし、その力はまだ弱い。

彼は念仏を旨とする他の寺に圧迫され、苦境に立たされている。また東国では、本来の師の教えから大きく逸脱した教説が流行している。なんとか異端を抑え、教義を統合しなければならないのだが、大きな困難がいたるところに横たわっている。

師が入寂して三〇年ほどが過ぎてしまった。六六歳の老人となったかつての青年は、久しぶりに都に上り、師の曽孫と面談をする。曽孫は教義の正統的な継承者の地位にある。老人は思い出す。若き日に東国の同志たちとともに入洛し、はじめて尊顔に接したときの師の年齢に、自分はいつしか到達してしまった。彼は半世紀ほど前の記憶を手繰り寄せ、そのとき師から与えられた言葉を、なんとか書き留めておこうと決意する。過去にものした書きつけを整理し、師の真実の教えを世に知らしめようと考える。異端をめぐる悲しみは尽きない。今こそ、師の教えに外れた言動を戒める書物を世に問うべきときが来たのだ。とはいえ完成した言行録を読み返したとき、彼は思いきってそれに封印を施してしまう。思いもよらなかった事態を想像してみた。この書物には、人を誤らせる危険が含まれているのではないか。老人は「外見アルベカラズ」と巻末に書きつける。不用意に人々に見せるべきではないというほどの意味だ。彼はこの封印に安心し、ほどなくして生涯を閉じる。

これが『歎異抄』の著者の物語である。

2 編纂された対話

地獄《じごく》は一定《いちじょう》すみかぞかし。

善人《ぜんにん》なをもて往生《おうじょう》をとぐ、いはんや悪人《あくにん》をや。

弥陀《みだ》の五劫《ごこう》思惟《しゆい》の願《がん》をよく〳〵案《あん》ずれば、ひとへに親鸞一人《しんらんいちにん》がためなりけり。


（『歎異抄』p.43, 45, 87）


［どうせわれわれが堕ちゆく先は地獄と決まっているのだ。

善人ですら浄土に生まれ変わることができる。それなら悪人にそれができるのは当然ではないか。

阿弥陀仏がとこしえに長い時間をかけてお考えになった本願のことをよく考えてみると、それはすべて、この親鸞一人のためだったのである。］

『歎異抄』は恐るべき警句に満ちている。その断言の強さを前にして、書物を手にした者は、誰もが躊躇する。どう受け取っていいのかわからない。いかなる意図のもとに発せられた言葉なのかがわからない。とはいえ、ひとたび耳にしてしまうと、どうしても忘れることができないといった文章が、いたるところに隠れている。

このtrickyな書物はどのようにして成立したのだろうか。『歎異抄』の語り口は、『教行信証』のそれとも、『浄土和讃』のそれとも、大きく異なっている。『教行信証』の語り手は試行錯誤を重ねながら、篤実に、辛抱強く論を重ねていった。『浄土和讃』の詠み手は、心中の苦悶を平易な文体のもとに表現した。だが『歎異抄』の言葉は、とても同じ人物の言葉であるとは思えないほどに逆説と独断に満ち、読む者を当惑させる。親鸞の入滅後、ほぼ三〇年を経て編纂されたという言行録のなかで、主人公はときに過剰なまでに演劇的であり、また挑発的である。彼は反語・警句・誓言・自己韜晦・猫かぶりと、あらゆるかぎりの修辞を繰り返しては、読む者を煙に巻いている。聞き役は巧みな受けてであり、漫才でいうならば、さしずめボケだ。もっともこのボケは充分に聡明で、また狡猾で、ここぞという場面で巧みに泣きを入れてみせる。一歩引きさがりながら、みごとな扇動家を演じてみせる。彼は聖人をイデオロギー的な闘争の矢面に立たせる手腕に長けている。だがこの書物の全体は、いったいいかなる権能を担っているのだろうか。

『歎異抄』は大きな謎と、それに余りある魅惑をもった書物である。

十八の断章と序文、後記から構成されたこの小さな書物は、現代にいたるまで多くの人々に愛誦され、多くの研究家によって数々の解釈がなされてきた。とはいえ肝腎のところが一向に解けていない。それを手にする者を巧みに誘惑はするが、その本性は曖昧なままという、不思議な性格を備えた書物である。魔性という言葉がはたして適当かどうかはわからないが、ひとつ間違えば、読者の進むべき道を大きく違わせてしまう危険を含んだ著作であるといえなくはない。

まず作者の名前が記されていない。現存する最古の写本が完璧なテクストであるかが定かではない。ひどく不自然な結末部は、途中に大きな脱落があるか、それとも別の文書が付加されていた可能性が、充分に考えられる。執筆された時期も正確には測定できない。一度に成立したテクストなのか、さまざまに異なった文書を寄せ集めて、時間をかけて成ったものなのかさえ、定かでない。『歎異抄』という題名を字義どおりに受け取れば、「聖人親鸞の教えに違う考えが現われ出たことを嘆き悲しむ」という意味となる。だがそれは編纂者が名付けたものであり、親鸞は関与していない。「歎異」という言葉そのものがそもそも、親鸞本人が望み、意図したものであったかは疑わしい。この書物の作者は親鸞ではない。『教行信証』や『浄土和讃』が親鸞を著者とするようには、『歎異抄』は親鸞を著者とはしていない。なるほど親鸞が口にしたとされる言葉が数多く収録されていることは、否定できない事実だ。だがそれを編纂し、一本に纏めた者が、別に存在している。この人物は自分の記憶を辿りながら、ある意図と目的のもとに親鸞の言行録を作成した。おそらく親鸞は死にいたるまで、この書物の企画について知らされていなかった。自分の死後にこうした書物が制作され、それが親鸞思想の根本であるとして、後世の人々に読み継がれることなど、まったく予測もしていなかった。

『歎異抄』の成立年代は不詳だが、一説には一二八〇年代後半だという。もしそれが正しいとするなら、親鸞が一二六二年に入寂してから三〇年近い歳月が経過している。いったい誰が、いかなる目的で、こうした作業を行なったのか。たとえその人物が生前の親鸞をよく知る者であったとして、おびただしい年月の間に記憶が摩滅し、また歪んだり、脱落したりすることはなかったのか。また意図的に排除や割愛がなされることはなかったのか。

『歎異抄』のテクストの曖昧さということでただちに想起されるのは、『新約聖書』の中心となっている四つの福音書のことである。親鸞から少し離れることになるが、教団が聖典を作り上げる過程を考えるために、若干の脱線を許していただきたい。

四福音書の主人公であるイエスは知識階級の出身でなく、文字を読むことも書くこともできなかった。彼はヘブライ語で記された律法の巻物を手にしたことがないばかりか、僧侶階級が口にするヘブライ語を話すこともできなかった。わずかに当時のパレスチナの民衆語であったアラム語を通して、人々に説教をしたり、治療を施したりしたにすぎない。彼は「キリスト教」という言葉も知らなかったし、自分がメシア、すなわち救世主であるという確固とした自覚を抱いていたかも疑わしい。

『マルコ福音書』が、おそらくはイエス個人を直接に知っていた者の手で成立したのは、彼が死んで二、三〇年後、西暦五〇年から六〇年代のことであり、執筆にはいくぶん生硬なギリシャ語が用いられた。次に『マタイ福音書』が『マルコ』を下敷きとし、『旧約聖書』を自在に引用しながら、西暦七〇年から一〇〇年の間に執筆された。やがて『ルカ』『ヨハネ』と、合計して四つの福音書が成立し、公会議での認定をとおして、現在まで公式的に認められている。

福音書で中心となるのはイエスの言行である。だが作者(編纂者)の立場と、原始キリスト教をめぐる当時の状況によって、記された言葉と行動には微妙な差異が横たわっている。この差異の存在は、もし突き詰めて考えるならば、イエスを相対的な存在へ貶めてしまう可能性を孕んでいる。たとえばイエスの処刑に関し、『マタイ福音書』はユダヤ人の積極的な関与を指摘しているが、他の福音書は曖昧な沈黙を守っている。どちらが正確な記述なのかと疑義を持ち出すと、信仰の礎としての聖書の威信を蔑ろにしてしまう危険がある。

とはいえそこには、われわれが認めておかなければいけない厳然とした事実が存在している。われわれはマルコやマタイといった作者を媒介とすることでしか、イエスの言葉を知ることができないという事実だ。何人もこの事実を否定することはできない。有体にいってしまえば、長きにわたってイエスの真実であると信じてきた彼の言行とは、かりそめにマルコ、あるいはマタイと呼ばれた、ユダヤ教近辺の知識人の視座を通して、間接的に表象されたものにすぎないのだ。とはいうもののキリスト教はそれに目を瞑り、すべてを救世主メシアの神聖な言葉として受け入れることで、二千年にわたり教義を構築していった。

話を親鸞に戻すことにしよう。親鸞はイエスとは違い、当時の日本でもっとも高い教育を受けた知識人の一人であり、『教行信証』という大部の教義書をものしていた。最晩年にいたっても旺盛な執筆欲を示し、先行する仏典の抜き書きや解説書から自作の和讃まで、実に多くの文書を遺している。入滅後にしても、その教えを汲む者たちの手で、いくつもの聞き書きや書簡集が編纂された。

もっとも聞き書きはいずれも一四世紀のことであり、浄土真宗が教団として自立し、「本願寺」の名のもとに隣接する宗派や分派と激しい抗争を繰り広げていた時期に作成されている。この点は、原始キリスト教がグノーシス主義やマニ教といった隣接する信仰体系と争い、闘争のなかでしだいに教義を研ぎ澄ませていった過程と比較できるはずである。みずからを「愚禿」と呼び、僧侶であることを止めた親鸞が、浄土真宗が教団として成立し、発展してゆくにつれて、教団の開祖として神格化されていく過程は、一介の民間治療家にすぎなかったかもしれないイエスという人物が、しだいに神格化され、「神の子」として福音書の主人公へと変容していく過程と、多くのものを共有している。

それでは親鸞の名を頭に被せたあまたの文章《もんじょう》のなかにあって、『歎異抄』はどのような位置にあるのか。『教行信証』のなかで語っている主体親鸞の言葉と、『歎異抄』のなかで引用言及されている親鸞の言葉とは、はたして同一の人物の言葉なのか。それとも両者の間には、微妙ではあるが、連続性を断ち切る断層が横たわっているのだろうか。

『教行信証』から『歎異抄』へ移ったときわたしを捕らえて放さないのは、そうした問題である。

3　封印

親鸞の晩年とはどのようなものであったか。京都で入寂をはたすまでの二〇年間、年代的にいうならば七〇歳から九〇歳に到るまでの著述活動について、簡単に記しておきたい。

まず親鸞とその弟子たち、後継者たちが、彼の著述と発言にどのように関わったかについて、年代を追いながら、整理を試みておこう。

『教行信証』が一応完成を見たのは、一二二四年、親鸞が五二歳のころであったとされている。その後、彼が心血を注いだのは、同じ法然門下で先輩格にあたる聖覚（一一六七〜一二三五）の『唯信鈔』をひたすら書写することであった。『唯信鈔』は『教行信証』に先立つこと三年、一二二一年に執筆されたもので、親鸞は門弟に信仰を指南する教科書として重宝だと考えたのだろう。驚くべきことに親鸞は一二三〇年、一二三五年、一二四一年、一二四六年、一二五四年と、五度にわたってこの書物を書き写している。ひとえに門弟たちに配り与えるためである。

また一二五〇年には、「ヰナカノヒトヾヽノ文字《もんじ》ノコヽロモシラズ、アサマシキ愚痴《ぐち》キワマリナキユヘニ、ヤスクコヽロエサセム」（『親鸞全集 第四巻』p.284〜85）［田舎の人たちは文字の意味も知らず、どこまでも暗愚なものであるから、やさしい形で理解してもらおうと思い］と断りつつ、文中にある一語一語の語義を解きほぐし説明しようとして、『唯信鈔文意』なる解説書まで執筆している。

『唯信鈔文意』を著わした親鸞は七八歳である。彼は長い歳月をかけ、心血を注いで完成させた自著『教行信証』については厳重に秘匿し、その代償に『唯信鈔』の普及に努める。この二重の方針は、教育と理論的探究をめぐって、彼がはっきりと異なった考えを抱いていたことを語っている。ちなみに親鸞は七〇歳代には、ふたつの和讃とこの『唯信鈔文意』を別にすれば、ほとんど著作らしい著作を残していない。ただひたすらに他人の著わした書物の書写に専念している。

だが『唯信鈔』への高い評価は、五度目の書写を終えて二年後の一二五六年に、突然に覆されてしまう。実の息子である善鸞(慈信)の義絶を性信に知らせる書簡(『親鸞聖人血脈文集』一二五六年)のなかで親鸞は、「この『唯信鈔《ゆいしんしょう》』、かきたる様《よう》あさましうさふらへば、火にやきさふらふべし」(同p.421)[この『唯信鈔』は軽薄な書き方をしているから、火で焼いてしまうことにしましょう」と、激しい否定の言葉を記している。この書物が善鸞を誤った道へと導いたのだと、親鸞は信じて疑わない。義絶といい、焚書といい、理論的指導者としての親鸞の人格は、高齢にしてますます妥協を許さないものへと変化していった。

親鸞が旺盛な執筆活動に入るのは、八〇歳の前後あたりからである。最晩年の一〇年間、彼はほとんど筆を休める間もないほど著述に明け暮れている。彼は『正像末浄土和讃』を創作し、『愚禿鈔』をはじめとする、さまざまな著作を書き上げる。また自著ばかりか、法然の『三部経大意』などの書写を活発に行ない、門弟たちに与えている。彼はその一方で、東国にある門弟たちの信仰を把握し、その逸脱を阻止することに、文字通り最後の情熱を注ぐ。門弟の一人ひとりに対し、夥しい数の書簡や経典の書写した抜き書きを送りつける。そして一二五六年における善鸞義絶。この時期、親鸞の精神力の強靭さにはにわかに信じがたいものがあるとしか、いいようがない。著述の多さと義絶は同根であり、その背後に教説をめぐる焦燥感が働いていたことは疑えない。おそらく親鸞は、自分の死後、他力本願の信仰が風化し、形骸と化してしまうことを、何よりも憂慮していた。

ここで『愚禿鈔』について、簡単に触れておきたい。一二五五年、親鸞八三歳のときに執筆されたこの書物は、いうまでもなく彼の自称に題名を仰いでいる。上下二巻の構成で、それぞれ巻頭に「賢者《けんじゃ》の信《しん》を聞《き》きて、愚禿《ぐとく》が心《しん》を顕《あらわ》す。賢者《けんじゃ》の信《しん》は、内《うち》が賢《けん》にして外《そと》は愚《ぐ》なり。愚禿《ぐとく》が心《しん》は、内《うち》は愚《ぐ》にして外《そと》は賢《けん》なり」（『親鸞全集 第三巻』p.53）という警句が掲げられている。賢者の信仰とは、内面が賢明だが、外見は愚かに見えるものである。それに対し、愚禿である自分の心は、外見こそ賢明に見えるが、その実、内面は愚かなのであるという、自戒がその意味するところであろう。

『愚禿鈔』は整然とした秩序のもとに書き上げられている。巻頭言の後に続く章では、あらゆる教義が二分法によって、きわめて簡潔に叙述されている。いわく、聖道・浄土の教には、大乗・小乗の二教がある。大乗には頓教・漸教の二教がある。頓教には二教・二超がある。その二教には難行聖道と易行浄土がある。二超には竪超と横超がある。漸教にも二教・二出がある。その二教には……といった感じで、あたかも鉱物の結晶体のように、分類法による叙述がどこまでも規則正しく続いていく。

ではこの形式主義的テクストには何が書かれているのだろうか。有体にいって、それは『教行信証』のミニチュアである。夥しい経典からの引用を内に含み、逸脱に逸脱を重ねる語り口をもった、『教行信証』の巨大な渾沌が、ここに理路整然とした形で要約されている。単調さに気を取られさえしなければ、それを読むことは、ある意味で爽快なことである。だがそこに、『教行信証』のように、密林に迷い込んで隠された真理を探究するといった、思惟の悦びはない。

『愚禿鈔』が執筆された一二五五年、親鸞が門弟の専信に『教行信証』の書写を許したことは、偶然のこととは思えない。親鸞は晩年に到って、この私的探究の書を通して到達した理論的達成を積極的に後世に託そうと考えるにいたった。『愚禿鈔』の叙述の明晰さは、自己の思索の歩みを辿ることではなく、教育的効率を前提として選択されたものである。

親鸞は一二六二年、九〇歳で入寂を遂げた。最晩年に門弟となった者のなかに、善鸞の息子、つまり親鸞にとって孫にあたる如信がいたことは重要である。以下に、親鸞没後の門弟たちの動きについて、簡単に触れておくことにしよう。浄土真宗が教団として成立し、他宗との差異化を図りつつ、発展していくためには、さまざまな困難を克服していかなければならなかった。

親鸞は生前、『教行信証』を執筆していることを、ほとんど誰にも告げなかった。ひとたび完成し、弟子の尊蓮や専信に書写を許したことはあったが、彼の死の直前にいたるまで加筆と改訂を続けていた形跡がある。彼の死後、この大部の理論書の存在は秘密のままに置かれ、それに言及する者はいなかった。記録を信じるかぎり、最初に『教行信証』を講述したのは存覚である。彼は父親なる本願寺三世覚如の許可を得て、その作業に携わった。信じられないことに、それは一三一一年のことで、書物がひとたび完成を見てから九〇年近い歳月が流れていた。ではは『歎異抄』の作者が『教行信証』の草稿を気軽に手にするなどができたかといえば、まずありえなかったのではないかと考えられる。この二冊のテクストの間に横たわっている決定的な断層は、おそらく親鸞が『唯信鈔』だけを門弟に薦めていた時期に『歎異抄』の原型が構想されたという想像を、わたしに許している。

『歎異抄』もまた、明治時代に一般読者の眼に触れるまでに、紆余変転の運命を辿った。

この書物の匿名の作者は巻末近くにあって、題名のいわれを説明した後、「外見《がいけん》アルベカラズ」とわざわざ記している。不用意に他人の眼に触れさせてはならないという、但し書きである。そのためもあって、この書物は一三世紀終わりからほぼ二世紀にわたり、ほとんど無視に近い扱いを受けてきた。

封印の禁を破ったのは本願寺八世の蓮如（一四一五〜九九）である。彼は世俗権力との衝突と妥協に明け暮れる日々のなかで、本願寺教団をこれまでになく発展させた。この才知に溢れた人物は、書庫のなかで『歎異抄』を発見するや、ただちにそれを書写した。ちなみにこれが現存する最古の写本となった。蓮如は自著『御文』のなかで繰り返し『歎異抄』の内容に言及している。一応それを真宗聖典の一冊として認知したということだろう。とはいうもののこの鋭敏な教主は、書物に含まれている毒に気付いた。そこで書写したテクストの末尾にさりげなく漢文で、「於無宿善機無左右不可許之者也」と記した。「宿善機」、つまり前世からの縁を持たない者には、無造作に見せてはならない、という意味である。

『歎異抄』がこうして二度にわたり、（しかも一度は編纂者みずからによって）封印されたという事実は、この書物の本質に深く関わっているように思われる。わたしにはどうしても蓮如の選んだとっさの処置を非難する気になれない。彼は聡明にも、この書物に深く足を踏み入れてしまうならば、教団の存続に関わる事態が起きかねないことを察知したのだった。それはわたしに、砂浜に転がっている壷のなかに閉じ込められた魔物が、ソロモンの封印を破って地上に顕現しようとするのを、慌てて押し留め、もう一度封印を施すという、著名な『千夜一夜物語』の小話を思い出させる。

現存するこの最古の写本では、後半に別所から引用されたと思しき、正体不明の文書が断片的に付加されていたり、あってしかるべき文章が欠落している。『歎異抄』というテクストが他の口伝書や聞き書き集と比較して、いかにぞんざいな扱いを受けてきたかが、このことからも推測される。それはたとえ聖典と認められていようとも、その内容の過激さゆえに、教団の内側ではなんとも扱いに困る書きつけであった。

とはいえ、『歎異抄』はオカルト的な秘教の書として、刊行が厳禁されていたわけではなかった。江戸期に入ると五回にわたって版本が設えられたし、圓智のように『歎異抄私記』のような研究書を著わす学者すら登場している。偉大なる世俗時代の到来がそれを可能とした。明治に入ると、清沢満之のように、西洋哲学に喚起されて日本の仏教哲学を見直そうとした人物が登場した。『歎異抄』は彼の手で「発見」され、たちまち青年層に脚光を浴びることになった。

一八九〇年代の終わり頃、一大ブームが生じた。おそらく二〇世紀を通し現在に到るまで、その薄く小さな言行録をめぐって、次々とぶ厚い註釈本が刊行されることになった。この総数は一〇〇を超え、二〇〇に達せんとするほどだろう。暁烏敏や倉田百三に始まり、五木寛之、バロン吉元まで、『歎異抄』信者の列が延々と続いている。成立してから長きにわたり周縁に退けられ、蔑ろにされてきた書物が、今日では親鸞の「主著」として巷間に氾濫しているという皮肉な現象。これが『歎異抄』という書物の奇妙な来歴である。

この「主著」化の傾向は戦後になっても終わることがなかった。何種類か存在している親鸞全集でも、一九七四年から講談社から刊行された『現代語訳親鸞全集』では、『歎異抄』が第一巻「語録」編に収録されている。だがそれからほぼ一〇年を経て、一九八五年に春秋社から刊行された、石田瑞麿訳『親鸞全集』では、二次資料として別巻に収録されている。親鸞研究の進展とともに、『歎異抄』の占める位置に微妙な凋落が生じていることが、この事実から窺われる。

4　さまざまな聞き書き

先に『歎異抄』には作者の名前が記されていないと書いたが、もちろん作者は存在している。一時は親鸞の直系の孫である如信の名が唱えられたこともあったが、現在では唯円を作者と見るのがほぼ定説である。唯円は『歎異抄』の要となる二つの重要な部分篇（第九条と第十三条）に、具体的に名前が登場している。おそらく実質的に本書を執筆し、編纂に携わった者と見て、まず間違いはあるまい。彼はテクストの外側から名を付加するのではなく、内側、それももっとも重要な対話の相手役として登場することで、テクストそのものに刻印を施している。二つの序文（後出）にも後記にも名を記さず、匿名の弟子であることを標榜しながらも、その実、テクストを支配する声になりおおせた。この人物について知られていることはけっして多くないが、ともあれ記しておきたい。

唯円（一二二二～八九）は常陸国の河和田（現在の水戸周辺）に生を享けた。おそらくは野武士の裔であろう。河和田は親鸞が四五歳にして赴いた笠間郡稲田からそう遠くないところである。彼は一八歳で上洛し、六八歳の親鸞の門をたたくと、親しく教えに接することになった。第十条に続く中間の序に「そも〳〵かの御在生《ございしよう》のむかし、おなじこゝろざしにして、あゆみを遼遠《りようえん》の洛陽《らくよう》にはげまし、信《しん》をひとつにして、心《こころ》を当来《とうらい》の報土《ほうど》にかけしともがらは、同時《どうじ》に御意趣《ごいしゅ》をうけたまはりしかども」(『歎異抄』p.57)[そもそも聖人がまだご存命のころであったが、東国からはるばると京都へ上り、信仰を一つにし、心を来たるべき真実浄土にかけていた同胞たちは、同じ時期に聖人のご意向を聞いていたのであって]とあるのは、おそらくはこのときに唯円が体験した、潑溂とした邂逅を回想したものだろう。

一二四〇年前後というのは、先に述べたように、親鸞が聖覚の『唯信鈔』をいくたびも書写し、門弟たちに勧めていた時期に当たっている。『歎異抄』には書物経典の類への言及がいっさい存在していないが、唯一の例外としてこの書物が第十三条に引用されている。この事実は注目されてよい。また親鸞は自分の兄弟子に当たる聖覚に敬意を払い、律儀に『唯信鈔文意』なる解説書まで執筆している。もっとも後に親鸞はこの書物を深く憎悪し、火中に投じるべきであると、性信に書き送っている。唯円が親鸞に勧められるままに、『唯信鈔』を繙き、それを『歎異抄』に引用しているという事実は、『歎異抄』における親鸞の談話が、主に二人の出会いの最初の時期になされたものであるという推測を可能にしている。

書物全体の基調となる異端排撃のメッセージに、善鸞義絶をはじめとする、東国での分派活動の興隆が影を落としていることは、間違いのない事実である。だが人は若き日に師に出逢ったとき、最初に与えられた言葉を、後々まで記憶に刻み付けるものだ。最初の出会いのときの衝撃は、後に師との交流がいかに頻繁で深いものになろうとも、独自の輝きを失うことはないものである。私事ではあるが、過去に『先生とわたし』という書物を著わしたとき、わたしは師とは何かという問いをそれなりに考えてみたことがあった。およそ人が師について記そうとするとき、原初の出逢いがいかに深いかについては、自分の個人的体験に鑑みて確信するところがある。

唯円はやがて大和国に赴き、布教を行なうことになった。おそらくその経緯には親鸞入寂以後の本願寺教団の苦境困窮と、義絶と分派が相続く抗争が関わっているはずであるが、残念ながら歴史家でないわたしには、子細を語る準備がない。とはいえ教師としての唯円と、親鸞の曽孫にして本願寺を建立した三世覚如との間がけっして単純な関係ではなかったことは、漠然とではあるが想像がつく。唯円は覚信尼の次男で、覚如の宿敵であった唯善を門弟として迎えたことがあり、そのことで覚如側から警戒されていた時期があったはずである。唯善は結局、京都での覚如との覇権争いに敗れ、東国へ逐電した。以後の消息は不明である。結果として唯円と覚如との間には、不透明な感情だけが残された。

『歎異抄』が執筆されたのは、一二八八年に上洛した唯円が法門の教義をめぐって覚如と最後の協議をした直後ではないかと、わたしは考えている。親鸞から面授の教えを受けたものの、覚如の教団にはついに受け入れられることのなかった老人は、東国のいたるところで泡粒のように湧き上がってくる異端教義に強い危機感を覚えていた。また自分が教団の正系からそれとなく距離を置かれていたことに対しても、焦燥感を感じていた。聖人と直接に言葉を交わした門弟は、もはや自分を措いて存在していないという、誇りと孤独が彼の心中にあった。そう考えて間違いがない。彼は覚如との面談を終えると、若き日の記憶に導かれるまま一書を著わした。いや、より正確には、それまで折に触れ書きつけてあった断片を整理統合して、一書に綴ることにした。翌一二八九年、唯円は吉野下市で七七歳の生涯を閉じた。

覚如はその後、〈法然→親鸞→（如信）→覚如〉という「三代伝持」の血脈相承を強調し、その路線を掲げて、本願寺体制確立のためのイデオロギー闘争に邁進した。その過程で『執持鈔』、『口伝鈔』、『改邪鈔』といった、親鸞聞き書き集が、次々と制作された。驚くべきや、親鸞没後六〇年を過ぎた後の出来ごとであるが、本願寺をめぐる状況はそれを緊急に必要としたのであろう。さらに覚如の次男、従覚が、書簡集『末燈鈔』を刊行する。彼らは直接に親鸞を知る唯円の回想記から、採用できるもの、理解できるものだけを引き、残余は割愛して顧みない。『歎異抄』は打ち捨てられ、書庫の埃と紙魚の間に忘れ去られた。一世紀以上が経過し、蓮如が偶然の機会にそれを手に取ってみるが、書物の間に隠されている毒気を直感的に感じ取った彼は、ふたたび書物に封印を施してしまう。

ここで『歎異抄』の本題に入る前に、それ以降に成立した四冊の書物について、簡単に説明をしておくことにしよう。いずれもが親鸞の没後、六〇年以上の歳月の後に編纂されたものである。

『執持鈔』は一三二六年、覚如が五七歳のときに著わした小さな書物である。最初の四条では、阿弥陀仏の第十八願、法然への絶対帰依、悪人正機説について親鸞の語った言葉が記されている。覚如は立場上、『教行信証』を自由に手に取ることができた。そのためこの書物から阿弥陀仏の第十二願についての親鸞の解釈を引用し、太陽と須弥山の比喩を用いながら、それをわかりやすく解説している。また最後の第五条では「ワタクシニイハク」(『親鸞全集 別巻』p.50)わざわざ自分の意見であると断ったうえで、人はかならずや浄土に往けるものであると念押ししている。全体の論の進め方はきわめて平易であり、挑発的な反語や警句はいささかも顔を見せていない。

「本願寺」の号は一三二一年が初見である。推測するに『執持鈔』が記された時期とは、教団が佛光寺や専修寺といった東国の既成勢力に対し、血脈の正統性を主張することが急務であった時期に相当している。この小冊子では冒頭に「本願寺聖人仰云」とある。親鸞を「聖人」として掲げることで、「本願寺三世」であるみずからがこの新しい教団を構築していくのだという、覚如の強い意志を認めることができる。

『口伝鈔』はこの覚如がさらに五年後、一三三一年に門弟の乗専に口述筆記させた書物である。「口伝」という題名であるが、もちろん覚如は時代的にいって、曽祖父親鸞の謦咳に接したはずがない。彼はただ父親であった如信から、親鸞の思い出話を聞かされただけである。もし親鸞が存命であったとすれば、はたして「口伝」という言葉を受け容れたかどうか。この書物の冒頭には、「黒谷聖人源空浄土《くろだにのしょうにんげんくうじょうど》真宗御《しんしゅご》興行《こうぎょう》さかりなりしとき」（同p.57）という表現が、堂々と記されている。法然が浄土真宗を盛んに広めていたという意味である。法然が「浄土宗」を名乗ったかすら確実ではないことを考えれば、この表現が歴史的に誤ったものであることはいうまでもない。この誤記がイデオロギー的に準備されたものなのか、それとも一世紀以上前の出来ごとゆえに、単に誤って伝えられただけなのかは、即座に判断ができない。ただ指摘できることがあるとすれば、それはこの書物の編纂が直接に親鸞を知る人の時代からはるかに隔たった時期になされたという事実である。

とはいうものの、『口伝鈔』は『執持鈔』と比べ、はるかに興味深い書物である。覚如は実に多岐にわたり、さまざまな挿話を蒐集してみせた。若き日のまだ善信と呼ばれていた親鸞が法然に出逢ったときの話に始まり、非僧非俗の身となった彼が袈裟を着たまま魚肉を口にした話、浄土三部経を千回唱えようとして病気に倒れた話など、聖人の生き生きとした活躍ぶりが語られている。『歎異抄』の作者である唯円らしき人物も門弟の一人として顔を出し、有名な千人殺しの問い(後出)に答えるという役を演じている。

この聞き書き集のなかでは、親鸞はけっして抽象的な独白を繰り返す人物ではない。彼は具体的な状況のなかで行動し、言葉を発し、門弟と対話する存在である。第四条では、自分のもとを去った弟子に対し、本尊や聖教の返還を求めるべきであるかという具体的な問題に対し、親鸞が、もとより自分には弟子など一人もいないと返答する場面が描かれている。問答をめぐるこうした文脈の提示は、この書物をいくぶん『マタイ福音書』に近づけている。

だが覚如はその一方で、「聖人」を神話化することも忘れてはいない。彼は親鸞の直接の門弟であった蓮位房の見た不思議な夢を踏まえつつ、親鸞は聖徳太子の化身であり、観音菩薩の垂《すい》迹《じゃく》であると記している。その意味で、後に細かく比較することになるが、『口伝鈔』はあらゆる意味で、『歎異抄』の対極にある書物だといえる。覚如は、『教行信証』や『歎異抄』ばかりか、また多くの書簡をあらかじめ視野に入れながら、『歎異抄』とは比較にならないほどの情報量のもとに、この書物を執筆した。

とはいえこの精力的な三代目は、それでも満足がいかなかったようだ。『善信聖人絵』も制作し、聖人の神話化に努めている。いや、そればかりか、『口伝鈔』の六年後にあたる一三三七年には、今度は口述ではなく、みずから筆を執って、『改邪鈔』なる書物をものしている。この年、覚如は六八歳。恐るべき執念といわざるをえない。

『改邪鈔』はその名の通り、邪教を粉砕する目的で執筆された。その意味では、唯円の『歎異抄』、つまり異端を嘆き悲しむといった態度とは違い、教団の正統性護持のための戦闘性がはっきりと窺われるテクストである。何よりも重要なのは「血脈」であることが、繰り返し強調されていることだ。「師《し》伝《でん》口《く》業《ごう》をもて最《さい》とす」（同p.118）という宣言のもとに、偶像崇拝は禁じられる。苦行も身体鍛錬も行なってはいけない。一般の僧侶のように黒い袈裟を着用することもいけない。葬式を重視することもいけない。親鸞を崇拝するあまりに、彼を阿弥陀仏に喩えるなどということは、誓ってしてはならない。「音曲《おんぎょく》 更《さら》に報土《ほうど》往生《おうじょう》の真因《しんいん》にあらず」（同p.137）である以上、念仏に節をつけて唱えてはならない。仏像や塔の建立などもっての他で、阿弥陀仏の本願とは無縁である。聖人の御廟所である本願寺を蔑ろにしてはならない。自分勝手に建てた「在所」を「本所」と呼んではならない。「中古《ちゅうこ》よりこのかた、御遺訓《ごいくん》にとをざかるひと〴〵の世《よ》となりて」（同p.128）、信徒がしてはならない行為を一つひとつ、具体的に列挙し、説明を加えている。巻末には漢文で、近年に及んで異端の教説が出現したことを憂うという、激しい主張がなされている。万事は「僧祖師」（法然）、「祖師」（親鸞）に回帰すべきであるというのが、この書物の一貫した姿勢である。

『改邪鈔』はきわめて論理的で説明的に書かれている。『教行信証』の主題である「十悪五逆」についても事細かな解説がなされ、阿弥陀仏の本願は悪人のためにあること、因果は凡夫によって濫《みだ》すことができないこと、浄土は聖人のためにではなく、凡夫のためにあることなどが、実に平明な形で説かれている。『執持鈔』ではわざわざ親鸞と自分の意見を別に分けて記した覚如は、ここではみずから前面に出て教説を述べている。その姿勢は親鸞の教えを説くというよりも、親鸞を原理として自説を展開するといった方が正確かもしれない。このとき問題となるのは、覚如が親鸞の教説のどこを強調し、どこを割愛したかということである。

覚如の三著について長々と述べてきたが、実はこの時期にはもう一冊、『末燈鈔』なる書物が、覚如の次男である従覚の手によって一三三三年に纂訂されている。これは最晩年の親鸞が門弟に宛てた二二通の書簡を集めたものである。

『末燈鈔』について語るには、同じく親鸞晩年の自筆による『愚禿鈔』と比較するのが一番いいだろう。『愚禿鈔』が教義をめぐって、律儀なまでに規則正しい筆法のもとに書かれていたとすれば、『末燈鈔』はその対極にあって、親鸞が日常の心構えを気さくに、また外連味なく語っている点で、きわめて貴重な文書である。臨終を待つことも、お迎えを待つことも不要である。念仏以外の教えを信じる人を謗ることはない。むしろ彼らを慈しみ、憐れむ心が必要である。信心を持つとかならず等正覚の位に就くことができるから、往生には何の心配もいらない。その人の心はつねに浄土にいるのだから、弥勒と同じである……。

こうした書簡を通して浮かび上がってくる最晩年の親鸞は、「地獄《じごく》は一定《いちじょう》すみかぞかし」と説く『歎異抄』の親鸞とはまったく異なった人物のように思えてならない。新約聖書で喩えるならば、同じヨハネでも、神の愛を説く『書簡』のヨハネと、世界終末の恐怖を説く『黙示録』のヨハネほどに違っているといってよい。

『歎異抄』との違いをもう一つ述べるならば、門弟たちに宛てた書簡のなかで親鸞が、「このふみをたれ〳〵にもおなじこゝろによみきかせたまふべくさふらふ」(『親鸞全集第四巻』p.368)［この手紙を誰にでもいいですから、同じ気持ちで読んで聞かせてあげてください］と宣言していることである。『教行信証』から『歎異抄』まで、テクストが次々と封印される運命にあったことを知っているわれわれは、『末燈鈔』の片隅に記されたこの一行に、門弟たちとの開かれた意思疎通を求める親鸞の、まさに地声を聞いたような気がする（もっとも一三四二年、乗専が書写した時点では、巻末に「可レ秘々々而已《のみ》」（同p.377）と記されてしまった）。

『末燈鈔』が纏められた理由は、先に触れた三書と同様、明らかである。親鸞の没後、あまりに長い歳月が経過し、その教義が形骸化した現状を憂い、今こそ聖人に回帰せよという主張が、書簡の全体を統括している。だがそうした意図を越えて、この書簡の全体に声を響かせている親鸞という人物は、俗世のすべての執着から解放され、心静かに浄土への再生を待つ者に固有の、究極の心情を吐露している。反語も逆説もない。教団の護持や血脈の継承といった覚如の生涯の執着とはまったく無関係な、自在な精神のあり方が窺われる。個人的な話になるが、もしわたしが親鸞について一冊の書物を推薦するならば、それは『歎異抄』ではなく、この『末燈鈔』になるかもしれない。

5　口伝と註釈

親鸞没後に纏められた四冊の書物をめぐり、いささか長い説明となってしまったが、『歎異抄』のスタイルを見究めるための準備だと思って、理解していただきたい。

これから『歎異抄』のいくつかの部分を取り出し、その脇にこうしたテクストを並置することで、『歎異抄』の語り口の独自性を証立てておきたいと思う。

唯円は三〇年前に謦咳に接した親鸞との対話を復元し、それを素材として異端反駁の書を書き上げることができた。彼は記憶の脱落を巧みに補填し、凝縮と割愛というモンタージュの作法を駆使して、緊張感に満ちた警句集を創造した。わたしはこの達成に、ある意味で感嘆を感じている。

唯円の修辞に具体的に目を向けてみよう。この小さな書物が近代以降獲得してきた高い評価と、難解さにもかかわらず享受してきた人気の高さを理解するために、おそらくわたしの作業はそれなりの意味をもつことだろう。そしてそれが、親鸞のもう一方における巨大な書物、『教行信証』と対比されることで、思想家としての親鸞の全体像の把握に、微力ではあるが何らかの貢献を果たすことを、わたしは期待したい。

今日、われわれが手にしている『歎異抄』は、はたして唯円が執筆したままの原稿なのだろうか。実はそれは教団権力を掌握した覚如によって調整され、次に埋もれていた原稿を再発見した蓮如によって、ふたたび閲されたと思しきテクストである。ひょっとしてそこには、目に見えない手が加わっていた可能性がないわけではない。表記においても、構成においても、少なからぬ疑問が存在している。テクストの組み立てを簡単に記しておこう。

『歎異抄』は短い序、親鸞による法話(十条)、中間の序、唯円による異義の批判(八条)、後記と追補から構成されている。

冒頭の序では漢文で、本書執筆の動機と題名の由来が記されている。最初に「竊廻愚案」〔ひそかにぐあんをめぐらして〕(『歎異抄』p.39)とあるのは、法然の『選択本願念仏集』でも、親鸞の『教行信証』でも繰り返されてきた「窃《ひそか》に計《はかりみ》れば」〔ひそかにおもんみれば〕といった表現に倣ったものである。この当時の、文章を起草するさいの常套句といってしまえばそれまでであるが、唯円が「先師口伝之真信」を記すにあたって、ぜひその顰に倣っておきたいと願った、音楽でいうリトルネロのような表現であった。

「歎異」という言葉は、この「先師の口伝の真実の意味」を「歎レ異」〔ことなることをなげき〕という語から採られている。中間の序では「異義」という表現が用いられ、後記ではついに「歎異抄」という書名にまで結実している。親鸞聖人の教えを学ぶ者が、時間の推移とともに誤った解釈に陥り、さまざまな疑いを引き起こしてしまうことを配慮し、その芽を摘み取っておかなければならないという、強く積極的な姿勢が見受けられる。

親鸞の法話は十条からなっている。ここで妙音院了祥(一七八八〜一八四二)に倣って、各条

（章）に題をつけてみることにしたい。ちなみに了祥とは、江戸期にこの書物の作者を唯円と定め、『歎異抄聞記』を著わした、先駆的な研究者である。

第一　弘願信心章
第二　唯信念仏章
第三　悪人正機章
第四　慈悲差別章
第五　念仏不回向章
第六　誡諍弟子章
第七　念仏無㝵章
第八　非行非善章
第九　不喜不快章
第十　無義為義章

十条にわたる親鸞語録が終わったところで、ふたたび唯円の手になる序文が現われる。今度は和文で執筆されている。先にも少し引用したが、彼が若き日に同志を募って東国より入洛し、親鸞聖人のお心うちを尋ねたという思い出が語られる。美しい一節だ。次に彼は、最近では聖人の仰せに違う「異義」を唱える者が出てきたので、以下にその子細を書き出しておきたいと、本心を吐露してみせる。

ここから八条にわたって誤った考えが紹介され、それに仮借ない批判が加えられている。ときおり親鸞の逸話が紹介されることもあるが、この部分は本来的に唯円の思弁である。

第十一　誓名別信章
第十二　不学難生計章
第十三　怖畏罪悪章
第十四　念仏滅罪章
第十五　即身成仏章
第十六　自然回向章
第十七　辺地堕獄章

第十八　施是別報章

前半に聖人の語録を並べ、後半に編纂者の提言を述べるというこの書物の構成は、何を意味しているのか。端的にいってそれは、前半が後半を権威づけているということである。唯円は異端を非難し、正統を掲げるにあたって、ただちにみずからの考えを述べようとはしなかった。最初に絶対的な権威を提示し、その延長に自分が位置していると前置きした。そうして異義反論が起きないように周到な準備を整えた上で、自分の陳述を開始している。みごとな修辞家であるというしかない。とはいうものの、細かに文と文を眺めていると、この後半部にはところどころ、微妙な齟齬が隠されていることが判明する。唯円は巧みな技を用いて、手持ちの親鸞の言葉を自分の文脈のなかに組み込もうと努めているのだが、それでも無理が露呈して、文意に歪みが生じている箇所が存在している。このことは、あとで実例を分析してみることにしたい。

ともあれ、八つの条を通して、異義を批判するという大作業は終わった。次にいささか長文であるが、後記とでも呼ぶべき文章が、唯円の手で記されている。彼は法然から親鸞へと受け継がれた信仰こそが、唯一にして正統なる信仰であると念を押し、それに反するものはすべて異端であると、繰り返し口にする。また老い先短いわが身を振り返り、自分が目を閉じた後には、さぞかし雑多な考えが混在するであろうと嘆いてみせる。親鸞聖人が遺した教えにも「真《しん》実権仮《じつごんけ》ともにあひまじはりさふらふ」（同p.87）［真のものも仮のものも混じりあっている］から、けっして見誤ってはならないと説き、いくつかの言葉を引きあいに出してみせる。

ここには明らかに、自分は本願寺の正系から廃嫡されたという、唯円の悲痛な自己認識が見てとれる。異端は何も東国の何某と何某の間にあるばかりではない。よく目を凝らしてみるならば、それは血脈相承をイデオロギー的に主張する若輩者の内面にも、いとも簡単に立ち現われてくるものではないか。聖人の謦咳に接した唯一の生残者として、自分には異端を警戒する務めが残されている。だが自分の立っている位置は周縁であり、いうならば「辺土」である。こうした自負と焦燥の混ざり合った感情が、文中からは生々しく伝わってくる。

ところがこの堂々とした態度が、終盤にいたって突然に調子を変える。唯円は最後に、以上のことは自分一人の私見ではないし、そもそも自分には経典や注釈書の深い意味など、とうてい理解できているわけではないのだと告白を始める。自分は親鸞聖人の言葉の百分の一をかろうじて思い出し、書きつけたにすぎない。「報土」ではなく、「辺土」に生まれてしまった同じ身の上どうしのなかで、異なる信心をする者が出現することは真に悲しく、「なく〳〵ふでをそめて、これをしるす」（同p.89）［泣きながら筆をとり、この文章を認めているのである］と書きつける。「歎異抄」という言葉が出現するのは、ようやくこの段に入ってからである。

この調子の高い告白に続く『歎異抄』の最終部分は、残念なことに乱調の態をなしている。かつて承元の法難の折に、法然を筆頭に、親鸞を含め七人の門弟が流罪に、四人が死罪になったという記録が、何の説明もなく引かれている。それ以後、親鸞が非僧非俗の身となり、「禿」の一字を姓とするようになったという一節が、それに添えられている。最後に、「宿善機」のない者には本書を閲覧させてはならないという蓮如の註記と花押で、書物は閉じられる。

蓮如の加筆は別に考えるとして、親鸞の法難をめぐる記述がなぜ、ここに顔を覗かせているのか。この文献学的問題はわたしの力を越えている。おそらく『歎異抄』本文の後に、さらに長い伝記的記述なり、親鸞の言説の抜き書きが添えられていたのが、歳月によって剥離し、わずかにこの部分だけが残ったのかもしれない。だが、それを証立てる証拠は存在していない。こうした乱調は、『歎異抄』というテクストそのものに不可解な謎を与えている。

弥陀《みだ》の本願《ほんがん》には、老少《ろうしよう》善悪《ぜんあく》のひとをえらばれず、たゞ信心《しんじん》を要《よう》とすとしるべし。そのゆへは、罪悪深重《ざいあくじんじゆう》、煩悩熾盛《ぼんのうしじよう》の衆生《しゆじよう》をたすけんがための願《がん》にてまします。しかれば本願《ほんがん》を信《しん》ぜんには、他《た》の善《ぜん》も要《よう》にあらず。念仏《ねんぶつ》にまさるべき善《ぜん》なきゆへに。悪《あく》をもおそるべからず、弥陀《みだ》の本願《ほんがん》をさまたぐるほどの悪《あく》なきがゆへにと、云々《うんぬん》。

（同p.41）

［阿弥陀仏は人を救済するという本願を立てるにあたって、年齢も、善人悪人の別も、気になさっていない。ただ信心だけが大切だということを、知っている必要がある。というのも、その本願とは、悪をなして重い罪を背負い、欲望が熾《おこ》り猛っている人たちを救済するために立てられたものだからだ。だから本願を信じるにあたっては、他によいことなどする必要がない。念仏よりも優れた善などないからである。悪を怖れることもない。阿弥陀仏の本願を妨げるほどの悪など存在しないからである。］

『歎異抄』冒頭で唯円に向かってこう語るとき、すでに親鸞は『教行信証』での悪戦苦闘を終え、短くない歳月を過ごした後である。彼は確信をもって言葉を発している。阿弥陀の本願を妨げる悪など存在していないと、ただそれだけのことを繰り返し繰り返し、孫の世代の青年のインタヴューに答えて語っている。

親鸞は父殺しのアジャセをいかに救済するかという「難化の機」をめぐり、さまざまな経典を参照した体験をもっている。これは本書の『教行信証』論のなかで詳説したことであるが、もう一度簡潔に記しておきたい。唯円の訪問を受けたとき、彼はすでにその解決策に到達していた。もっともこの若い弟子の前では、みずからの思索の過程を事細かに説明などせず、簡潔に結論だけを語っている。

『大無量寿経』では、阿弥陀仏の四十八の誓願のうち第十八番目にあたる願に、「五逆と仏教を誹謗した者」は浄土に生まれ変わることはできないと記されていた。つまり阿弥陀の本願を妨げる悪は実在すると見なされていた。だが『観無量寿経』を読むと、彼らにしても救済の可能性がないわけではないと仄めかされている。だが親鸞は、それだけでは納得がいかない。さらに経典を渉猟し、最後に『大般涅槃経』に到達する。『大般涅槃経』には、たとえ五逆誹謗の者であっても、深く悔悟し、優れた善知識に出逢うならば、救済は不可能ではないと記されていた。この経典に廻りあったとき、親鸞はもはや阿弥陀仏の本願には例外がなく、いかなる悪事を働いた者であっても救済されうるという確証を得たといえる。『教行信証』はこの結論に到達するまでの親鸞の長大な試行錯誤を、いささかも省略することなく記録している。

「弥陀の本願をさまたぐるほどの悪」は、この地上には存在しない。人は悪を犯してしまうことを恐れることはない。人間が犯すことのできる悪など、阿弥陀仏の眼からすれば、たかが知れたものである。これは逆にいうならば、人間が自力で行ないうる善にしたところで、やはりたかが知れたものであると宣言することに等しい。阿弥陀仏の名前を称えることに比べたら、地上でなしうる善など卑小なものであり、わざわざ行なう必要もないのだ。

親鸞は別のところで、念仏が善であるという考えをきっぱり否定している。第八条から引いてみよう。

念仏《ねんぶつ》は行者《ぎょうじゃ》のために非行《ひぎょう》・非善《ひぜん》なり。わがはからひにて行《ぎょう》ずるにあらざれば、非行《ひぎょう》といふ。わがはからひにてつくる善《ぜん》にもあらざれば、非善《ひぜん》といふ。（同p.51）

「念仏はそれを称える人にとって修行でもなければ、善行でもない。自分の意図によって実行するのではないのだから、修行ではない。自分の意図によってなす善行でもないのだから、善でもない。」

この言葉は一見したところ、先に引いた「念仏《ねんぶつ》にまさるべき善《ぜん》なきゆへ」という言葉と、矛盾しているようだ。落ち着いて考えてみなければならない。『歎異抄』にはいたるところに逆説と反語が仕掛けられている上に、言葉と言葉の間に大きな飛躍がある。論理を連続的に辿ることが難しい場面も少なくない。そのため、この飛躍に慣れてしまうと、読む側にしても、一つひとつの発言をありのままに理解することがつい疎かになってしまう恐れがある。この一節はきわめて重要なところなので、より細かく、言葉を正確な文脈のなかで理解しなければならない。

念仏が至高の善であるというのは、凡俗の善、すなわち人間の次元における善と比べて、それが一段高い、異なった次元において、優れて善を体現しているという意味である。だがその念仏が善ではないというのは、人が善行を目的として念仏を称えるならば、つい自力に訴えてしまうという過ちにもとづく表現である。人は念仏が阿弥陀仏の「はからい」による他力の実現であることを忘れ、みずからの力で善を実践しているという認識につい陥ってしまうのだ。この二つの言説がそれぞれ別方向からなされた認識であるという点に、留意しなければならない。念仏を称える側からすれば、なるほどそれは超越的な善である。しかし称えられている対象である阿弥陀仏の側からすれば、念仏とは自分の名が唱えられることであり、みずからに起源をもち、みずからに帰着するものである。当然のことながら、人間の側の行とはなりえない。ましてや人間の価値基準で判定できる程度の善を体現しているわけではない。

親鸞は若い唯円を前に、秘密裡に続けてきた個人的理論構築について、いっさい語ろうとしない。彼はただ、自分が到達した結論についてのみ、言葉少なげに語る。悪を怖れる必要はない。いかなる悪も、阿弥陀仏の眼には卑小なものとしか映らないと、彼は説く。

唯円ははたして『教行信証』を手に取って読んだことがあっただろうか。おそらくなかったはずである。この教理書は親鸞の生前、ほとんど存在を知られておらず、きわめて少数の門弟しかそれに触れることが許されていなかった。著者である親鸞本人にしても、言及を避けていた向きがある。彼は教義について尋ねられれば、黙って『愚禿鈔』の理路整然とした図式を差し出すか、でなければ兄弟子であった聖覚の『唯信鈔』を書写しておいたから、それを読むようにと薦めたことであろう。門弟として新参であり、周縁的な位置にあった唯円には、ひょっとして『教行信証』の存在すら、最初は知らされていなかったかもしれない。もちろん、そうではないという可能性もないわけではない。『歎異抄』の最後尾に付加された、承元の法難をめぐる記述は、この文書には後半に大きな脱落があることを想像させる。それが『教行信証』からの抽出であってていけないわけはない。

『歎異抄』には、アジャセ王の苦悶と救済の物語をめぐる言及はない。というよりこの書物には、わずかに第十三条に『唯信鈔』からの短い引用があることを除けば、他の経典からの引用言及がいっさい存在していない。この点で『歎異抄』は、引用に継ぐ引用が書物自体の自己同一性を危機に陥らせかねない様相をもった『教行信証』とは、まったく対照的な作られ方をしている。十八歳の唯円がはじめて親鸞の門弟となったとき、親鸞はすでに六八歳であり、二人の間には五〇年にわたる年齢差があった。人生の晩年へ向かおうとしていた親鸞は、若き日に血を躍らせた、理論的探究からいくぶん遠のいてしまった自分を感じていたはずである。彼は際限なく増殖してゆく、あまたの経典の網状組織から解放され、ただ『唯信鈔』の書写に勤しんでいた。すべての書物が消滅したのち、ただそこに現前する阿弥陀仏に向かい合っている親鸞の姿を、わたしはある恍惚とした映像のもとに想像する。ともあれ唯円は、インドの孤独な王をめぐる困難な思索を知ることなく、ただ親鸞が到達した簡潔にして逆説的な結論だけを、深く胸に刻みこんだ。彼はそれをさらに半世紀の後に、簡潔な表現で書き留めた。

第十三条で、親鸞は唯円にとしかいいようのない問いを投げかける。もし自分に絶対の帰依を誓うのであれば、千人の人間を殺してこいと、彼は尋ねる。唯円がそれを拒むと、親鸞は、人が殺人を犯すのは悪の心ゆえにではない。もっぱら「業縁」によるものだと答える。往生を決定するのはその人の善悪ではなく、阿弥陀仏の本願の知力なのだと、彼は言葉を重ねる。

この善と悪の認識をさらに徹底し、逆説的な表現に訴えたとき、著名な「悪人正機」の説が、第三条で語られている。ちなみにこの条で親鸞は「正機」ではなく、「正因」という語を用いている。そのため「悪人正機」という表現は必ずしも正確ではないのだが、人口に膾炙している言葉なので、それに従うことにする。

善人《ぜんにん》なをもて往生《おうじよう》をとぐ、いはんや悪人《あくにん》をや。しかるを世《よ》のひとつねにいはく、悪人《あくにん》なを往生《おうじよう》す、いかにいはんや善人《ぜんにん》をやと。

(同p.45)

［善人ですら、浄土に生まれ変わることができる。それなら悪人にそれができるのは当然ではないか。それなのに世間の人々はいつも逆のことをいっている。悪人ですら浄土

に行ける。だったら善人が行けるのは当然のことだなどと。」

『歎異抄』のなかで長らく躓きの石とされてきた一節である。もし悪人の方が善人よりも往生を遂げやすいのであれば、みずから進んで悪行に耽った方がよいのではないかという論理が、ここではたやすく生じてしまうことになる。もちろん親鸞はそうした事態を予測したうえで、それを「本願ぼこり」と呼び、第十三条で論難している。薬があるからといってわざわざ好んで毒を口にする者はいないというのが彼の論法である。その深意は、自己の「はからい」によって悪をなす者の愚昧を批判することにある。もっともその批判だけではたして充分だと彼が信じていたかは、心もとない気がしないでもない。「悪人正機」の一節には、そうした理知的な批判を平然と無視して、人を根源的な悪へと誘いかける、甘美な危険が隠されているという気配がする。作者である唯円本人が「外見あるべからず」と後記に記し、二世紀の後にこの書物を再発見した蓮如もまた、それを率先して書写したものの、「無宿善機」の者には見せないよう但し書きを添えたというのは、おそらくこの箇所の記述が問題となったからであろう。わたしには彼らの封印という処置が、ある意味で理解ができなくもない。

どうして悪人の方が救済されやすいのだろうか。続く部分を読んでみよう。

この条《じょう》、一旦《いったん》そのいはれあるににたれども、本願他力《ほんがんたりき》の意趣《いしゅ》にそむけり。そのゆへは、自力作善《じりきさぜん》のひとは、ひとへに他力《たりき》をたのむこゝろかけたるあひだ、弥陀《みだ》の本願《ほんがん》にあらず。しかれども、自力《じりき》のこゝろをひるがへして、他力《たりき》をたのみたてまつれば、真実報土《しんじつほうど》の往《おう》生《じょう》をとぐるなり。

（同p.45〜46）

［善人の方が救われやすいという考えは一見もっともらしく見えるが、阿弥陀仏の本願におすがりするという他力の趣旨に、そもそも反している。自力で善をなそうという人は、他力によりすがるという心がないため、弥陀の本願にふさわしくないのだ。とはいっても、自力の心を翻して、他力を信奉するようになれば、真実の浄土に生まれ変わることができる。］

善人は自分の力で浄土に行くことができると信じている。それに対し悪人は、その悪行ゆえに、とても自力では行けない。駄目であっても当然と思いながら、一途に阿弥陀仏を信じ、念仏を称えるものだ。これこそが真の他力である。阿弥陀仏はこの悪人を見逃しはせず、浄土へ引き上げてくださることになる。これが親鸞の論理である。

煩悩具足《ぼんのうぐそく》のわれらは、いづれの行《ぎよう》にても生死《しようじ》をはなるゝことあるべからざるをあはれみたまひて、願《がん》をこしたまふ本意《ほんい》、悪人成仏《あくにんじようぶつ》のためなれば、他力《たりき》をたのみたてまつる悪《あく》人《にん》、もとも往生《おうじよう》の正因《しようい》なり。よて善人《ぜんにん》だにこそ往生《おうじよう》すれ、まして悪人《あくにん》はと、とおほせさふらひき。

（同 p.46）

［わたしたちは欲望を伴っているおかげで、どんなに修行をしたところで、生死という問題から逃れることができない。阿弥陀仏はそれを憐れんで、本願をお建てになった。その本来の意図とは悪人を成仏させることであった。だから他力を信じてやまない悪人こそ、浄土に往生を遂げるにあたり、もっともふさわしい人たちなのだ。というわけで、善人だって往生するのだから、まして悪人は当然と、聖人はおっしゃられた。］

わかりやすいように、三つの段落に分けて引用してみた。この論理の展開を分析的に考えてみよう。

まず最初に、いかなる予告もなしに、突然に「悪人の方が善人よりも浄土に生まれ変わることがたやすい」という、衝撃的な命題が提示される。ただちに対抗言説、つまり「善人の方が悪人よりも救済されやすいのでは……」という命題が、「世のひと」の常識として言及される。

次の段落では、対抗言説が批判される。真に問題とされているのは、この二つの命題の対立関係ではない。浄土に生まれ変わることができるかどうかは、人間の次元での善と悪に依拠するのではないという考えが説かれ、より本質的な次元へと論を移動させてゆく。真に重要なことは、自力か他力かという問題なのだ。

最後の段落では、いよいよ阿弥陀仏の真実の意図が明らかにされる。悪人の救済こそが、実は「正因」なのだ。したがって最初の命題こそが正しいと判明する。最後に冒頭の反語的な命題がもう一度、より力強く反復されて、この条は完結する。

ここで若干、註釈めいたことを付け加えておきたい。

「善人なをもて往生をとぐ、いはんや悪人をや」という言葉には出典が存在している。親鸞がこの逆説を口にするに際しては、師法然の言葉を反転させることで、この一節を思いついたという事実が知られている。法然は黒田入道宛ての書簡のなかで、十悪五逆を犯した悪人でも往生が可能であり、そのためにはまず信じることが重要であると説いた。彼は続いて、どんな小さな罪であっても犯すべきではなく、犯した罪は反省しなければならないと述べた上で「罪人《ざいにん》ナホムマル、イハムヤ善人《ぜんにん》オヤ」と書きつけていた(「黒田の聖人《しようにん》へつかわす御消息」:『日本思想大系10　法然 一遍』p.169)。『歎異抄』の著名な一節は、この法然の言葉を意図的に反転させたものである。

自分はただ法然の言葉を繰り返しているにすぎない、自分の信心は法然のそれとまったく同一であるとは、親鸞がつとに繰り返してきた言葉である。にもかかわらず、ここでは思いきって反対陳述が唱えられている。いや、論理的に反対のことが述べられているばかりではない。いささか深読みかもしれないが、法然の名前を直接には口に出さず、「世のひと」という表現で微妙にカムフラージュし、弟子の自分が師に異議を唱えていることがただちに露見しないよう、文体的に工夫を凝らしている。この修辞が親鸞本人のものなのか、唯円のものなのかを、わたしは判断することができない。唯円が法然の書簡に通じていたかどうかが、確認できないからである。

実は『歎異抄』における「悪人正機」の条には、『口伝鈔』の別ヴァージョンが存在している。覚如の手になるこの聞書き集では、「本願寺の聖人」つまり親鸞が、「黒谷の先徳」である法然から受けた教えとして、如信が語った言葉が、以下のように記されている。

世《よ》のひとつねにおもへらく、悪人《あくにん》なをもて往生《おうじょう》す、いはむや善人《ぜんにん》をやと。この事《こと》とをくは弥陀《みだ》の本願《ほんがん》にそむき、ちかくは釈尊出世《しゃくそんしゅっせ》の金言《きんげん》に違《い》せり。そのゆへは、五劫思惟《ごこうしゆい》の劬《く》労《ろう》、六度《ろくど》万行《まんぎょう》の堪忍《かんにん》、しかしながら凡夫出要《ぼんぶしゅつよう》のためなり、またく聖人《しょうにん》のためにあらず。しかれば、凡夫《ぼんぶ》、本願《ほんがん》に乗《じょう》じて報土《ほうど》に往生《おうじょう》すべき正機《しょうき》なり。凡夫《ぼんぶ》もし往生《おうじょう》かたかるべくは、願虚設《がんこせつ》なるべし、力徒然《りきとぜん》なるべし。しかるに、願力《がんりき》あひ加《か》して、十方《じゅうほう》のために大饒《だいにょう》益《やく》を成《じょう》ず。これによりて正覚《しょうがく》をとなへて、いまに十劫也《じゅうごうなり》。これを証《しょう》する恒沙諸仏《ごうじゃしょぶつ》の証《しょう》誠《じょう》、あに無虚妄《むこもう》の説《せつ》にあらずや。しかれば、御釈《おんしゃく》にも「一切善悪凡夫得生者《いちさいぜんあくぼんぶとくしょうじゃ》」と等《ら》のたまへり。これも悪凡夫《あくぼんぶ》を本《ほん》として、善凡夫《ぜんぼんぶ》をかたわらにかねたり。かるがゆへに、傍機《ぼうき》たる善凡夫《ぜんぼんぶ》なを往生《おうじょう》せば、もはら正機《しょうき》たる悪凡夫《あくぼんぶ》いかでか往生《おうじょう》せざらん。しかれば、善《ぜん》人《にん》なをもて往生《おうじょう》す、いかにいはむや悪人《あくにん》をやといふべし。

（『親鸞全集 別巻』p.104）

［世間の人はつねに、悪人だって浄土に行けるのだから、まして善人が行けないはずがないと考えている。この考えは阿弥陀仏の本願に反しているし、身近なところでは、シャカの金言とも異なっている。阿弥陀仏は長い時間にわたり、大変な苦労をしながら、思惟を重ねられた。また辛抱強く、六波羅蜜の修行をなされた。それらはすべて、愚かな

者（凡夫）にとってよい手立てを探すためのものであって、けっして聖人のためのものではない。だから凡夫こそが、阿弥陀仏の本願に乗って、浄土に生まれ変わる、まさにその主役（正機）なのである。愚か者がもし浄土に生まれ変わることができないとすれば、阿弥陀仏の本願は虚しいものとなり、努力も徒労で終わってしまうだろう。ところがその本願と努力は結合し、万人に大きな利益をもたらしている。人がこうして悟りを開いて、もう十劫の時間が流れた。ガンジスの砂のごとくに多くの仏たちが、その事実を証明しているのだから、どうして虚しい妄言だといえるのか。だから『観経疏《かんぎょうしょ》』にも、「善人悪人に関係なく、愚か者は誰でも浄土に赴く」と書かれている。そこでも悪い愚か者が中心であり、善い愚か者は脇に置かれたオマケである。というわけで、オマケ（「傍機」）である善い愚か者ですら往生を遂げるくらいだから、本命（「正機」）である悪い愚か者がどうして往生をしないことがあるだろう。だから善人ですら往生するのだから、まして悪人はというのだ。」

『口伝鈔』と『歎異抄』は、同じことを説いているとしても、どこが違っているだろうか。語り口と語彙の違いに始まって、全体の叙述のあり方において、差異を検討してみよう。

『歎異抄』はいきなり逆説で始まる。次に通説を否定し、ふたたび逆説に戻ると、その正しさを確認するという、屈折した手法を採っている。『口伝鈔』には、『歎異抄』のようなtrickyな修辞はない。世間の通念をそのまま掲げ、それが誤っている理由を、いささかくどくどしいまでに説明している。

語彙の数と饒舌さという点では、『口伝鈔』が『歎異抄』を圧倒している。「五劫思惟《ごこうしゆい》」「六度《ろくど》万《まん》行《ぎょう》」「恒沙諸仏《ごうじゃしょぶつ》」といった仏教特有の成語が並ぶのは、明らかに作者が何らかの経典を下敷きにしていることを意味している。それが証拠に覚如は、親鸞の言葉のなかに経典註釈書からの引用があるという事実を、いささかも隠そうとはしていない。ここに掲げられた『観経疏』とは『観無量寿経』の註釈書で、親鸞が『教行信証』を執筆するにあたってつねに座右に置き、大いに参考とした書物である。推測するに、覚如は『歎異抄』を横目で睨みながらも、そうした書物を律気に参照し、親鸞の言葉にそれらしい権威と格調を与えようとした。

奇妙なことに、『歎異抄』のこの条では、「善人」「悪人」という単語は用いられてはいても、「凡夫」「聖人」という表現は慎重に遠ざけられている。他の条、たとえば第九条や第十二条では、「煩悩具足《ぼんのうぐそく》の凡夫《ぼんぶ》」「われらがごとく、下根《げこん》の凡夫《ぼんぶ》」といった表現が普通に登場しているわけだから、奇妙な印象がしないでもない。語彙におけるこうした不整合は、『歎異抄』という書物が一気呵成に成ったのではなく、折々に記された断章を纏めて一本にしたことを推測させる。条ごとに表現の位相が異なる結果となったのは、おそらくそのためであろう。「悪人正機」の条におけるこうした語彙の偏向不在は、『歎異抄』にあってこの部分が別個に作成されたか、あるいはかなり時期を違えて執筆されたことを、可能性として示している。

『口伝鈔』はこの点で対照的である。「凡夫」が頻出するばかりか、「善凡夫《ぜんぼんぶ》」「悪凡夫《あくぼんぶ》」といった表現までが顔を覗かせている。その結果、『歎異抄』と比べて、対立の図式が二重となっている。『歎異抄』では善人／悪人が対立しており、往生に際して後者の前者に対する優位が説かれている。『口伝鈔』ではまず聖人／凡夫の対立がある。阿弥陀仏の本願も、思惟も、忍耐強い修行も、すべて他力を頼む凡夫のためであって、自力に訴える聖人のためのものではないとされる。もっともその凡夫にも、悪凡夫と善凡夫の二種がある。これが『歎異抄』でいう悪人／善人に対応しているのだろう。往生の「正機」であるのはいうまでもなく悪凡夫であり、善凡夫は劣位にあって、補足的な役割しか果たしていない。『口伝鈔』にあっては、人はまず自力か他力かを基準として、聖人と凡夫に分けられ、その凡夫が悪人か善人であるかでさらに二分される。もっともこの条に関するかぎり、二分法の基準は明言されていない。そこに『歎異抄』と比べて『口伝鈔』の不徹底があり、それは書物にいくぶん冗長にして弛緩した印象を与えている。

結論からすれば、こうした比較は逆に、『歎異抄』の文体を際立たせることになる。『歎異抄』は語彙数を意図的に絞り、それを巧みに組み合わせ、きわめて簡潔なスタイルを採用している。冒頭に反語を掲げることで強靭な論理の迂曲《うねり》を演出し、一文一文に強い緊張感の電荷を与えている。『口伝鈔』はその『歎異抄』を先行者として仰ぎ見ながらも、文体において緊張をなかば喪失している。外部の経典から借り受けた饒舌が論理を曖昧にしてしまい、『歎異抄』の簡潔にして衝撃効果を狙った文体からはほど遠くなってしまったと認めざるをえない。

にもかかわらず『口伝鈔』が興味深いのは、続く第二十条において五逆誹法の問題に言及していることである。こうした大罪が、人間が簡単に犯してしまう小罪との関連において論じられている。

もし改悔《がいけ》せばむまるべきものなり。しかれば、「謗法闡提回心皆往《ほうぼうせんだいえしんかいおう》」と釈《しゃく》せらるゝこのゆへなり。

（同p.106〜107）

［いかに大罪を犯しても、悔い改めるならば、浄土に生まれ変わることができる。だから「仏を誹謗する者も、仏を信じない者も、みな等しく浄土に行くことができる」と『法事

讃』に書かれているのは、そのためである。」

なぜ、このような大罪をめぐる記述が、悪人正機論の後に続くことになるのか。覚如は言及こそしてはいないが、明らかに、親鸞が『教行信証』において、この問題をめぐり悪戦苦闘したことを踏まえている。彼は長らく蔑ろにされていたこの長大な手稿を、長子存覚に講述させた人物でもあった。『歎異抄』には五逆謗法をめぐって、こうした追補的言及はない。第三条で悪人正機説を論じた唯円は、それが終わると、ただちに別の主題へと移ってしまう。第四条で新しく論じられるのは、聖道門における慈愛と、浄土門における慈愛の違いという主題である。『歎異抄』にはこうして、条と条の間に非連続性が横たわっている。主題は猫の眼のように変転し、ひとたび論じられてしまうと、振り返られることがない。それを手にする者は反語と逆説のうちに翻弄され、その翻弄を魅惑として受け取ることとなる。

7 対話の構造

親鸞と唯円とは『歎異抄』のなかで、具体的にどのような言葉を交わしているのだろうか。それはどのように語られているのだろうか。もっとも著名な、不喜不快章の対話を取りあげてみよう。

「念仏《ねんぶつ》まうしさふらへども、踊躍歓喜《ゆやくかんぎ》のこゝろ、をろそかにさふらふこと、またいそぎ浄《じょう》土《ど》へまいりたきこゝろのさふらはぬは、いかにとさふらふべきことにてさふらふやらん」と、まうしいれてさふらひしかば、

「親鸞《しんらん》もこの不審《ふしん》ありつるに、唯円房《ゆいえんぼう》おなじこゝろにてありけり。よく〳〵案《あん》じみれば、天《てん》におどり、地《ち》におどるほどに、よろこぶべきことをよろこばぬにて、いよ〳〵往生《おうじょう》は一定《いちじょう》とおもひたまふべきなり。よろこぶべきこゝろをおさへて、よろこばせざるは煩悩《ぼんのう》の所為《しょい》なり。しかるに仏《ぶつ》かねてしろしめして、煩悩具足《ぼんのうぐそく》の凡夫《ぼんぶ》とおほせられたることなれば、他力《たりき》の悲願《ひがん》は、かくのごときのわれらがためなりけりとしられて、いよ〳〵たのもしくおぼゆるなり。」（第九条・著者補記）

（『歎異抄』p.54）

［「念仏を称えているのですが、躯が躍りあがるような悦びなど、まったくしてきません。それに、早く浄土に行きたいなあという気持ちにもなりません。いったいどうしたらい

いのでしょうか。」

「わたし、親鸞だって、ずっと同じことを気にしていたのだ。唯円君、どうやらきみも、やっぱり同じだったんだな。

まあ考えてみようじゃないか。本当だったら天に地に飛んだり踊ったりしていても不思議がないはずなのに、それが全然うれしくない。しかし、だからこそ、わたしたちはますます浄土に確実に行けるというわけだ。悦ぶべき心を抑圧しているのは、煩悩(欲望)の仕業である。しかし仏は、もとよりわたしたちが欲望に塗《まみ》れた、愚かな存在であることを、充分にご存じでおられる。だから阿弥陀仏は(第十八願という)他力の請願をなされた。わたしたちを救うために、そうなさったのだ。だから、いよいよもって勇気づけられるという気がしてこないかね。」


親鸞は、人間に巣食う欲望の激しさを、さまざまな例を挙げて説明してみせる。

早く浄土に行きたいという気持ちが起きない。少しでも病気をすると、死ぬのではないかと、それぱかりが気になって仕方がない。何回生まれ変わっても現世は苦悩ばかりなのに、それが懐かしくて、立ち去ることができない。安らぎに満ちた浄土を恋しく思えてこない。こうした気持ちが起きるのは、すべて欲望が激しいからなのだ。

けれども人間は現世の縁が尽きたときには、ちゃんと浄土に行けることになっている。早く行きたいなどと思わなくとも、仏はそれを逆に愛《いと》おしく思ってくださるのだ。仏の慈愛と誓いは、実に心強いものではないか。とにかく絶対に浄土に行けるのだ。逆に、浄土に行けるとわかって、単純に躍り上がってしまう程度の人は、それだけの欲望がないわけだから、かえって心配なのである……。

第九条はいきなり直接的な問いで始まる。念仏を称えれば浄土に行けるというので、念仏を称えてみたが、いっこうに心が弾まない。どうしたらいいのかと、弟子が尋ねる。それに対し親鸞は、直接には応えない。真剣な問いをただちにはぐらかして、自分も同じなのだから、安心するようにと答える。

弟子と向かい合うのではなく、弟子と同じ側にスラリと身を回してしまうのだ。彼は唯円の問いに対し、論理的に一段上の場所から問いを反転させた対応をする。歓喜を感じないからこそ、いよいよ浄土行きは確実なのだと、唯円に言葉を返す。

唯円はこの一節を借りて、さりげなく『歎異抄』というテクスト全体に署名を施すことに成功している。他ならぬ親鸞聖人が、彼に名指しで呼びかけたのだ。だが奇妙なことに、この対話がどのような場所で、どのような状況においてなされたものかは、いっさいわからない。確定しているのは、唯円という対話者の固有名詞だけである。

イエスの言行録である『マタイ福音書』でもいい、手近なところでは、親鸞と同時代を生きた道元の『正法眼蔵随聞記』でもいい。教団の創設者の言動を記録した書物のなかで、対話がどう再現されてきたのかを比較してみれば、『歎異抄』における対話の特異性が理解できる。

『マタイ福音書』では、イエスは四〇日の断食のさなかに、悪魔が口にする三つの問いに答える。中風に苦しむ者を治療し、それを心の中で苦々しく思っている律法学者たちに向かって、断固とした信念のもとに強い言葉を発する。弟子たちが空腹のあまり、安息日であるにもかかわらず麦の穂を摘んで口にしたとき、それをパリサイ人が非難したのを目敏く見つけ、いくぶん大げさな感じがしないでもないが、わざわざダビデ王の例を引き、人は安息日の主人であると宣言する。

こうした例からも明らかなように、イエスの言葉はいかなる場合においても具体的な状況のなかで発せられたものであり、固有の文脈をもっている。彼はつねに行為の人であり、言葉はその行為に付き従って成立している。なるほど、イエスが口にした言葉の内容は重要であり、その意味に解釈を施すことは蔑ろにされてはならない。だが、それよりはるかに重要なのは、イエスがある特定の場所に赴き、人々に向かって言葉を投げかけたという具体的な事実なのだ。彼の言葉とは、彼が悪魔や律法学者たち、またパリサイ人との間に成立している状況の函数であり、より端的にいうならば、行為《アクション》のなかの言語、行為としての言語に他ならない。ちなみにイエスの発言からパフォーマティヴな性格が剥離し、その意味内容だけが解釈の対象と化してしまうようになったとき、彼はメシア（救世主）として神格化され、発言には寓意的な、また教義的な意味が被せられるようになった。キリストが口にした言葉は師父たちの教説のなかで体系化され、揺ぎなきものとして、聖典のなかで威厳を賦与されていった。言葉はイエスという発語者の身体性を喪い、キリスト教の正統性を保証する教義として、抽象的に認識されるようになる。それ以降はキリスト教の教団の物語である。

『正法眼蔵随聞記』はどうだろうか。道元のもとに参じ、二〇年の長きにわたって彼に師事した懐奘《えじょう》が、折につけその言動を記録したこの言行録は、全体がきわめて穏やかな調子で記されている。

道元の著作を特徴づけている独自の文体と哲学の難解さを知る者は、『随聞記』のなかで同じ人物が、日常生活における心構えや作法をめぐって、実に平易に語っていることに驚くかもしれない。そこにはいかなる反語も逆説もない。道元はかつて留学した宋国の思い出を懐かし気に語り、そこから得た教訓を、懐弉に向かって実にわかりやすく、また親し気に語っている。ときおり懐弉が道元に、禅の道理について尋ねる。対話は省略されることなく、丁々発止といった具合に延々と続く。両者の思考の動きが、まるで手に取るように活写される。道元が語った言葉の内容が重要なのではない。師と弟子の二筋の声が織りなし、ともに築き上げてゆくという、思考の過程こそがより重要なのである。そうした姿勢が、この言行録からははっきりと窺われる。

イエスと道元の言葉を記録したこの二冊の書物と比較してみると、『歎異抄』における対話が、きわめて特異で、人為的に編集されたものであることが判明する。

第九条では、まず対話が成立する文脈を把握することができない。イエスの対話とは対照的に、唯円がどのような状況下において、この問いを発したのか、周囲の光景が浮かび上がってこない。弟子の言葉は極度に抽象化されていて、親鸞の教説を導き出すための方便のようにしか感じられない。呼び水としての修辞学的な問いである。

親鸞は行為しない。ただ投げかけられた問いに対し、それを軽く受け流して、メタレベルに立った逆説を駆使するばかりである。道元と懐弉の間でなされたような、言葉と言葉の闘ぎあいは生じない。その代わりに、相手を自分の土俵に引きずりこみ、自己韜晦に満ちた教説を披露しようとする姿勢だけが目立つ。唯円からの、さらなる問いかけは記されていない。つまるところこれは偽装された対話であり、二筋の声が絡み合い、文中の言葉を借りるならば、「踊躍《ゆやく》歓喜《かんぎ》のこゝろ」を共にするといった対話のあり方からは、ほど遠いといった印象がある。

親鸞が浄土に赴くことを願い、念仏を通してそれがかなうと知っても、はたして心に悦びを感じなかったかどうかについては、それを直接に確認する手立てはどこにもない。だが、法然の薦めに従って、日に一万回も、あるいはそれ以上も念仏を称えるという業行を辞さなかった親鸞に、宗教的な陶酔が到来することがなかったとは、まず考えられない。若き日に六角堂に参籠したとき、観音菩薩が夢中に現われ、女犯を受け容れたという事件が、『本願寺聖人親鸞伝絵』には記されている。この挿話にも明らかなように、夢幻的な恍惚と陶酔は、親鸞の生涯の節目にあって、重要な役割を果たしてきた。念仏を称える者が体験する身体と意識の変容の問題が、第九条冒頭の対話ではみごとに脱落している。いや、見えない場所へ運び出されているといってもよい。

この条の冒頭の対話について考えられることは、二通りである。ひとつは、『歎異抄』の編纂者である唯円が、いかにも純真に見える問いと答えを修辞的に考案したとする立場である。もうひとつは、実際に発せられた問いに対し、親鸞が言葉巧みに、自己韜晦に満ちた形で返答をしたとする立場である。だが、いずれの場合にも、対話はひどく人工的で、不自然な印象を与える。親鸞の言葉は『福音書』のイエスとは異なり、ある場所において、ある状況のもとに発語するといった行為遂行性《パフォーマンス》を携えていない。また『随聞記』の道元のように、門弟に直に向かい合い、その一挙一動に生々しく応じるという態度を見せているわけでもない。親鸞は対話者が予期していなかった近さにまで急速に接近し、突然に足を掃《はら》うかのようにして、弟子に語りかける。唯円は当惑する。その隙を突いて、親鸞は対話を先導してゆく。これは悪戯者ヘルメスの手口ではないか。

人間とはもとより煩悩具足の徒であり、その心を抑えつけているのは欲望である。欲望が彼を苦悩の「旧里」に縛りつけ、「安養浄土」の悦びを妨げている。だからこそ、阿弥陀仏はいっそう人間を憐れみ、その救済を確かなものにせんと心がける。

親鸞のこの考えは、『歎異抄』でのみ、披露されているわけではない。彼自身の著作である『教行信証』に、まずその原型を見ることができる。

専修《せんじゅ》にしてしかも雑心《ざっしん》なるものは大慶《だいきょう》喜心《きしん》をえず。かるがゆへに宗師《しゅうし》は、かの仏恩《ぶつおん》を念報《ねんぼう》するとなし、業行《ごうぎょう》をなすといへども心《こころ》に憍慢《きょうまん》を生《しょう》ず。つねに名利《みょうり》と相応《そうおう》するがゆへに、人我《にんが》みづからおほふて同行《どうぎょう》善知識《ぜんちしき》に親近《しんごん》せざるがゆへに、このんで雑縁《ぞうえん》にちかづきて、往生《おうじょう》の正行《しょうぎょう》を自《じ》障々他《しょうしょうた》するがゆへにといへり。かなしきかな垢障《くしょう》の凡愚《ぼんぐ》、無際《むさい》よりこのかた助正《じょしょう》間雑《けんぞう》し、定散心《じょうさんしん》雑《ぞう》するがゆへに、出離《しゅつり》その期《ご》なし。みづから流転輪廻《るてんりんね》をはかるに、微塵劫《みじんごう》を超過《ちょうか》すとも仏願力《ぶつがんりき》に帰《き》しがたく、大信海《だいしんかい》にいりがたし。

(『教行信証』p.368～369)

[ひたすら念仏を修めていようとも、雑念を抱いている者は、大きな悦びを得ることがない。そんなわけで法然先生はおっしゃったのだ。彼らは仏の恩に感謝して、それに報いることをしない。修行をしたとしても、心に傲慢が生じているからだ。つねに名誉や利益に囚われ、心が我欲に引き摺られてしまい、念仏をともにする友人にも、善き先生にも親しく交わることがないからである。わざわざ自分の方から雑念の方へ近づいていって、浄土に生まれ変わる正しい修行を、自分ばかりか人のことであっても、妨げてしまうからである。

情けないことだ、欲望の垢に塗れた愚か者よ。昔から今にいたるまで、本来なすべきことに集中せず、定散二善の自力の心を混同してしまったがために、欲望から離脱し解放されるという機会がなかった。よく考えてみよう。それまで生きてきて、流転と輪廻を繰り返してきたというのに、これではいくら長大な時間をかけたとしても、仏の誓いの力に身を委ねることは難しく、偉大な信仰の海に入ることもできそうにない。」

おそらく親鸞は唯円を前にして、かつて自分が書きつけたこの一節を想起しながら、それを平明に説こうとしたのではなかっただろうか。

唯円のこの書が成立して四〇年ほど後に覚如が口述した『口伝鈔』にも、同じ教説が形を変えて、二度にわたって説明されている。『歎異抄』の語り口の独自性を理解するために、ここに引いてみよう。

『口伝鈔』第三条では、親鸞はまず門弟に対し、夜が明けてから太陽が出るのか、それとも太陽が出てから夜明けとなるのかという質問を投げかける。門弟が前者だと答えると、親鸞はそれを否定し、太陽が現われてこそ夜が明けるものだと説く。もちろん彼は自然現象の話をしたいわけではない。

「これはこれたとへなり。無碍光《むげこう》の日輪照《にちりんしょう》触《しょく》せざるときは、永々昏闇《ようようこんあん》の無明《むみょう》の夜《よ》あけず。」（……）「貪瞋《とんじん》の雲霧《くもきり》かりにおほふによりて、炎王清浄等《えんおうしょうじょうとう》の日光《にちこう》あらはれず、これによりて「煩悩鄣《ぼんのうしょう》眼雖不能見《げんすいふのうけん》」とも釈《しゃく》し「已能雖破無明闇《いのうすいはむみょうあん》」とらのたまへり。日輪《にちりん》の他力《たりき》いたらざるほどは、われと無明《むみょう》を破《は》すといふことあるべからず。」（著者補記）

（『親鸞全集 別巻』p.63〜64）

「しかし、これは喩えである。何物にも遮られない太陽の光に触れることがないかぎり、救いもなく迷い続ける永遠の闇夜が明けることはない。」（……）「貪りと怒りの雲や霧が、一時でも覆ってしまうせいで、清らかに燃え上がる太陽の光（阿弥陀仏）が現われてこない。欲望に眼を塞がれてしまうから見ることができないとか、無明の闇は破られたというのにまだ見えない、という話になってしまうのだ。人は太陽という他力が手を差し伸べてくれないかぎり、自分から無明の闇を破ることはできない。」

この条では、欲望がまったき認識に到達するための障害であるということが、太陽と雲霧という映像のもとに、懇切丁寧に説明されている。親鸞は門弟にむかって、不用意に距離を縮めて接近することを慎み、彼らを動揺させることなく平明に言葉を続けていく。メタレベルを設定して問いをはぐらかし、相対化することがなされているわけではない。その代わりに、ユーモアに満ちた比喩が援用されている。問う者と答える者との間には安定した、落ち着いた距離があり、平常心にもとづく信頼関係が横たわっている。逆にいえば、『口伝鈔』では、『歎異抄』とは異なり、問いかけが急速に先鋭化し、ドラマ的な展開を見せるということがない。

もうひとつ、同じ『口伝鈔』の第七条を見てみよう。ここでは欲望の問題が、『歎異抄』の一節と比べてひどく長々しい形で説明されている。

浄土宗《じょうどしゅう》のこゝろ、もと凡夫《ぼんぶ》のためにして聖人《しょうにん》のためにあらずと云々《うんぬん》。しかれば貪欲《どんよく》もふかく、瞋恚《しんい》もたけく、愚癡《ぐち》もさかりならんにつけても、今度《こんど》の順次《じゅんじ》の往生《おうじょう》は、仏語《ぶつご》に虚《こ》妄《もう》なければいよ〳〵必定《ひつじょう》とおもふべし。

（同 p.72）

［浄土の教えとはもともと愚かな凡人のためのものであって、聖人のためにあるわけではない。だから貪欲の心深く、怒りも強く、愚かさに長けた者であるほど、このたび浄土に行けるというのは、ますます確実なのである。仏の言葉に嘘や偽りはない。］

『口伝鈔』は先にも記したように、『歎異抄』にはるかに遅れて成立した書物である。覚如は唯円の得意とした抽象的編集方針を採らず、親鸞が遺した具体的な言動と逸話を蒐集し、彼の言葉を文脈のなかにおいて提示しようと試みた。『口伝鈔』の冒頭では、法然が宮中において浄土の教えが論破されないように強力な論客を探していて、若き親鸞（善信）に思い当たったときの挿話がまず語られる。師の命を受けた親鸞がただちに安居院《あぐい》の聖覚のもとを訪れると、なんと聖覚は入浴中であった。にもかかわらず彼は親鸞と面談する。たとえ天皇の命令であったとしても、師法然の言葉に背くわけにはいかないと、聖覚は言葉を新たにする。また第八条では、親鸞が体現している「非僧非俗」の立場を説明するにあたって、ある酒席に招かれた彼が、袈裟を身に着けたまま魚肉を口にしたという逸話が紹介されている。

覚如は本願寺を建立し、親鸞の教えの正統性を護持するために、生涯の情熱を捧げた人物であった。『口伝鈔』はそのかぎりにおいて、『歎異抄』よりもさらに護教論的なイデオロギーのもとにある。とはいえ興味深いことは、異端を排斥し、正統を護持するという姿勢において共通しているにもかかわらず、この二冊の書物はまったく違う雰囲気を持っている。

『口伝鈔』ではさらに「凡夫」、すなわち愚かな者こそが率先して浄土に赴くことができることが主題とされている。

あやまてわがこゝろの三毒《さんどく》もいたく興盛《こうじょう》ならず、善心《ぜんしん》しきりにおこらば、往生不定《おうじょうふじょう》のおもひあるべし。そのゆへは、凡夫《ぼんぶ》のための願《がん》と仏説分明《ぶっせつぶんみょう》なり。しかるに、わがこゝろ凡《ぼん》夫《ぶ》げもなくは、さてはわれ凡夫《ぼんぶ》にあらねばこの願《がん》にもれやせむとおもふべきによりてなり。しかるに、われらが心《こころ》すでに貪瞋癡《とんじんち》の三毒《さんどく》みなおなじく具足《ぐそく》す。それがためとておこさるゝ願《がん》なれば、往生《おうじょう》その機《き》として必定《ひつじょう》なるべしとなり。

（同p.72〜73）

［ところでどうしたぐあいからか、自分の心の中にこうした三つの毒がそれほど強くも起こらず、それどころか善心ばかりがしきりと起こるというのであれば、ひょっとして浄土に行けないのではないかと心配にもなってくるはずだ。仏の本願とはそもそもが愚か者のためのものだというのは明らかなことだ。それなのに自分の心にはそうした愚かしさがないというのは、自分は愚か者ではない、だから本願の対象にはしていただけないのかもしれないと、つい思ってしまう。とはいえ、わたしたちの心はすでに貪欲と怒りと愚かさという三つの毒を等しく備えている。だから仏は本願をお立てになったの

だ。浄土に行けるというのは、もう「機」として決まっているのである。」
人間は誰も三つの毒を心中に抱いているのだから、間違っても本願から外れて、浄土に行けないということはない。だから、妙に気を回さず、仏のはからいに身を任せておけばよいという立場が、ここでは説かれている。きわめて平易な説法である。覚如の描く親鸞は、けっして門弟を論理的なダブルバインドに追い詰めたり、謎めいた問いを返したりする狷介な人物ではない。彼は論理に飛躍も省略も見せず、すべてをキチンと順序立て、落ち着いた口調で語っている。

ここで『口伝鈔』の語り手はさらに論を進め、親鸞がみずからの救済について語った言葉を引き、それに説明を加えている。

> いづかたよりか凡夫《ぼんぶ》の往生《おうじょう》もれてむなしからんや。しかればすなわち、五劫《ごこう》の思惟《しゆい》も兆《ちょう》載《さい》の修行《しゅぎょう》もたゞ親鸞一人《しんらんいちにん》がためなりとおほせごとありき。わたくしにいはく、これをもてかれを案《あん》ずるに、この条《じょう》、祖師聖人《そししょうにん》の御《おん》ことにかぎるべからず、末世《まっせ》のわれら、みな凡夫《ぼんぶ》たらんうへは、またもて往生《おうじょう》おなじかるべしとしるべし。

（同p. 73）

「愚か者が浄土に行けず、空しく終わるなどと、どうしていえるというのか。だからこそ聖人は、阿弥陀仏があれほど長きにわたってお考えになり、あれほどの時間をかけて修行なされたのも、実は親鸞ただ一人のためであると、おっしゃられたのである。私にいわせてもらえば、この言葉をもって先の言葉を考えてみると、それは祖師聖人のことに限られているわけではない。わたしたちはみな末世に生きていて、愚か者である以上、浄土に生まれ変わる点では、誰もが同じだと考えるべきなのである。」

「五《ご》劫《こう》の思惟《しゆい》も兆載《ちようさい》の修行《しゆぎよう》もたゞ親鸞一人《しんらんいちにん》がためなり」という言葉に、少し拘ってみよう。実はこの言葉は『口伝鈔』で引かれる以前、すでに『歎異抄』に登場していた。唯円もまた自著の後記において、ほとんど同一の表現を親鸞のものとして記している。だが、二つの書物では、この発言の前後の文脈が微妙に異なっている。それを比較することは、『歎異抄』の語りのスタイルを考える上で、それなりに意味のあることかもしれない。

『歎異抄』ではこの言葉は、唯円がみずからの高齢を憐れみ、自分の死後にさまざまな異義が入り乱れることを悲観して、けっして聖教の真意を見誤ってはならないと、後世の者に警告を発したその直後に、いかにも唐突に出現する。

聖人《しょうにん》のつねのおほせには、「弥陀《みだ》の五劫思惟《ごこうしゆい》の願《がん》をよく〳〵案《あん》ずれば、ひとへに親鸞一人《しんらんいちにん》がためなりけり、さればそくばくの業《ごう》をもちける身《み》にてありけるを、たすけんとおぼしめしたちける本願《ほんがん》のかたじけなさよ」と、御述懐《ごじゅっかい》さふらひしことを、いままた案《あん》ずるに、善導《ぜんどう》の、「自身《じしん》はこれ現《げん》に罪悪生死《ざいあくしょうじ》の凡夫《ぼんぶ》、曠劫《こうごう》よりこのかた、つねにしづみつねに流転《るてん》して、出離《しゅつり》の縁《えん》あることなき身《み》としれ」といふ金言《きんげん》に、すこしもたがはせおはしまさず。さればかたじけなくも、わが御身《おんみ》にひきかけて、われらが身《み》の罪悪《ざいあく》のふかきほどをもしらず、如来《にょらい》の御恩《ごおん》のたかきことをもしらずしてまよへるを、おもひしらせんがためにてさふらひけり。（著者補記）

（『歎異抄』p87～88）

「聖人はいつもおっしゃっていた。「阿弥陀仏があれほどまでに長い時間をかけて本願をお立てになったのは、よくよく考えてみると、ただ一人、親鸞のためであった。だから、それほどにも深い業を背負った身であるというのに、それを助けてくださろうとお考えになり、本願を立てられたとは、なんとありがたいことだろう。」この言葉を『観経疏』にある善導大師の、次のお言葉と並べてみよう。「私はそう、今でも罪悪を犯し、生死に迷う愚か者であり、はるかに昔から現在にいたるまで、つねに苦海に沈み、彷徨い続け、そこから抜け出ることができない身である。」両者はいささかも違ってはいないではないか。だからこそ、聖人が自分にかこつけておっしゃられたことが、ありがたいのである。私たちは自分の身がいかに罪悪が深いかを知らない。また如来のご恩がいかに高いものであるかも知らないまま、思い迷っている。それを思い知らせてあげようということなのである。」

だが、この一節が終わったとき、さらに掲げられる親鸞の言葉は驚くべきものだ。

善悪《ぜんあく》のふたつ、総《そう》じてもて存知《ぞんじ》せざるなり。そのゆへは、如来《にょらい》の御《おん》こゝろによしとおぼしめすほどに、しりとをしたらばこそ、よきをしりたるにてもあらめ、如来《にょらい》のあしとおぼしめすほどに、しりとほしたらばこそ、あしさをしりたるにてもあらめど、煩悩具足《ぼんのうぐそく》の凡夫《ぼんぶ》、火宅無常《かたくむじょう》の世界《せかい》は、よろづのこと、みなもてそらごと、たわごと、まことあることなきに、たゞ念仏《ねんぶつ》のみぞまことにておはしますとこそ、おほせはさふらひしか。

（同p.88）

「わたしは善悪、二つのことについて、何もわからない。なぜかといえば、如来が心のなかで善いと認識されるレベルまで知っているというのであれば、一応は善と知っているといえるかもしれない。如来が悪を認識するレベルにまで知っているというのであれば、悪を知っているといえるかもしれない。しかし、それはできないことである。欲望から逃れられず、無常のうちに流転を続けてゆく世界にあっては、すべてが虚言であり、真実など存在していない。ただ真実なのは念仏だけである。」

『歎異抄』と『口伝鈔』では、親鸞の同じ言葉をめぐって、まったく違った説明がなされている。

「弥陀《みだ》の五劫《ごこう》思惟《しゆい》の願《がん》をよく〳〵案《あん》ずれば、ひとへに親鸞一人《しんらんいちにん》がためなりけり」

『歎異抄』ではこの言葉は突然、予告もなく掲げられている。親鸞は重い罪悪を背負った自分一人のために、わざわざ阿弥陀仏が本願を立ててくださったといい、それに感謝している。その自己認識は、善導大師のそれといささかも異なるところがないとされる。ここでは親鸞は自分の罪の深さと愚昧を極限にまで突き詰め、強い自己処罰の感情を抱いている。そのとき突如として救済の可能性が浮かび上がる。

『口伝鈔』では、この発言を前にして語り手である覚如が躍り出てくる。彼はいかにも微温的な解釈を披露する。こうした自覚は親鸞聖人一人にかぎったことではないのだ。われわれは多かれ少なかれ、聖人と同じ気持ちを抱いているのではないか。こうして覚如は読者を(大衆的な次元で)安逸な地上に着地させる。親鸞が提示し、唯円が認めた、問いの先鋭さは、あっさりと回避されてしまう。

8　業縁とモンタージュ

『歎異抄』は前半の十条が直接に親鸞の言葉を提示し、後記を含む後半の九条では唯円の地の文に親鸞の言葉が引用されるという構成をとっている。第三条、第九条と、これまで主に前半を中心として論を進めてきたが、ここで後半部、つまり唯円の思弁が大きく展開されている部分に眼を向けてみたい。というのもそこでは地の文と引用の間に微妙な齟齬が生じている場合に少なからず出くわしてしまうからである。

いったいこうした文脈のなかでどうしてこのような引用がなされるのか。これまでの文の続き具合を無視して、どうしてここにこのような言葉が引かれてくるのか。テクストを読んでいて、首を傾げないわけにはいかない場面というものが存在している。だが原文をつぶさに読んでいくと、そこに独自のモンタージュがなされていて、深いところで主題的な連関が作り上げられていることがわかる。第十三条をテクストとして、この問題を考えることにしよう。

第十三条は『歎異抄』のなかでも条としてもっとも長いもので、一般的に「本願ぼこり」を論じた箇所として知られている。なるほど全体の基調は、本願があることに甘え、善悪の宿業に気づかぬ者たちの行く末を論じているといえる。だが随所に論を逸脱した部分が目立ち、結果としてかならずしも容易に理解できるようにはなっていない。長大な条なので全体を引用することはできないが、とりあえずテクストを六つの部分に分けて考えることにしよう。

Ⓐ「本願ぼこり」と呼ばれる者たちがいる。阿弥陀の本願がある以上、それに甘えきってしまい、どんなに悪事を働いても自分は浄土に行くことができると、無邪気に信じこんでいる者たちのことである。彼らは善悪の「宿業」を理解しておらず、過ちを犯している。聖人は「卯毛《うもう》羊毛《ようもう》のさきにいるちりばかりもつくるつみの、宿業《しゅくごう》にあらずといふことなしとしるべし」（同p.65）［卯毛羊毛の先端にある塵ほども、犯した罪が宿業によらないということはない」と語って

いる。

Ⓑ聖人と唯円の対話。浄土に行くためには人を千人殺してこいと命じられ、それに躊躇する唯円に対し、親鸞は「業縁《ごうえん》なきによりて害《がい》せざるなり」（同p.66）［業の働きがないかぎり、人殺しなどできるものではない」と答える。

Ⓒ故意に悪を犯して浄土に生まれようとする者の過ち。親鸞は「くすりあればとて毒《どく》をこのむべからず」（同p.67）［薬があるからといって、わざわざ毒を好んで口にしてはならない」と説き、本願に甘えることができるからといって、「身《み》にそなへざらん悪業《あくごう》」（同p.67）［身にふさわしく備わっていない悪事」などできるものではないと言葉を重ねる。「持戒持律《じかいじりつ》にてのみ本願《ほんがん》を信《しん》ずべくば、われらいかでか生死《しょうじ》をはなるべきや」（同p.67）［戒律を守っていれば、それだけで本願が信じられるというのであれば、われわれはどうやって生死の迷いから逃れることができるだろう」という親鸞の言葉が引かれている。

Ⓓ身分や職業で人を差別してはならないという、親鸞の教え。いかなる人間も「たゞおなじ

ことなり。」(同p.67)［まったく平等である。］「さるべき業縁《ごうえん》のもよほさば、いかなるふるまひもすべし」(同p.67)［しかるべき宿業が作用すれば、人はどんな振舞いでもしてしまうものである］という引用あり。善人だけが念仏を称えることができるとか、悪人は道場に入ってはならないというのは、虚偽の認識である。

Ⓔ「本願ぼこり」の罪も、実は宿業に由来するものである。すべてを宿業のままに任せ、ひたすら他力で本願にすがることだ。この部分には親鸞の言葉はなく、代わりに『唯信抄』から「罪深い者が救われないと思うのは、阿弥陀仏の力のほどを知らない」という意味の引用(同p.68)がなされている。

Ⓕ欲望をまだ断ち尽くしていないからこそ、人はつい本願に甘えてしまうものだ。といって欲望が完全に消滅すれば、もう仏になってしまうわけで、本願は不要となってしまう。「本願ぼこり」を禁じる人にしても、やはり欲望に捕らわれているではないか。本願に甘えてはならないと口にするだけでは、かえって幼稚な認識に留まってしまう(同p.68〜69)。ちなみにこの箇所では、親鸞からの引用はない。

一応、このように要約してみたのだが、初めてこの条に接する者は、Ⓐから Ⓑへの移行と、Ⓒから Ⓓへの移行の間に、何か座りの悪いものを感じることに違いない。Ⓐ→Ⓒ→Ⓔ→Ⓕと読んでいくならば、素直に主題の展開ぶりを辿ることができる。だがⒷ、Ⓓが途中で挿入されることで話が横道にそれてしまう印象が生じる。本筋の論の展開は唯円のものである。ただ彼はそれに権威を与えようとして、親鸞の言葉を断片的に引用しているのではないかという懸念が生じてくる。Ⓐにおける「卯毛羊毛」の発言ははたしてどのような状況において発せられたものだろう。文中にはいかなる説明もない。まさか「本願ぼこり」の「誇り」が「埃《ほこり》」と化して、毛先に付着している「ちりばかり」に繋がったというわけではないはずだ。だがこの発言の正確な真意は、この引用だけからでは確かめようがない。

私見では、唯円は最初、Ⓐ→Ⓒ→Ⓔ→Ⓕという一連の文章を作成したのち、Ⓑと Ⓓを別の挿話から借りてきて、強引に接合させたのではないか。論旨の核をなす言葉に、Ⓐでは「宿業」、Ⓑでは「業縁」と異なった表現が用いられていることからも、それが推測できる。ⒷとⒹという二つの発言は、Ⓐとはまったく別個に、別の状況のもとになされたものであると考えるのが妥当だろう。映画学の用語を用いるならば、ここで生じているのは「平行のモンタージュ」ではなく、「衝突のモンタージュ」である。

唯円はこの条を構成するにあたって、順序正しく論理を積み上げていくことをやめ、意図的に不協音を導入している。彼は非連続的な断章を並べてみせることで、読者により深い思考を促している。

Ⓐから©へと素直に読み進むならば、それなりに「本願ぼこり」をめぐる解釈の誤りについて、抽象的な次元で認識することができるだろう。だがそこに突然、具体的な門弟との対話Ⓑを登場させることで、読者はひとたびはぐらかされ、「悪人ぼこり」の是非を論じることの背後に、「宿業」の問題が横たわっていることに気づかされる。©からⒹへの移行においても、同様のことがいえる。それまで抽象的な次元で論じられてきた悪人、罪人の問題が、野山で殺生をする者という具体的な像をともなって論じられる。前世の宿業を背負うという点で、彼らはもとより、あらゆる人間は平等であるという宣言がなされ、返す刀で、善人ぶって念仏を称える者たちの偽善が告発される。記憶に残る親鸞の言動を手繰り寄せ、特定の主題的連関のもとにそれを巧みに編集してみせるという点で、第十三条はまさに唯円の面目躍如というべき箇所である。

とはいうものの、この才知に長けた姿勢がときとして『歎異抄』の編纂者の手つきを危ういものに見せていることは否めない。この条ではⒹの後、Ⓔとⓕでは親鸞の言葉は消えてしまう。

代わりに登場するのが、『唯信抄』にある聖覚の言葉である。この書物については先にも簡単に触れておいたが、七〇歳代の親鸞が熱心に書写し門弟に与えたものの、後に全否定したという、いわく付きのテクストである。もし親鸞が生前にこの一節を眼にしたら、怒り心頭に発することだろう。大丈夫かなというのが、わたしの虚心の気持ちである。

ちなみに『歎異抄』には『浄土三部経』はもとより、法然に至るまで、先行する経典の引用がいっさい存在していない。Ⓔにおける『唯信抄』への言及が唯一のものである。唯円のモンタージュ術の天才ぶりには舌を巻くが、このあたりに最晩年の親鸞と唯円との間に横たわる微妙なズレが、そっと浮かび上がっているように、わたしには思われる。だがそれが唯円のスタイルなのだ。

第十三条の全体の構成について述べてきたが、ここでとりわけ独自の強度をもった挿話Ⓑに焦点を当ててみたい。この対話は『歎異抄』にあって唯円の名が言及されている、きわめて稀な箇所であり、その意味で編纂者が書き留めることに深い情熱を持っていたことが推測される。少し長くなるが、引用をしてみよう。

またあるとき、唯円房《ゆいえんぼう》はわがいふことをば信《しん》ずるかとおほせのさふらひしあひだ、さんさふらふとまうしさふらひしかば、さらばいはんこと、たがふまじきかと、かさねておほせのさふらひしあひだ、つゝしんで領状《りようじよう》まうしてさふらひしかば、たとへばひと千人《せんにん》ころしてんや、しからば往生《おうじよう》は一定《いちじよう》すべしとおほせさふらひしとき、おほせにてはさふらへども、一人《いちにん》もこの身《み》の器量《きりよう》にては、ころしつべしともおぼへずさふらふと、まうしてさふらひしかば、さてはいかに親鸞《しんらん》がいふことを、たがふまじきとはいふぞと。これにてしるべし、なにごとも、こゝろにまかせたることならば、往生《おうじよう》のために千人《せんにん》ころせといはんに、すなはちころすべし。しかれども一人《いちにん》にてもかなひぬべき業縁《ごうえん》なきによりて害《がい》せざるなり。わがこゝろのよくてころさぬにはあらず。また害《がい》せじとおもふとも、百人千人《ひやくにんせんにん》をころすこともあるべしと、おほせのさふらひしは、われらがこゝろのよきをばよしとおもひ、あしきことをばあしきとおもひて願《がん》の不思議《ふしぎ》にてたすけたまふといふことを、しらざることをおほせのさふらひしなり。

（同p.65〜66）

「あるとき、聖人が「唯円君、きみはわたしの言葉を信じるかね」といわれたので、「もちろんです」と答えた。「では、わたしのいうことに背《そむ》かないね」と、繰り返しいわれるので、謹んでお引き受けいたしますと答えた。

「たとえば人を千人、殺してきてくれんかね。そうしたら絶対に往生はかなうよ。」

「お言葉ですが、わたしの器量では、ただの一人ですら殺せるわけではありません。」

「それではどうして、親鸞のいうことに背かないといったのだ。」

さらに続けて「だからわかっただろう。どんなことでも思いのままになるのであれば、往生のために千人殺せといわれたなら、さっそく殺してしまうだろう。しかしそれでも殺さないのは、一人でも殺せるという宿縁がないから、殺せないのだ。自分の心が善人だから殺せないのではない。危害を加えてはいけないと思っていても、百人千人を殺すことだってあるのだ」といわれた。

われわれは自分の心が善というのがよいことだと思い、悪いのが駄目なことだと思い込んでいるけれども、自分たちが救済されるのは、阿弥陀仏の本願の不思議なお力ゆえだということを、まったく知らないでいるのだ。聖人はそうおっしゃった。」


『歎異抄』の話法を理解するためには、同じ挿話を『口伝鈔』がどのように叙述しているかを比較してみるだけで充分だろう。『口伝鈔』ではそれは、「善悪二業の事」と題された第四条の中ほどに登場している。

この条で親鸞はまず、「某《それがし》はまたく善《ぜん》もほしからず、又悪《またあく》もおそれなし」（『親鸞全集 別巻』p.64）［わたしは善を欲しなければ、悪も怖ろしいとは思わない］と宣言してみせる。なぜならば、阿弥陀仏の本願よりも優れた善は存在しないし、その本願を妨げる悪も存在しないからである。往生に際しては、この本願のほかに頼るべきものはないと、彼は説いている。次に親鸞は善導大師と『大無量寿経』が、ともに同じことを説いていることに言及する。過去に善行を積んだ者が現世で善行を好み、過去に悪行を犯した者が善から遠いということは、なるほど事実かもしれない。だが往生という「大益」（大いなる恵み）は、如来の他力に任せるしかないのであって、過去の善悪から決定されるものではないと、言葉を重ねている。

千人殺しの話は、こうした文脈のもとに語られる。

これによりて、あるときのおほせにのたまはく、なんだち念仏《ねんぶつ》するよりなを往生《おうじよう》にたやすきみちあり、これをさづくべしと。人《ひと》を千人殺害《せんにんさつがい》したらばやすく往生《おうじよう》すべし、をのゝこのをしへにしたがへ、いかんと。ときにある一人《いちにん》まふしていはく、某《それがし》にをいては千人《せんにん》まではおもひよらず、一人《いちにん》たりといふとも殺害《さつがい》しつべき心《ここ》ちせずと云々《うんぬん》。上人《しようにん》かさねてのたまはく、

「なんぢわがをしへを日比《ひごろ》そむかざるうへは、いまをしふるところにをいてさだめてうたがひをなさざる歟《か》。しかるに一人《いちにん》なりとも殺害《さつがい》しつべきこゝちせずといふは、過去《かこ》にそのたねなきによりてなり。もし過去《かこ》にそのたねあらば、たとひ殺生罪《さつしょうざい》をかすべからず、をかさばすなわち往生《おうじょう》をとぐべからずといましむといふとも、たねにもよをされて、かならず殺罪《さつざい》をつくるべきなり。善悪《ぜんあく》のふたつ、宿因《しゅくいん》のはからひとして現果《げんか》を感《かん》ずるところ也《なり》。しかれば、またく往生《おうじょう》にをいては善《ぜん》もたすけとならず、悪《あく》もさはりとならずといふこと、これをもて准知《じゅんち》すべし。」

（同p.67〜68）

［というわけで、あるとき聖人がおっしゃるには、「みなさん、往生を遂げるのに念仏よりもっと簡単な方法がありますよ。教えてあげましょうか。人を千人殺したら、簡単に往生間違いなしです。みなさん、この教えに従ってみたらどうですか。」

そのとき、ある人がいった。「私としては千人など思いもよりません。一人だって殺す気持ちになりません。」

聖人が言葉を続けて、

「きみは私の教えに日ごろ従っていたのだから、今教えてあげたことだって、絶対に疑ってはいないはずでしょ。それなのに、一人だって殺す気持ちになれないというのは、過去にその因縁がないからです。もし過去にそうすべき因縁があったなら、たとえ私が人殺しをしてはなりません、人殺しをすると往生はできませんよと戒めたとしても、因果に導かれて、絶対に人殺しをしていたはずです。善も悪も、過去の宿縁が作用したために、現在になって結果が現われたということなのです。というわけなので、往生についても、善が助けになることもなければ、悪が妨げとなることもありません。これでよくわかったことでしょう。」

『歎異抄』と『口伝鈔』とでは、対話がなされた状況からして異なっている。前者では登場人物は親鸞と唯円の二人だけで、背後に他の門弟たちが控えていたかどうかは言及されていない。親鸞は対話者を名指しで呼び、対話は短い言葉の瞬時のやりとりからなっている。物語は緊張感に満ちた雰囲気のもとに、スリリングに進行する。その結果、唯円は論理的にダブルバインドの状態に追い込められてしまう。親鸞がみずから「親鸞」と名乗っていることからも、演劇的な粉飾が明確に施されている。

一方、後者では、親鸞は複数の門弟を前にして、同じことを提唱する。答弁する門弟については、「ある一人」と記されているばかりで、その人物の人格的な素描がなされているわけではない。『歎異抄』と比べ、対話に臨場感が欠けている。半ば冗談のような提案があり、弟子の反応を見て、それに対する説明がなされる。親鸞は最後に、この条の冒頭に掲げた宣言に回帰して、発言に幕を閉じる。全体としてこの挿話は、円環的な構造のもとに、「善悪二業」という表題にふさわしいものとして処理される。

なぜ一人でも人を殺すことができないのか。『口伝鈔』の門弟は「心《ここ》ち」がしないからだと答え、『歎異抄』の唯円は「器量」、つまり人間としての才能、幅、スケールが備わっていないからだと弁解する。親鸞はその言葉を受けて、『口伝鈔』では、殺せないのは殺す「たね」がないからだと語り、『歎異抄』では「業縁」がないからだと語る。「たね」は日常的な、民衆の言葉であるが、「業縁」は仏教の専門用語である。『口伝鈔』の説明は『歎異抄』と比べてはるかに平易であり、詳しく丁寧である。そのため『歎異抄』では叙述全体の比重がスリリングな対話に置かれているのに対し、『口伝鈔』では対話の後の説明に重きが置かれている。『歎異抄』が前後の文脈からいくぶん突出した形でこの挿話を紹介しているとすれば、『口伝鈔』は先行する文脈の延長上に、きわめて自然な形で同じ挿話を紹介し、冒頭の言葉の意味を解説する例証として用いている。

『口伝鈔』を脇に置くことで明らかとなるのは、『歎異抄』の語り口に本来的に横たわっている、非連続性へのつきせぬ指向である。それをあえて弁証法と呼んでもいいかもしれない。この千人殺しの挿話を終えるにあたって、唯円はいささか忙し気な口調でではあるが、善悪の相対化と本願の「不思議」を結論としている。だがそれは、『口伝鈔』のように、先に掲げられた親鸞の言葉の、予定調和的な反復ではない。『歎異抄』第十三条のⒶでは、いかなる悪事も善行も、前世の「宿業」によるものであると宣言されていた。だがこのⒷではさらに一歩進み、にもかかわらず、往生に関するかぎり、善悪は本質的な関係をもたないものであり、それを気にすることは誤りであるという指摘がなされる。人を行為に駆り立てるのは善悪の心ではなく、「業縁」である。では「宿業」とは何か。「業縁」とは何か。Ⓑはこうした新しい問いを前景化することで、Ⓒへ、またそれ以降の段落へと移ってゆく。

『歎異抄』に見られるこうした思考の躍動性は、『口伝鈔』には希薄である。なるほど『口伝鈔』はきわめて興味深い挿話に満ち、平易にして落ち着いた論理の展開と反覆確認を旨としている。だがそこには『歎異抄』に散見している挑発的な意志表示も見られなければ、情景を演劇的に演出しようとする意志も認めることができない。

『歎異抄』の禁欲的で弛緩を許さぬ語り口と、『口伝鈔』の語りのもつ平易で安定した秩序をもった語り口を、それぞれに根拠づけているものは何だろうか。両者の差異を一言で、簡単に説明することはできない。ただ明らかに指摘できるのは、『口伝鈔』のテクストが親鸞を聖人として神格化し、その血脈と教義の正統性を重ね合わせようというイデオロギーに帰属しているとすれば、『歎異抄』がかかるイデオロギーの負債をいささかも負っていないという事実である。ではこのとき、異端と正統の問題は、どのような形で論じられることになるのだろうか。

9 正統と異端

『歎異抄』の「歎異」とは、異端の教えが生じることを悲しく思うという意味である。だがこの場合、異端とは何を指しているのか。京から遠く離れた東国の門弟たちの誤った理念のことだろうか。それともみずからの内側に、心弱くも生じて来る信仰への疑いや、自力への回帰のことだろうか。あるいはさらに別に、親鸞の教義がある不可避な宿命のもとに被らなければならない歪形を暗に示しているのだろうか。いくつかの素朴な問いが浮かんでくる。

親鸞本人には、自分の正統性を基準として他の教説を異端と見なし、それを排撃するよう呼びかけるという、積極的な意志を表明していたかどうかが、多分に疑わしいところがある。『末燈鈔』に収録された、晩年に東国の門弟たちに宛てて書いた夥しい手紙を読むと、彼が自分の教えの微妙な要点をめぐり、彼らに誤まりに陥らぬよう、繰り返し注意を喚起していたことがわかる。遠隔の地における異義を抑制するため、長子である善鸞を彼の地へと派遣し、その善鸞が秘教的な教義を旗印として独自の布教活動を開始すると、ただちに彼を義絶するという事件が起きた。性信に宛てた書簡（『親鸞聖人血脈文集』）を読むと、親鸞の激しい怒りと憂慮のほどを窺い知ることができる。とはいえ、「歎異」、つまり異端異義の存在を嘆くという言葉を唯円が書きつけるとき、どうしてもわたしはそこに、親鸞とは異質の、正統性をめぐる強い意志を感じないわけにはいかない。この意志は何に由来しているのだろうか。わたしは唯円本人がともすれば本願寺教団の正系から（敬意をもって）疎外されかねない状況に位置していたことに、その原因のひとつがあるのではないかと睨んでいる。

親鸞は他人の信仰について、『歎異抄』のなかで次のように語っている。

念仏《ねんぶつ》よりほかに往生《おうじよう》のみちをも存知《ぞんち》し、また法文等《ほうもんとう》をもしりたるらんと、こゝろにくゝおぼしめしておはしましてはんべらんは、おほきなるあやまりなり。もししからば、南《なん》都北嶺《とほくれい》にも、ゆゝしき学生《がくしよう》たち、おほく座《おわ》せられてさふらふなれば、かのひと〴〵にもあひたてまつりて、往生《おうじょう》の要《よう》よく〳〵きかるべきなり。

（『歎異抄』p.42）

［私がひょっとして、念仏以外に浄土に行く方法を知っていたり、いろいろな書物経典を知っているのではないかと勘違いし、それを知りたいものだとお考えだとしたら、大変な間違いです。もしそうお考えなら、奈良にも、比叡山にも、優秀な学者がたくさんいらっしゃることですから、彼らにお会いになって、浄土に生まれるために大切なことを教えてもらえばいいでしょう。］

詮《せん》ずるところ愚身《ぐしん》の信心《しんじん》にをきては、かくのごとし。このうへは、念仏《ねんぶつ》をとりて信《しん》じたてまつらんとも、またすてんとも、面々《めんめん》の御《おん》はからひなり。

（同 p.43）

［結局のところ、私のような愚か者の信心とは、こんなようなものです。というわけなので、念仏をかき抱いて信じることも、それを棄ててしまうことも、みなさん、自由にお考えください。］

第二条に記されているこうした発言は、けっして皮肉や嘲笑から口にされたものではない。ここに告白されているのは、他人の信仰の内実に対する親鸞の本来的無関心である。こうした無関心を抱いている人物が優秀な布教家たりえるということは、はたして可能なのだろうか。親鸞を時代に有数な宗教家として見たとき、わたしの脳裡を横切るのは、そうした素朴な疑問である。もしこれが手の込んだ自己韜晦でないとしたら、こうした内面を平然と門弟を前に語る人物が、無知蒙昧な「衆生」に向かって、身を粉にして説法をするといった姿を、わたしは想像することができない。

おそらく親鸞には、同時代の他の宗派の教義や活動は、ほとんど関心を引かなかったはずである。わざわざ論を立て、諍《あらそ》うほどのこともない。かつての自分がそうであったように、学舎に閉じこもって難解な経典を読むことが好きであれば、それでいいではないか。念仏が信用できないのであれば、それでいっこうに構わないではないか。親鸞のこうした態度を突き詰めてみると、布教の無意味と不可能にどうしても突き当たってしまうことになるだろう。だが、それでいいのだ。要は自分一人が念仏を深く信じていればいい。そのかぎりにおいて、自分は念仏を信じる他の人々と等しいところに立っているのであり、あらゆる信心は平等にして対等である。親鸞にとっては、こうした認識だけで充分であったように、わたしは思う。

唯円は『歎異抄』の後半、八箇条にわたって異義を批判した後、長々と続く後記の冒頭に、興味深い挿話を書きつけている。

法然がまだ在世で、たくさんの門弟に囲まれていたとき、親鸞が他の弟子たちといい争いをしたことがあった。彼が、自分の信心も、師法然の信心も、同じものであると口にしたため、兄弟子たちが異議を唱えたのである。

聖人《しようにん》の御智慧才覚《おんちえさいかく》ひろくおはしますに、一《ひとつ》ならんとまうさばこそひがごとならめ、往《おう》生《じよう》の信心《しんじん》においては、またくことなることなし、たゞひとつなり。

（同p.86）

［聖人のお知恵と学問の広さということで、わたしが聖人と同じだといえば、まさに間違いであるかもしれません。しかし浄土に生まれたいという信心に関していえば、まったく異なるところはありません。ただ一つにして、同じなのです。］

兄弟子たちはそれでも納得しなかった。そこで先生である法然の意見を聞こうということになった。法然はいう。

源空《げんくう》が信心《しんじん》も如来《にょらい》よりたまはりたる信心《しんじん》なり、善信房《ぜんしんぼう》の信心《しんじん》も如来《にょらい》よりたまはらせたまひたる信心《しんじん》なり、さればたゞひとつなり。別《べつ》の信心《しんじん》にておはしまさんひとは、源空《げんくう》がまいらんずる浄土《じょうど》へは、よもまひらせたまひさふらはじ。

［私、法然の信心は如来から授けていただいた信心である。親鸞君の信心も、如来から授けていただいた信心である。だから、ただ一つのものだ。これと異なる信心をもっている人は、法然が向かおうとする浄土へは、まずお行きになることができないでしょう。］（同p.86）

この挿話が語ろうとしていることは、単純にして明解なことだ。もし念仏の信心が本物であるとすれば、そこには学識や知恵の差どころか、年齢や立場の違いなどは、いささかも問題にならない。ただ念仏を深く信じるという行為の深さにおいて、あらゆる信心は同一であり、対等なものなのであるという主張である。このことは、挿話を読むかぎり、誰の眼にも明らかなことである。

とはいうものの唯円はここで強引に論点を変え、この挿話が法然から親鸞へと伝承された信仰の正統性を証明するものであると、話を進めてしまう。「当時《とうじ》の一向専修《いっこうせんじゅ》のひと〴〵のなかにも、親鸞《しんらん》の御信心《ごしんじん》にひとつならぬ御《おん》ことも、さふらふらんとおぼえさふらふ。」(同p.86)［現在でも、念仏だけに励む人々のなかに、親鸞の信心と異なっている人もいるのではないかという気がしている。］

ここでもきわめて微かではあるが、親鸞の発言と唯円の地の文脈の間に不整合が生じている。信心はおよそ信心であるかぎり、学識や知恵を問わず、なべて対等にして同一であるという主張が、どうして親鸞と異なる信心を持つ者は異端であり、批判されるべきであるという、正統性の擁護にすり代わってしまうのか。思うに、ここに唯円の本音がある。法然と親鸞、他の門弟たちとの間で、このような対話は実際になされたことであろう。だがそこから親鸞が受け取った本来の意味と、唯円が引き出してきた意味との間には、雲泥の差が横たわっている。法然から親鸞へという正統性の強調を通して、唯円が暗に説こうとしているものは、いうまでもなく、『歎異抄』の編纂者であるみずからの信心の正統性である。

10　辺地の悲嘆

『歎異抄』は知られているかぎり、親鸞の最初の言行録である。

この書物を著わした唯円は、執筆当時、親鸞の肉声を記憶している数少ない人物の一人だった。彼は自分の記憶にあるかぎりの師の言動を記録しようと試みた。いや、単に記憶を羅列しようとしたのではない。その折々になされた切れ切れの記憶の断片を綴り合わせ、一連の物語的状況を設定すると、そこに演劇的な脚色を施した。教義問答は対決となり、反語と逆説が跳梁するドラマとなった。そこでは親鸞は公式的な教義を公式的に語ることから、もっとも遠いところにいる。

『歎異抄』を親鸞の晩年の著作である『愚禿鈔』から決定的に隔てているのは、この点である。『歎異抄』の飛躍の多い文体、挑発的な警句と個人的な独白の入り混じった文体は、『愚禿鈔』の秩序づけられた、しかし無味乾燥な叙述の対極に位置している。師はつねに地声で語っていらっしゃるのだ、少なくともわたし、唯円の前では、わたしだけに向かって。『歎異抄』に通底しているのは、その場に居合わせていたという著者の矜持であり、それが公式的に聴き届けられないことに対する鬱屈である。

『歎異抄』は、親鸞みずからが筆をとった『教行信証』とは対照的な書物である。そこには先行する夥しい経典の網状組織への言及が存在していない。わずかに書物の引用は一点だけ認められるが、それは皮肉なことに、親鸞が焚書を命じた書物である。唯円は『教行信証』を参照することなく、この言行録を書き上げた。本願寺の中枢からは敬遠されていたと思しきこの老僧は、純粋に個人的記憶を辿りながら、師の素描を試みた。天才的ともいうべきモンタージュ技術が、書物編纂の際に大きな助けとなった。当然のことながら、そこには齟齬が生じる。だが唯円は親鸞と自分との間の微妙なズレに気づきながらも、ときに強引なまでに作業を続けた。この過程のなかで親鸞は、あらまほしき存在として結晶化し、つねに唯円に向かって語りかける師の原型として顕現することになった。

『歎異抄』の文体に顕著な非連続性は、何に由来しているのだろうか。ここで映画研究の言葉を用いることを許してもらえれば、違った場所で違った時間に発せられた親鸞の言葉とは、親鸞を撮影したショットに相当している。演出家である唯円はここに独立しているショットとショットを繋ぎあわせ、モンタージュを通して独自の文体を創造した。『歎異抄』とはかかる編集行為にもとづいた、独自のドキュメンタリー作品である。

唯円は親鸞の神話化にいささかの関心も抱かなかった。フォークロア的な想像力を援用して、彼を観音菩薩や聖徳太子の化身であるといった安易な偶像崇拝の対象とする向きに対しても、警戒を怠らなかった。唯円の倫理的姿勢は、覚如が著わしまた口述を命じた三冊の書物と比較してみたとき、いっそう明らかとなる。『執持鈔』は親鸞を「本願寺の聖人」と呼び、『口伝鈔』はその言動を信仰共同体に従属させることに忙しい。『改邪鈔』は何よりも血脈を重視し、信徒たちに向かって禁止事項を細々と列挙する。いずれのテクストにおいても親鸞の言葉は、教団の構築と護持発展のために強く方向づけられている。結局のところ、終の棲家は地獄ではないか。阿弥陀仏の本願は親鸞一人のためになされた。親鸞に弟子は一人もいない。唯円が凡俗の信仰に亀裂をもたらす目的で書きつけたこうした警句を、覚如はたちどころに相対化し、共同体の平板な確認事項へと格下げしてしまう。親鸞聖人がおっしゃった通りではありませんか。わたしたちは大丈夫、みなそうなのです、といった口調で、にこやかに解説してみせる。

『歎異抄』に対し、『口伝鈔』はなぜかくも平易に、わかりやすく記されているのか。教団を形成し、信者を啓蒙するというイデオロギーに裏打ちされているからだ。『歎異抄』の筆をとったとき、唯円はすでに布教にも啓蒙にも、いかなる関心を失っていた。阿弥陀仏の本願は自分一人のためになされたという親鸞の言葉を引くとき、唯円の脳裡にあったのは、師である親鸞は自分一人のために教えを説かれたという確信である。

辺地《へんじ》の往生《おうじょう》をとぐるひと、つゐには地獄《じごく》におつべしといふこと。この条《じょう》、いづれの証文《しょうもん》にみえさふらふぞや。学生《がくしょう》たつるひとのなかにいひいださるゝことにてさふらふなること、あさましくさふらへ。経論聖《きょうろんしょう》教《きょう》をば、いかやうにみなされてさふらふやらん。

（同p.81）

〔周縁の辺境の地に生まれた者は、結局は地獄に堕ちるといわれている。何の証拠があって、このようなことをいうのか。学者だとかいう者のなかに、このようなことを口にする者がいるというのは、嘆かわしいことである。経典や論文、正しい教えのことを、いったいどう考えているのだろう。〕

『歎異抄』の後半、第十七条において、唯円が書きつけた言葉である。

『教行信証』に親しんできた者であれば、「辺地」と聞いてただちに巻末の「化身土巻」に語られている仮初の地、胎生として生きることを強いられた「化土《けど》」のことを想起することだろう。だがここで唯円が言及しているのは、阿弥陀仏の本願に疑念を抱き、つい自力に訴えしまった者たちが、「報土」、つまり真実の浄土に到達するために罪状を償うべき場所のことである。化土に生を享けることは、はたして虚しいことなのだろうか。真の信心を得られず、地獄に堕ちるという宿命から逃れることはできないのだろうか。

唯円は東国という出自もさることながら、自分が辺地の者であるという強烈な自覚を抱いていた。彼はそれゆえに教義の眞正さを探究したが、それを教団の正統性のもとに組織していくことを嫌った。「歎異」とは異端の出現を嘆くこと。だが異端はどこに存在しているのか。それはかつて善鸞が分派活動に挫折した東国の地に起きているのか。それとも亡き師の言動を記録しつつあるみずからの内面に、思いがけず禍々しい芽のように現われ出るものなのだろうか。いや、ひょっとしてそれは、教義の正統性を急ぐあまり、聖人をいたずらに神話化する教団の上層部に生じるものなのだろうか。唯円は京から外れた場所にあって、自分が本願寺教団から敬して遠ざけられていることを、充分に自覚していた。わたしが今、書きつつあるテクストが、公式的には異端と判断されることはありうるだろうか。彼がそれを一度として懸念しなかったとは思えない。

唯円に悲嘆すべき何ごとかがあったとすれば、それはみずから手掛けた書物に封印を施さなければならぬという予感であった。深い躊躇の末、『歎異抄』の結末に「外見《がいけん》あるべからず」と書きつけたとき、彼が師親鸞が自著『教行信証』を前に同じ処置を施していたことに思い当たらなかったとすれば、嘘になるだろう。師と弟子は偶然にも、自分たちが心血を注いで完成させたテクストが公のものとなることに当惑を示した。阿弥陀仏はわたしのために本願を立てられた。親鸞聖人はわたしのために悪人正機の教えを説かれた。わたしだけのために……。

『歎異抄』は教義の正統性を厳密に主張する言語でもなければ、教団と呼ばれる宗教共同体に寄与する言語でもない。それは親鸞本人の声を実直に記録したテクストですらない。声は唯円によって劇的に演出され、徹底した剪定と編集を経て、ひとつのテクストに結実した。こうして練り上げられた声は、にもかかわらず封印され、周縁的な場所に長らく放置されてきた。唯円はこの書物の不幸な運命を、あらかじめ知り抜いていたように思われる。悲嘆とはそのようなものだと、彼は考える。近代以降の日本の知識人の間で『歎異抄』が高い評価を受け、多くの者が書物の魅惑について過剰に言葉を連ねる理由の一つは、この点にかかっている。わたしのために、わたしにだけ向けられた声……。

和讃と今様

親鸞にどのような形で「歌の別れ」があったのかは、詳らかではない。ただいくつかの挿話から想像できるのは、彼が若き日に歌にそれなりの造詣をもち、ある時点でそれを放棄してしまったということだ。歌道は当時の知識階級にとって嗜み、一般教養であった。だがその突然の断念は、やはりただならぬ決意が背後に働いていたことを意味している。才能の欠如を思い知ったとか、誰かに自作を謗られたといった話ではない。歌との訣別とは、「花になくうぐひす、水にすむかはづのこゑをきけば、いきとしいけるもの、いづれかうたをよまざりける」（紀貫之『古今和歌集』「仮名序」）といった、歌に代表される美学的感傷の断念、つまりその感傷が築きあげてきた特権的な知的共同体からの離脱に他ならないからである。

私見するにこの青年僧は、歌道邁進のために出家を思い立つといった、西行のごとき情熱とは対照的な場所に立っていた。和歌がジャンルとして体現していた無常感を通俗と見なし、我慢にならない気持ちを抱いていたのであろう。歌道を思い切って捨て去ったとき、和歌に付随するもろもろの感情と思念をもあっさり断念した。いいかえれば、自然と人生を前に美的観照に耽るという習慣をわが身に禁じたのだ。親鸞は生涯悔いることがなかった。

宗教家としての親鸞は、世の無常を語ろうとしなかった。巷には餓死者が溢れ、天災が繰返され、疫病が蔓延していたが、彼は現下の悲惨に感傷の涙を注ぐことを拒んだ。法然との出会いは、そうした感傷が人を聖道門へ誘うことはあっても、結果として浄土門からどんどん遠ざけてしまうものだと、彼に信じさせるのに充分であった。なるほど悲惨は地上の現実ではあるかもしれない。だがそれは、生身の人間、それも非僧非俗という曖昧な場所に立つ者が、救済を旨として直接に関わるべきものではない。親鸞はこうした姿勢を崩さなかった。彼は『方丈記』を著わした鴨長明と同時代を生きたが、長明のジャーナリスティックな詠嘆とも無縁だった。

ひとたび詩的言語と訣別した親鸞がもう一度それに回帰するのは、晩年のことである。彼は浄土教の僧侶にふさわしく、和讃という形式を選んだ。『浄土和讃』『高僧和讃』が草されたのが一二四八年、七六歳のとき。その後少し間をおいて、『皇太子聖徳奉讃』『大日本国粟散王聖徳太子奉讃』が一二五五年、一二五七年に作成される。

後者の二作は、仏教の日本伝来を讃美し、聖徳太子の偉大さを顕彰するという内容のものである。若き日に六角堂に参籠して啓示を得たことからもわかるように、親鸞は太子の熱烈なる崇拝者であった。だがこの和讃にそれ以上の意味はないので、ここでは名のみを挙げておくことにする。真に重要な和讃はその後に作られた『正像末浄土和讃』である。これは親鸞の全作品のなかでももっとも重厚にして苦悶と悔悟に満ちたものであり、ひとまず一二五七年に執筆されたものの、翌年になって、さらにそれに手が加えられた。八六歳にしてこの大作を仕上げた後は、もはや和讃の作成はない。もはや書くべきものは書いたという自負が、親鸞の内面にはあったはずである。

「和讃」とは仏法僧をめぐる讃歌である。短詩の形を借りて仏教の教理を平明に解き明かすというのがその目的であって、個人の体験した心理的詠嘆の表象が意図されているわけではない。「和」と記すのは、漢文による「漢讃」に対し、和文、つまり仮名混じりで記されているというほどの意味である。

和讃はすでに奈良時代に、原型となる「讃嘆」が作成されていた。光明皇后から行基まで、いくつかの作品が伝えられている。平安時代まで下ると、「今様」、つまり当時の俗曲、流行歌を範としたスタイルが定着し、その旋律を用いて歌われることになった。いうなれば替え歌である。和讃をものしたのは、主に『往生要集』を著わした源信のように、主に浄土教系の僧侶であった。それを受容したのは、もっぱら漢文の経典を紐解くことのできない者であった。極楽浄土の美しさも、仏の来迎の荘厳さも、すべて和讃というジャンルを媒介として、庶民に伝えられた。

鎌倉期に入ると民衆への布教手段として、和讃はますます盛んとなり、あらゆる宗派がこれを制作するまでとなった。時宗の宗祖一遍が全国を遊行して「踊念仏」を広めたとき、彼が手掛けた和讃は、その後の民衆音楽にとって大きな意味をもった。念仏踊りはやがて夏盆の追善供養に際し行なわれることになる。それは近世にいたって娯楽として大きく発展し、河内音頭の原型となった。

親鸞の著わした和讃は、こうした遊行芸能へと向かう一遍型の和讃とは、はっきりと方向を異にしている。その朗誦を前にした民衆を、舞踏の忘我へと誘うわけではない。『歎異抄』には、念仏を唱えてもいっこうに歓喜を感じないという唯円の悩みに、師が賛同する一節があるが、親鸞にとって念仏とは、少なくとも意識の領域にあっては、身体的な恍惚をどこまでも拒絶した営みであったように思われる。親鸞が遺したもろもろの和讃は、まず第一に、彼が深く親しんだ『浄土三部経』の教理を平明に解き明かしたテクストである。だが詩と呼ぶにはあまりに抒情味がなく、また視覚的喚起力に弱い。端的にいって、経典を韻文の形態のもとに要約しただけではないかという、否定的な印象がする。

にもかかわらずそれが興味深いのは、そこに親鸞の個人的な苦悶と自己懺悔の念が、他のいかなるテクストにもまして、強く感じられるからである。民衆に向かって教理を平明に説くことを本来の目的としながらも、親鸞はそこから大きく逸脱してしまう。その逸脱にいかなる修辞が成立するか。わたしにとって『正像末浄土和讃』が意味を持っているとすれば、それはひとえにこの点に関わっている。

古代社会が終焉を迎え、中世へと移行しようとしていたころ、高雅な経典とも華麗な加持祈禱とも無縁な民衆は、仏教的世界観をどのような形で受け入れ、それをどのように素朴に信奉していたのだろうか。この問題を考えるとき、真っ先に思いあたるのは、『梁塵秘抄』の巻一と巻二に収められた、仏典にもとづく今様歌である。

『梁塵秘抄』は、遊女《あそびめ》や傀儡子《くぐつし》といった、雑役を免除された遊芸人によって歌われていた流行歌を、一二世紀末期に後白河法皇が編纂し、はじめて書き言葉に直したソングブックである。歌い手たちは社会の最下層に生きてはいたが、宮廷の権門を自在に通過することができた。今様を特徴づけているのは夥しい罵倒、卑語、擬態語、パロディであり、その主題は仏道の信仰から博打打ち、巫女、山伏、漁師、聖《ひじり》といった非農耕民の心情から博物誌的なカタログまで、広範囲に及んでいる。歌詞は冗長を嫌い、歯切れよく歌うことが上首尾とされ、歌唱はつねに舞踊と連動していた。その意味で今様は、当時の知識層にあった親鸞によって、もとより書き言葉として記された和讃とは、出自を大きく異にしている。とはいえ先に書いたように、和讃が民衆への布教のために今様の様式を借り受けたり、その旋律を借用することは、ごく一般的に行なわれていた。両者は主題的に多くのものを共有している。

親鸞の和讃と『梁塵秘抄』という、ほぼ時代をともにする二つのテクストを横に並べ、両者の対照的な語りのあり方を対比してみたとき、何がいえるだろうか。たとえば阿弥陀仏と浄土、十悪五逆、末世の凡夫という三つの主題を取り上げ、和讃と今様の比較を試みてみよう。

『梁塵秘抄』は阿弥陀仏と浄土について、次のような映像を差し出している。

仏《ほとけ》は常《つね》にいませども、現《うつつ》ならぬぞあはれなる、人《ひと》の音《おと》せぬ暁《あかつき》に、ほのかに夢《ゆめ》に見《み》え給《たま》ふ。

弥陀《みだ》の御顔《みかお》は秋《あき》の月、青蓮《しょうれん》の眼《まなこ》は夏《なつ》の池《いけ》、四十《しじゅう》の歯《は》ぐきは冬《ふゆ》の雪《ゆき》、三十二相《さんじゅうにそう》春《はる》の花《はな》。

瑠璃《るり》の浄土《じょうど》は潔《いさぎよ》し、月《つき》の光《ひかり》はさやかにて、像法転《ぞうぼうてん》ずる末《すえ》の世《よ》に、普《あまね》く照《て》らせば底《そこ》もなし。

空《そら》より花《はなふ》降り地《ち》は動《うご》き、仏《ほとけ》の光《ひかり》は世《よ》を照《て》らし、弥勒文殊《みろくもんじゅ》は問《と》ひ答《こた》へ、法花《ほうか》を説《と》くとぞ豫《かね》て知《し》る。

極楽《ごくらく》浄土の宮殿は、瑠璃《るり》の瓦《かわら》を青《あお》く葺《ふ》き、真珠《しんじゅ》の垂木《たるき》を造《つく》り竝《な》め、瑪瑙《めのう》の扉《とぼそ》を押《お》し開《ひら》き。

我等《われら》が住家《すみか》は花《はな》の園《その》、生《うま》れは忉利天《とうりてん》、父《ちち》をばくはん国《こく》の王《おう》や金包太子《きんいろたいし》なり、我等《われら》が住家《すみか》は華《はな》の上《うえ》。

(『新訂 梁塵秘抄』p.16, 17, 21, 40, 74)

『梁塵秘抄』では、阿弥陀仏の美しさも、その神秘的な顕現も、浄土の玲瓏なる清らかさも、簡潔ではあるが強い詩的イメージをともなって描かれている。こうした歌を実際に作詞し歌唱した白拍子たちは、難解な仏典を読み解くほどの教養もなく、充分な識字力も持ち合わせていなかった。にもかかわらず、ここに引いた歌には、詩としてきわめて豊かな情趣が感じられる。最初のものは薄明の静寂のうちに顕現する仏陀を、神秘主義的な直感のもとに把握している。二番目のものは、阿弥陀仏の顔を廻る視線が四季の廻りと重なり合い、時間の円環のなかで隠喩が作り上げられている。三番目の冒頭、「瑠璃の浄土」は仏典の常套句であるが、今様歌ではその光が末世の地上へもあまねく降り注ぐと歌い、簡潔な表現のうちに教義の根本が説かれている。

『梁塵秘抄』の全篇を通して、花は咲き乱れている。仏の光明が地上を祝福するように、花は天空から降りしきり、衆生に来世の至福を約束している。花とは光であり、法、すなわち世界を司る真理である。ここには浄土の視覚化を通して救済を願う下層民の、ユートピア的な情念が強く感じられる。その背後に荒涼とした現世の悲惨が横たわっていたことは、いうまでもない。後鳥羽上皇が都の貴人たちに『新古今和歌集』の編纂を命じ、詩歌を個人の洗練された才能に帰着させて理論化を試みていたとき、和歌にいっこうに関心のなかった後白河法皇は、その対抗文化としての今様歌の蒐集に腐心していた。『梁塵秘抄』を手に取るかぎり、すでに民衆は自由闊達な表現のもとに現世の諸相と仏道を認識し、それを歓喜の感情とともに歌い上げていた。

『梁塵秘抄』が編纂されたとき、すでに源空（法然）は専修念仏を始め、都で話題を呼んでいた。親鸞と呼ばれる青年僧はまだ比叡山で学業を修めており、時の権力者による念仏弾圧は開始されていなかった。親鸞は日本最初の俗謡集に収められた今様の数々を、実際に聞いたことがあっただろうか。たとえ学問僧の時期にその機会がなかったとしても、叡山から下山し、法然の門弟となった後ならば、耳にしたことがあったに違いない。また越後の国に流され、さらに筑波へと移ったころには、都より伝え聞く流行り歌として民衆がそれを口ずさんでいる場に居合わせたことも、充分にありえたと想像できる。

とはいうものの、和讃作者として彼が最初に赴いたのは巷の俗謡ではなく、北魏の曇鸞《どんらん》の手になる『讃阿弥陀仏偈』であった。『浄土和讃』の巻頭には、曇鸞の偈頌《げじゅ》にもとづく「讃阿弥陀仏偈和讃」が掲げられている。

一一《いちいち》のはなのなかよりは

三十《さんじゅう》 六百《ろくびゃく》 千億《せんおく》の
光明《こうみょう》てらしてほがらかに
いたらぬところはさらになし

一一《いちいち》のはなのなかよりは
三十《さんじゅう》 六百《ろくびゃく》 千億《せんおく》の
仏身《ぶっしん》もひかりもひとしくて
相好金山《そうごうこんぜん》のごとくなり

相好《そうごう》ごとに百千《ひゃくせん》の
ひかりを十方《じっぽう》にはなちてぞ
つねに妙法《みょうほう》ときひろめ
衆生《しゅじょう》を仏道《ぶつどう》にいらしむる

七宝《しちぼう》の宝池《ほうち》いさぎよく

八功徳水《はちくどくすい》みちみてり
無漏《むろ》の依果不思議《えかふしぎ》なり
功徳蔵《くどくぞう》を帰命《きみよう》せよ

（国宝本『親鸞和讃集』p.35〜36）

［一つひとつの花から立ち上ってくる、畏るべき数の光よ、光の及ばないところはない。一つひとつの花から立ち上ってくる、畏るべき仏身よ、黄金の山のようなその姿かたちよ。姿かたちの一つひとつが百千の光を十方に放ち、世界の尊い原理をつねに説き広めている。人々を仏の道へと導いてくれる。七つの宝に満ちた池は清らかで、八つの徳を備えた水が満ちている。煩悩の影もなく、心晴れやかに、よき報せを告げられた者の不思議よ。］

ここには浄土をめぐって華麗な映像が続いている。だが「七宝の宝池」も「八功徳水」も、美辞麗句のクリシエにすぎず、どこまでも理知的に発想された言葉だけが続くばかりだ。端的にいってそれは、『讃阿弥陀仏偈』をほとんどそのまま写したものにすぎない。親鸞が曇鸞に深く帰依していたことは、「鸞」の一字からも明らかである。和讃の初期にあって、彼は先行する高僧たちの偈頌をそのまま用いることに何の疑問も抱いていない。というよりも、曇鸞の教義を平明に説き聞かせるという一点に、和讃の意義を見出していた。これを逆にいうならば、そこには詩としての身体性が欠落している。

親鸞の和讃を特徴づけているのは、感覚的要素にきわめて乏しいという事実である。なるほど教理は平易にまた簡潔に説き明かされている。ただそれを越えて、文学のテクストとして官能的に訴えかけてくるものを見つけることが、なかなか難しい。たとえばそのかたわらに当時の今様歌を置いてみると、親鸞がいかに地上的な官能性を、自作の和讃から排除してきたかが理解される。

ここで話を変え、『梁塵秘抄』と親鸞の和讃が、悪という主題をいかに扱っているかを比較してみよう。仏教で最大の悪といえば、いわずと知れた「十悪五逆」、すなわち父親を殺し、母親を害しようとした「未生怨」の王子アジャセと、ブッダを殺害しようとした偽導師ダイバダッタのことである。『教行信証』を紐解くならば、彼らの救済可能性に到達せんとして、親鸞が浄土教のさまざまな経典を参照し、まさに悪戦苦闘を続けていたことが判明する。

だがその賢明なる理論的探究を、今様歌はどのように描いているだろうか。

弥陀《みだ》の誓《ちかい》ぞたのもしき、十悪五逆《じゅうあくごぎゃく》の人《ひと》なれど、一《ひと》たび御名《みな》を称《とな》ふれば、来迎引接《らいごういんじょう》疑《うたが》はず。

達多《だった》は仏《ほとけ》の敵《あだ》なれど、仏《ほとけ》はそれをも知《し》らずして、慈悲《じひ》の眼《まなこ》を開《ひら》きつゝ、法《のり》の道《みち》にぞ入れたまふ。

(『新訂梁塵秘抄』p.17,30)

『梁塵秘抄』に収められているこの二首の歌は、アジャセとダイバダッタの物語が、当時の庶民の間にすでに広く知られていたことを意味している。彼らに悪逆の物語を説いて回ったのが浄土教の僧侶たちであったことは、想像に難くない。今様歌は端的に結論だけを告げている。いかなる悪人であっても、阿弥陀仏の誓願のおかげで救済されることが保証されている。そのためには、ただ阿弥陀仏の名前を唱えるだけでよいのだ。仏陀は自分の敵であったにもかかわらず、悪人に慈愛の眼差しを投げかけ、彼を真理の道へと導いていった。

ここには純粋な形での他力が描き出されている。親鸞は次々と経典を渉猟し、短くない歳月を費やして『教行信証』六巻を纏めあげた。この自力による困難な矛盾を、みずから認識しつつ犯しながら、彼はようやく他力という結論に到達することができた。その親鸞をよそ目に、白拍子たちは最初から弥陀の本願を信じて疑わず、いかなる地上の悪も「法の道」に参入できるものだと歌っている。

親鸞がアジャセを和讃の主題として取り上げ発表したのは、『教行信証』が完成し、尊蓮による筆写校合がなされた一二四七年の翌年、一二四八年であった。それは総じて『浄土和讃』と呼ばれ、浄土三部経のそれぞれの主旨を要約する三つの和讃のうち、二番目に相当する「観経意《かんぎようのこころ》」において語られている。ちなみに他の二つの和讃についても説明しておこう。「大経意《だいきようのこころ》」では如来の到来が本願の真実を現わすためであることが、「弥陀経意《みだきようのこころ》」では念仏往生の真実が説かれている。「観経意」が説いているのは、いかなる逆悪をも赦すという弥陀の立場である。まず冒頭を引いてみよう。

恩徳広大釈迦如来《おんどくこうだいしやかにょらい》
韋提夫人《いだいぶにん》に勅《ちよく》してぞ
光台現国《こうだいげんごく》のそのなかに

安楽世界《あんらくせかい》をえらばしむ

頻婆沙羅王《びんばしゃらおう》勅《ちょく》せしめ
宿因《しゅくいん》その期《ご》をまたずして
仙人殺害《せんにんせつがい》のむくひには
七重《しちじう》のむろにとぢられき

阿闍世王《あじゃせおう》は瞋怒《しんぬ》して
我母是賊《がもぜぞく》としめしてぞ
無道《むどう》に母《はは》を害《がい》せんと
つるぎをぬきてむかひける

（国宝本『親鸞和讃集』p.53〜54）

［釈迦如来の恩徳は広大である。イダイケ夫人に求められ、光り輝く台《うてな》にさまざまな国を映し出し、その中で安楽世界を選び出された。ビンバシャラ王が語るには、王は前世の約束が待ちきれず、仙人を殺めてしまい、その報いで七重の獄に監禁されてしまった。

アジャセは怒っていった。自分の母親は逆賊である、許すことはできない。彼は剣を抜き、非道にも母親を殺そうとした。」

アジャセが非道を行なおうとしたとき、医師耆婆《ぎば》と大臣が、それでは不可触民と何ら変わりのない所業だと非難し、彼を諫めた。イダイケ夫人は一命を取り留めるが、後宮深くに幽閉されてしまう。そこへ阿弥陀仏と釈迦の依頼に応じ、次々と仏僧たちが出現する。

大聖《だいしよう》おの〳〵もろともに
凡愚《ぼんぐ》底下《ていげ》のつみひとを
逆悪《ぎやくあく》もらさぬ誓願《せいがん》に
方便引入《ほうべんいんにゆう》せしめけり

釈迦《しやか》・韋提《いだい》方便《ほうべん》して
浄土《じようど》の機縁《きえん》熟《じゆく》すれば
雨行《うぎよう》大臣《だいじん》証《しよう》として

闍王逆《しやおうぎやく》 悪興《あくこう》ぜしむ
定 散諸機《じょうさんしょき》各別《かくべつ》の
自力《じりき》の三心《さんじん》ひるがへし
如来利他《にょらいりた》の信心《しんじん》に
通入《つうにゅう》せんとねがふべし

（同p.56〜57）

［偉大なる聖人たちがそれぞれに心を寄せ合い、最悪の場所に沈んでいる愚かな罪人を救おうと、逆賊すら見逃さない誓願をもって誘い導いた。シャカとイダイケ夫人のおかげで浄土の機縁が熟してきた。大臣雨行が証人となり、アジャセ王に五逆悔悟の念を起こさせた。心は落ち着き、また乱れる。人にはそれぞれ機縁がある。自力の三心を翻し、如来の他力本願だけを信じて、救済を願いなさい。］

「観経意」では、アジャセ王の悪逆と悔悟の物語が、バラードというべききわめて平易な形で語られている。言葉は充分にこなれていて、もはや原典の生硬さを感じさせるものは何もない。「凡愚底下のつみひとを／逆悪もらさぬ誓願」を説くために、和讃という形式がまさに十全の形をもって用いられている。親鸞は悪について、『教行信証』における理論的研鑽を行なった。しかし、『歎異抄』の唯円に対しては、細かく説明しようとはせず、きわめて抽象的で逆説の修辞に満ちた形でしか、悪の問題を解こうとしなかった。和讃にあっては逆に物語の要点を掻い摘んで記し、説法の方便として用いようと意図している。

では、和讃とは畢竟のところ、親鸞にとって個我を越えた仏教の教理の絵解きの域に留まっていたと結論できるだろうか。晩年に執筆された『正像末浄土和讃』を読む者は、そこに平易な説法を大きく逸脱した、作者の内面の苦悩と罪障意識の噴出を認め、深く驚かされることになる。噴出のあり方があまりに突然のものなので、大きな当惑から逃れることができない。

シャカ入寂の後、はるかな時間が経過し、現世が末法の世であるという自覚は、この当時、きわめて一般的なものであった。『梁塵秘抄』においても、自分たちが末法辺土に生きる凡夫にすぎないという認識は、たびたび主題として現われている。

釈迦《しやか》の月《つき》は隠《かく》れにき、慈氏《じし》の朝日《あさひ》は未《ま》だ遥《はる》か、その程長夜《ほどちようや》の暗《くら》きをば、法花経《ほけきよう》のみこそ
照《て》らいたまへ。

瑠璃《るり》の浄土《じょうど》は潔《いさぎよ》し、月《つき》の光《ひかり》はさやかにて、像法転《ぞうぼうてん》ずる末《すえ》の世《よ》に、普《あまね》く照《て》らせば底《そこ》もなし。

（『新訂 梁塵秘抄』p.10,17）

なるほどわれわれは現在、末法の世に住んでいる。いまだ暁が訪れることはなく、無明長夜が続いているばかりだ。にもかかわらず、そこには清浄な月の光が差し、『法華経』の存在は浄土への道を照らし出しているではないか。『梁塵秘抄』は辺土末法の状況を悲観的には捉えていない。そうした暗夜のさなかにあってこそ、静寂のなかで月光を頼りに救済を思い描こうではないかという積極的な姿勢が、素朴な語彙を通して強く窺われる。

十界十如《じゅっかいじゅうにょ》は法算木《ほっさんぎ》、法界唯心覚《ほっかいゆいしんさと》りなば、一文一偈《いちもんいちげ》をきく人《ひと》の、仏《ほとけ》に成《な》らぬは一人《ひとり》なし。

我等《われら》が宿世《しゅくせ》のめでたさは、釈迦牟尼仏《しゃかむにぶつ》の正法《しょうぼう》に、この世《よ》に生《うま》れて人《ひと》となり、一乗妙法《いちじょうみょうほう》きくぞかし。

我等《われら》は薄地《うすじ》の凡夫《ぼんぶ》なり、善根勤《ぜんこんつと》むる道知《みちし》らず、一味《いちみ》の雨《あめ》に潤《うるお》ひて、などか仏《ほとけ》にならざらん。

四大声《しだいしょうもん》聞いかばかり、喜《よろこびみ》身よりも余《あま》るらむ、我等《われら》は後世《ごせ》の仏《ほとけ》ぞと、たしかに聞《き》きつる今日《きょう》なれば。

（同 p.22, 25）

自分たちは不運な辺境に生を享けた、愚かな存在であるかもしれない。だが、それがゆえに、逆に、一人の例外もなく仏に生まれ変わることができるのだ。『梁塵秘抄』に見られるこうした憧憬と信頼の強さは、単に時代の対抗文化だと呼んで解決のつくものではない。藁をも摑むべき困難な状況にあった転形期の人間が、口遊みながらみずからを勇気づけ、救済を思い描くにあたって、大きな意味を有していたはずである。アメリカの奴隷制のもとで苦難を耐え忍ぶにあたって、黒人たちがゴスペルを考案した事情も、おそらくそれに近かったのではないかと、わたしは推測する。他力の理念はこうして歌唱を通して、より強い説得力を持つにいたった。

末法の意識は親鸞の和讃にどのような影を落としているだろうか。それはまず、止め処もない悲嘆の意識として表出されている。

釈尊《しゃくそん》かくれまし〱て
二《に》千余《せんよ》年《ねん》になりたまふ
正像《しょうぞう》の二時《にじ》はおわりにき
如来《にょらい》の遺弟悲泣《ゆいていひきゅう》せよ

（国宝本『親鸞和讃集』p.152）

「お釈迦様がお隠れになって、もう二千年以上が過ぎてしまった。正法と像法の時代は終わったのだ。遺された弟子たちよ、嘆き悲しむがよい。」

「愚禿悲嘆述懐」では、

浄土《じょうど》真宗《しんしゅう》に帰《き》すれども
真実《しんじつ》の心《しん》はありがたし
虚仮不実《こけふじつ》のこのみにて
清浄《しょうじょう》の心《しん》もさらになし

外儀《げぎ》のすがたはひとごとに
賢善精進《げんぜんしょうじん》現《げん》ぜしむ
貪瞋邪偽《とんじんじゃぎ》おほきゆえ
奸詐《かんさ》もゝはし身《み》にみてり

悪性《あくしょう》さらにやめがたし
こゝろは蛇蝎《じゃかつ》のごとくなり
修善《しゅぜん》も雑毒《ぞうどく》なるゆへに
虚仮《こけ》の行《ぎょう》とぞなづけたる

（同p.200〜201）

［浄土の真の教えに帰依したというのに、わたしは真実の心になれないでいる。気持ちはどうしても嘘で実りなき側へと向かい、清浄な心には毛頭なれそうにない。人は誰でも外見だけは聡明で善良で、精進ぶりを示している。だが実のところ、貪欲と怒り、邪悪な偽りに満ちていて、百の奸計に満ちている。私の悪い性格は矯正しようがない。心はまるで蛇か蝎のようだ。善に戻ろうとする気持ちにも毒が混じっているので、結局は

無駄な努力となってしまう。」

ここにはみずからをめぐって、恐るべき罪障と糾弾の意識が描かれている。民衆を前に教理を平易に説いてよしとする、本来の和讃のあり方から大きく逸脱した形で、おのれの内面に住まう悪を指弾し、偽善を追及する鋭い意識が前面に現われ、救済をめぐりきわめて悲観主義的な認識が唱えられている。親鸞はこの和讃を、いったい誰に読ませるつもりで作成したのだろうか。ここには上方から衆生に向かって説法を試みる仏僧の、落ち着き払った知的余裕は毫も見られない。あまりに生々しく個人的であり、公にすることのできない内面の苦悶だけが、他に追随を許さぬ形で記されている。親鸞にとって辺土末世に生を享け、愚禿の身にあるとは、そのようなことであった。

この和讃をもって、親鸞が『教行信証』の真の対応物を創造しえたと考えることは不可能ではない。もっとも「信巻」の中ごろにも、やはり内面に抱え込んだ苦悶が、あたかも突然の水の噴出であるかのように、前後の脈絡を無視して書きつけられた一節が存在していた。

まことにしんぬ。かなしきかな愚《ぐ》禿鸞《とくらん》、愛欲《あいよく》の広海《こうかい》に沈没《ちんもつ》し、名利《みようり》の大山《たいせん》に迷惑《めいわく》して、定聚《じようじゆ》のかずにいることをよろこばす、真証《しんしよう》の証《さとり》にちかづくことをたのしまず。はづべしいたむべし。

（『教行信証』p.192）

『教行信証』がほとんど知る人のないままに執筆され、完成の後もきわめて少数の門弟しかそれに接することがなかったという謎めいた事実は、和讃がより公の形で発表されたことをもって、いくぶん補償されることになるかもしれない。「愚禿悲嘆述懐」で語られている悲嘆と自己処罰の欲求は、本来が讃歌であるべき和讃というジャンルの約束ごとを平然と飛び越え、日本語にあって前例のない詩的緊張の領域に踏み込んでいるように思われる。日本の詩的言語はふたたびその領域に到達するために、明治以降の近代を待たなければならなかった。悲嘆の文法が成熟するのに、日本人はより深い体験を積まなければならなかった。親鸞がその地点に例外的に達しえたという事実は、彼が和歌を断念し、自力を媒介として他力に達しようとする矛盾を生きたことと無関係ではない。その生涯の最晩年に生じたこの詩的噴出の唐突さを、わたしは、テクストの生々しい体験として、今、ここにおいて受けとめようとしている。

仏教用語翻訳の難しさ

ワーグナーがもし二〇世紀に生まれたとしたら、オペラではなく映画を制作していただろうとは、よくいわれることである。芸術を媒介として神話的世界を創造するという点で、彼はどの時代に生を享けたとしても、同じことをしたはずだ。ただ時代時代によって、表象体系のモードが違っていたにすぎない。わたしはこの考えには一理あると思う。いかに優れた芸術家や哲学者でも、たまたま生まれ落ちた時代の思考の枠、つまりフーコーの説く「原理的選択」の内側に、無意識のうちに縛られてしまう。だが同時に彼らは（きわめて少数の例外であるかもしれないが）時代の認識論的枠組を超えた、普遍的な相を携えているはずではないか。

同じことが親鸞にもいえるだろうか。

たとえば……わたしは想像してみる。親鸞がもし一七世紀のオランダに生まれ落ちていたとしたら、彼はスピノザとどのような対話をしただろうか。一九二〇年代のフランクフルトに学んでいたとすれば、マルクス主義から影響を受けることはあっただろうか。いうまでもなく、これは子供じみた空想である。だがわたしが問いたいのは、思想家の思想と時代の原理的選択との間の関係のことだ。

仏教世界に帰属せず、いかなる仏教的な語彙と概念から隔たった場所にあっても、親鸞は親鸞たりえるだろうか。もし彼がキリスト教の師父たちの世界に、またマルクスとフロイトを経過した資本主義社会に生きたとしたら、その著作はキリスト教やマルクス主義、精神分析の語彙と概念を駆使しながら、それでも思想家としての親鸞の独自性を保持しえただろうか。

こう書きながらもわたしは、さらに過激な問いかけをしてみたい誘惑に駆られている。そもそも初期キリスト教世界において、またマルクス主義世界において、親鸞であるということは可能なのだろうか。だがその場合、親鸞であるということは、何を意味しているのだろう。それは単にイエスと親鸞とが、またパスカルと親鸞が、思想的に共鳴するものをもっている・いないという次元の問題ではないはずである。また親鸞の思想が日本に独自のローカルなものだから、全世界に広めようという立場とも、まったく無関係なはずである。

親鸞が親鸞であることの意味は、浄土教の思想的系譜や時代の思考の枠幅といった問題を離れてみたとき、どのように考えればいいのだろうか。

仏教について何かを書こうとすると、かならず厄介ごとが生じてくる。現代文で綴る自分の文章のなかに、仏教固有の用語をどこまで許容して、導入してよいのかという問題である。親鸞の場合だけとはかぎらない。空海であれ、道元であれ、およそ仏教の教理に触れようとするとき、言葉の選定に難渋してしまうのだ。

たとえば「仏身《ぶっしん》はこれ有為《うい》の法《ほう》なり」という表現が、『教行信証』「真仏土巻」にある(『教行信証』p.300)。また「善男子《ぜんなんし》、また眼見《げんけん》あり、諸仏如来《しょぶつにょらい》なり」(同p.302)という言葉がある。いずれもわたしの好きな文章だ。これをどのように翻訳すればいいのだろう。

「ブッダの身体はすべて、因果の秩序によって形成されている。」

「いいかね、きみ、眼でモノを見る者はすべてブッダである。」

こんな風に今日の哲学用語に見合うように訳してみると、なんだかフレンチ・スーツを無理やりにお坊さんに着せたような感じになってしまう。ひところパリで流行していた現代思想の翻訳を読んでいるみたいだ。この過程で失われてしまうものは少なくない。仏典が本来持っている意味の深みが削ぎ落されてしまい、文章の外側の水っぽい表皮が残されるだけで終わる。

では逆に、思いきって仏典の漢文調を訳語に反映させればどうなるだろう。

「仏身とは有為の法である。」

「善男子よ、眼見とは仏であり、如来であるということだ。」

これでは原文を単に引き写し、解きほぐしただけである。もとより「有為」や「眼見」「如来」という言葉を解しない者には、まさにチンプンカンプンに違いない。この訳文を土台にして論を立てようとしても、原文から適度な距離を保つということができないため、挫折するのが落ちである。原文の持つ論理に絡めとられ、それをただ解説するだけに終わってしまう。

なんとか両者の中間くらいの日本語で、仏典を翻訳することはできないだろうかと考えだすと、これが難しい。仏教哲学の概念はけっして独立して成立しているわけではない。「有為」を理解するには「法」を理解していなければならず、「法」は「法身」や「仏性」といった概念と相互に依存しながら成立している。蜘蛛の巣の一つの結節点に足を降ろしたとたんに、張りめぐらされた網の目の全体に振動が走り、そこから抜け出すことが困難になってしまう。ひとつの概念を正確に認識するためには、仏教の語彙体系を丸ごと引き受けてしまわなければならないのだ。

『教行信証』であれ、『歎異抄』であれ、親鸞のテクストを引用するたびごとに、わたしはそれを現代の日本語に直してみようと試みた。「慈悲」を「慈愛」と訳せるだろうか。「煩悩」は「欲望」と書き直していいのだろうか。やがてこの作業は恐ろしく困難なことだと判明した。なるほど評釈はできる。時間をかけて、落ち着いてテクストを読み解いていくことは、テクストの悦びである。だが、原文の強度に見合った訳語を捜しだし、簡潔にして正確な訳文を作り上げることは至難の業と知った。せっかく読み解いて翻訳を試みても、完成した現代文は冗長にして弛緩しており、とうてい原文の潑溂とした凝縮度には到達できない。わたしはこれまでいくつか西洋の言語から詩や小説、論文を翻訳したことがあったが、同じ日本語で書かれているとはいえ、中世の仏教書を納得のいく現代語に直すことは大変な作業であると思い知らされた。

ここで発想を変えて、それでは英語やフランス語では、日本の仏教書の翻訳はどうなっているのだろうと考えてみる。というのも、もう三〇年ほども前のことだが、コロンビア大学で比較文学の勉強をしていたとき、仏教学者であるフィリップ・ヤンポルスキー教授から興味深い話を聞かされたことがあったからだ。ちなみに教授は若くして京都大学の大学院に学び、アレン・ギンズバーグとも親交のあった碩学で、日蓮の英語翻訳者でもあった。

ヤンポルさん(わたしや中上健次は、親しみを込めて彼をそう呼んでいた)は、三年に一度、シカゴ大学で開催される会議に出席しなければならないのだという。何でも玄奘法師がインドから持ち帰った大蔵経のすべてを英語に直すという、とてつもなく巨大な企画が現在アメリカにおいて進行中で、その方針と進捗ぐあいを点検するための会議らしい。もしこれが実現されると、サンスクリット文字や漢字をひとつも読めなくとも、すべての仏典が英語で読めることになるわけですなと、教授は誇らしげにいった。わたしは恐る恐る尋ねてみた。あのお、それはいつ頃のことになるのでしょう？　そうですね、コンピュータをフル回転させれば、まず一〇〇年くらいで終わるでしょうねと、教授はにこやかにいった。

親鸞の著作は二〇〇〇年代に入って、そのすべてが英語に翻訳されている。わたしはコンピュータで検索し、*A Record in Lament of Divergences*という文章を探し出してみた。『歎異抄』のことである。

一読して、これは簡潔にして透明度の高い訳文であると思った。だがわたしの狙いは別のところにあった。親鸞が用いた仏教用語がどのように英語に翻訳されているかを、知りたかったのである。

「浄土」は the Pure Land、「聖道」は the Path of Sages である。「煩悩」は blind passions、「宿業」は

past karma。「自力」は小文字でself-power、「他力」は大文字でOther Powerである。なんだ、そうだったのか。わたしは思わず膝を叩いた。難しく構えることはなかったのだ。素直に言葉に向かい合って、英語に直してみればよかったのだ。わたしは気が楽になったような気がした。もっとも「念仏」はお手上げだったらしい。原語を尊重してか、そのままnembutsuとなっている。

ちょっと驚いたのは「往生」である。これはbirthだった。「往生を遂ぐ」とは、従ってbeing born in the Pure Land（清らかな国に生まれる）ということになる。このように翻訳してみると、浄土真宗の教えと比較宗教学者ミルチャ・エリアーデの思想とが、案外近いものであることが判明する。death and rebirth「死と再生」とは、エリアーデ宗教学の基本となる理念であったからだ。

ところが「衆生」はどうかと該当箇所を捜していたところで、躓いてしまった。英語の訳語がpersonとpeopleであったためである。どうもこれでいいのかなあというのが、わたしの咄嗟の感想だった。日本語でも「人々」は平板すぎる。「民衆」も「人民」も、特有の政治的意味の含みがあり、仏典にはどうも似つかわしくない。というのも「衆生」という言葉は単に人間のみならず、生きとし生ける動物はもちろんのこと、餓鬼や畜生、修羅といった六道の存在をも含み込んだ、大きな範疇であるからだ。加えてこの語は、「衆多之生」やら「衆縁所生」といった熟語と重なり合っている。時空を越えて多くの者と隣り合っている存在、共存しあって生きている存在というほどの意味である。こうした言葉の背後には仏教の世界観、生命観、人生観が頑強なまでに控えており、言葉をそうした文脈から無理やりに引き摺りだして英語に置換することは、それが長い歳月にわたって携えてきた文化的意味を消し去ることに等しい。アメリカ民主主義の礎となったpeopleという単語ではとうてい包摂することのできない文化の深みが、そこには横たわっているのである。

だがここで、「衆生」という漢語そのものの出自を考えてみることにしよう。日本人は仏典を漢文読み下しで読むのに慣れているため、多くの仏典が本来はサンスクリット語やパーリ語で書かれていたことを失念しがちである。だがそもそもブッダは漢字など知らなかったのだ。「衆生」の言語はサンスクリット語でsattvaという。ちなみに玄奘法師はこの言葉を、「有情」と漢訳している。「無情」、つまり山河草木のような自然に対立する語として、生命あるもの一般を「有情」としたわけである。親鸞も『歎異抄』では「衆生」と語っているが、和讃ではときに「有情」という言葉を用いている。

「衆生」という語彙自体が翻訳の産物であることに思い当たったとき、わたしは少し緊張が解けたような気がした。世に完璧な翻訳というものは存在しない。sattvaに対しても、それをどう解釈するかによって複数の漢訳が生じている。言葉というものは翻訳されていくたびに、少しずつズレを作り上げていくものなのだ。

こうした翻訳による誤解は、親鸞の時代にあっても珍しくはなかったようである。ある言葉をサンスクリット語の音に基づいて漢訳した場合と、その意味内容を鑑みて意訳した場合とでは、訳語には大きな隔たりが生じてしまう。漢訳を手にする者は、当然のことながら、それを別々の概念であると受け取ってしまうだろう。漢訳がさらに日本に到来したとき、混乱がますます大きくなっていくことは必定である。

親鸞は『教行信証』「化身土巻」のなかで書いている。

「それ仏陀《ぶつだ》といふは、漢《かん》には大覚《だいかく》といふ。菩提《ぼだい》といふは、漢《かん》には大道《だいどう》といふ。涅槃《ねはん》といふは、漢《かん》には無為《むい》といふ。しかるに吾子《ごし》ひめもすに菩提《ぼだい》の地《じ》をふんで大道《だいどう》をしらず、すなはち菩提《ぼだい》の異号《いごう》なり。かたちを大覚《だいかく》のさかひにうけていまだ大覚《だいかく》をならはず、すなはち仏陀《ぶつだ》の訳名《やくみよう》なり。」

（同p.437）

［ところで仏陀とは漢語では「大覚」という。菩提は「大道」という。涅槃は「無為」とい

う。それなのにきみたちは、毎日、菩提の地を踏んでいるというのに、それが大道であることに気付いていない。大道とは菩提の別名ではないか。大覚と同じ境界に身を置いているというのに、きみたちは、いまだに大覚が仏陀の訳語であることを習っていない。」

サンスクリット語で記された仏典が漢訳されたとき、仏教は発祥の地を離れ、東アジアで大きく教理を発展させた。だとすれば、「衆生」がpeopleに直ることで、予期もしない発展をする可能性もあるのではないか。経典が一つの言語から別の言語へと移動するとともに、それが携えている思想も境界を越え移動してゆく。林達夫は、植物は移植したものの方が強いと語り、エドワード・W・サイードは理論こそ旅をするものだと語った。『歎異抄』は英訳されることで、さらに新しい思想を産み出していくことだろう。

礼如さんの思い出

他力本願、それが分からない。住職に何度も何度もその他力をたずねたが、納得できない。理解できない。いやここで居なおれば、頭で理解することは可能であるが、その他力とは、自然という善も悪も、一切合財を生み、包むもののことではないのか。私はそう思い当たった。だが、それなら、バケツを持って米をもらいに廻った毛坊主の宗教心と、テラを仏願寺の分寺《わけでら》だという和深の人らの宗教心を思い起こし、その他力を問いたいのである。ここで私が見たのは、体系化された宗教と、いま土から生みだされた宗教との軋み、あるいは、その馴致《じゅんち》の過程である。

（『中上健次全集14』p.534）

中上健次のルポタージュ『紀州　木の国・根の国物語』(一九七八)の一篇、「日置《ひき》」にある一節である。

あるとき中上は、故郷である紀州熊野の被差別部落を自分の眼で確かめておきたいと決心する。彼は日置と和深《わぶか》の中間にある周参見《すさみ》で、紀州に少ない浄土真宗の寺のひとつ、仏願寺を訪れる。真宗が稀有なのは、戦国時代に活躍した鉄砲軍団の雑賀衆《さいかしゅう》と結びつき、ともに織田信長に滅ぼされたからだ。四〇〇年の歴史をもつ仏願寺の住職は、日置から安宅《あたぎ》、天満、新宮まで単車を走らせ、「弘誓の船に乗ったかァ、乗ったかァ」と、名調子で説教を唱えて廻り、法事や法会に集う信徒たちを感動させているという。中上はその住職から、和深にあって山号も寺名もなく、単にテラとだけ呼ばれているだけの布教所について、説明を受ける。仏願寺の側ではその布教所を自分たちの「分寺《わけでら》」であると見なしているようだが、どうやらその実は、毛坊主が住み着いていただけの場所であるらしい。『紀州』の語り手は、由緒正しき真宗の仏願寺の住職と、出自も不明で、乞食のように施し物を受けて生きてきたテラの毛坊主の宗教心の違いを、ここで想像する。テラを仏願寺の分寺として認知することは、プリミティヴな信仰を教団の側へと回収し、屈従させることではないだろうか。

中上はこのエッセイのなかで他力本願という観念について、それは「善も悪も、一切合財を生み、包むもの」ではないかと、素朴な疑問をぶつけている。また本願寺の教団とは別個に、自然発生的に生じたテラとそこに住まう毛坊主に思いを寄せている。中上健次の全テクストのなかで浄土真宗についての言及があるのは、この一節だけである。

中上は親鸞を読んだことがあっただろうか。少なくともわたしは、生前の彼と真宗の信仰について話したことはなかった。全集を編集したときに、書いたもののすべてに眼を通したが、先の一節を除いて、親鸞への言及を窺わせるものは発見できなかった。おそらく『歎異抄』だけはそれなりに読んでいたのではないかと推測しているが、それも確証はない。ただ他力本願という考えに対しては、積年の疑問を抱いていたようだ。ここに引いたエッセイからも、彼がこの観念に深い拘泥を見せていたことが判明する。

その夜二人をオリュウノオバの蒲団に寝かせオリュウノオバは礼如さんの蒲団に入って寝たが、二人が抱えあって寝息を立てているのを見て眠る事が出来ず、無事逃げおおせず三好がつかまると盗人に入って偶然亭主を殺したのと、それとも女の口車に乗って盗人が来たように見せかけるから亭主を殺してくれと頼まれてやったのと、どちらが罪が重くなるだろうかと考えた。どちらも人を殺したのが露見すれば死刑なら同じ事だった。逃げてほとぼりがさめてから連絡すると三好にさとされた女が朝になって家にもどってから三好は坐って、オリュウノオバが黙り込んだまま昨日服をもやしたかまどの灰をかき出し幹の細い松の根方に運んでいるのをみて、「人、殺しても何も変わらんねえ」と言う。(……)
　オリュウノオバはその三好の気持が分かりすぎるほど分かった。生きながらえ増え続けボウフラの如く生命がわきつづける事が慈悲なら空蝉のように生れて声をかぎりに鳴いて消える生命も慈悲のたまものだった。それなら声をかぎりに鳴いて死んでいく赤ん坊がどんな状態で生れても無垢なように、人を殺しても悪かったと思わない三好は罪に気づかないだけ無垢で、たとえ血の中で女を裸にしてつがるという人の考えられそうもない事をやろうとしての事でも、三好に罪はなかった。

(『中上健次全集5』p.58, 61〜62)

中上健次の短編集『千年の愉楽』(一九八二)では、全篇にわたって悪逆のかぎりをつくした若者たちの物語が語られている。ここに引いたのは、「路地」と呼ばれる新宮の被差別部落に生を享けた三好という青年が、強盗殺人を犯し、女を連れて逃げ込んできたのを、部落の産婆であるオリュウノオバが匿い、かつて自分が取り上げたものの、ただちに死んでいった幼い生命に思いを寄せるという場面である。

六人の青年たちが次々と「路地」に生を享ける。彼らは路地中の女をかどわかし、平然と殺人を犯す。薬物に耽り、他人の家に盗みに入る。禁忌という禁忌を犯した彼らを待ち構えているのは、あまりにも無残で早すぎる死だ。この悪漢たちは人生をあまりに性急に駆け抜け、狂気に苛まれたり失明を体験して、例外なく非業の死を遂げる。彼らは死に際してみずからの悪行を振り返り、極楽浄土への往生を希求しながら息絶える。

こうした悲惨な物語のすべてを、オリュウノオバが回想している。彼女は恐ろしく高齢で、百歳であるのか千歳であるのか、もはや定かではない。オリュウノオバは、自分が生きてきた路地が、生ある者も死せる者も分け隔てなく育み、また残酷にも滅ぼしてゆく場所であると考えている。それが仏の慈悲なのだと了解している。

路地の地母神ともいうべきこの女性には、礼如さんという夫がいる。彼は正式に認定された資格こそ持っていないが、路地に住まうただ一人の僧侶である。この二人は生と死という二つの側面から路地の人々の人生を見守り、彼らに深く慕われている。ちなみに路地は不浄の場所としてつねに周囲から貶められてきたが、はるかな昔には蓮池であり、極楽のごとき場所であると信じられていた。

礼如さんは路地で生まれ、幼いころに靴屋へ奉公に出たという人物である。生まれたときからひどく小柄で、何もかもが小作りであった。彼は結婚すると路地の坂を上り詰めたところに家を設け、男の子の父親となった。もっとも息子は三歳のとき茶粥を頭から被り、大火傷を負って亡くなった。礼如さんはそれを切っ掛けに靴屋をやめ、京都の寺に行って修行を重ねた。彼は故郷に戻ると、毛坊主として路地の家々に経をあげにいくことを日課とするようになった。実はかつて路地の住人のためには浄泉寺という真宗の寺があったのだが、その和尚が「天子様に弓を引く計画」をしたという理由で獄舎に下り、処刑されてしまったため、長い間、寺も住職もいないという状態が続いていたのである。礼如さんはその和尚の後釜となった。

礼如さんは過去帳に月日と名前を書き入れる程度の読み書きこそできたが、文章を豁達に綴るというわけではなかった。とはいえ、恐るべき記憶力の持ち主で、路地に住まう者すべての祥月命日を正確に記憶していた。小柄なうえに歩く姿が滑稽なため、口さがない若者たちに揶揄されることもあったが、人々からは深く信頼され慕われていた。妻であるオリュウは産婆として、路地のあらゆる女たちの分娩に立ち会った。

戦争が終わったとき、浄泉寺に新しい住職が名古屋から赴任してくる。毛坊主である礼如さんは路地の青年会館で読経はできても、真宗の正統的な組織からは完全に締め出されてしまう。老いて体力がなくなると、共同井戸から桶に水を汲んで上ることができなくなったが、かならず誰かがそれを手伝った。路地の若衆が非業の死を迎えると、礼如さんは悲しみと無念の心を抱きながら、一人ひとりのために経を読んだ。

『千年の愉楽』の続編ともいうべき長編『奇蹟』(一九八八)では、この礼如さんの最期が語られている。ある夏の皆既日食の日、礼如さんはいつものように袈裟を纏い、仏壇に向かって経を唱えていたのだが、やがてゆっくりと仰向けに倒れる。妻であるオリュウノオバが駆け付けたとき、彼はすでに絶命している。だが次の瞬間、その口からは小さな阿弥陀如来が一五体にもわたって出現し、風に誘われるかのように土間から戸口を出て、裏山の方へと消えてゆく。

礼如さんとオリュウノオバには実在のモデルがいる。わたしは彼らの晩年の写真を見たことがあった。そこには墨染めの僧衣を着た老人と、羽織を着た老女が写っていた。老人は白髪こそ薄くなっていたが、剃髪はしていなかった。二人はいくぶん緊張した表情をし、姿勢正しく家の前に立っていた。

新宮には実際に浄泉寺という真宗の寺がある。一七世紀前半、徳川頼宣《よりのぶ》の紀州入国に際し、家老の水野重仲《しげなか》が新宮丹鶴山に築城したとき、水野の菩提寺であった同名の寺が移転してきたのである。このとき浜松で武具を製造していた皮革業者が新宮に移住を命じられたのが、春日町にあった被差別部落の起源となったとされている。

明治時代が終わろうとするころ、浄泉寺は大きな厄難に見舞われた。真宗大谷派の僧侶であった高木顕明《けんみょう》（一八六四～一九一四）は、一八九七年、荒廃していた浄泉寺に一二代の住職として着任した。檀家の大半は被差別部落民である。顕明は彼らから布施を受け取ろうとせず、そのため生活に困窮したが、いっこうに気に留めなかった。おのずから彼は部落解放運動に賛同し、機会あるたびに差別撤廃を説いた。識字教室を開いて子供たちを招き、新宮に遊郭が設置されると反対運動に身を投じた。日露戦争が勃発すると非戦論を唱え、同じ真宗の僧侶たちが戦勝記念碑を建立しようとしたときにはただ一人反対し、そのため新宮の宗教界で孤立した。彼はしばしば「えた寺」の住職であると貶められた。

顕明はキリスト教の牧師とも交際があり、新宮教会で説教をしたこともあった。社会の不正義に対する怒りは、彼を社会主義へと導いた。『余が社会主義』（一九〇四）なる著作の中で彼は、「念仏の実践が社会主義である」と説いている。

一九一〇年、顕明は新宮在の開明派の知識人に呼びかけ、寺を借りて談話会を発足させた。参加を申し出た者のなかには、貧しき者からは治療費を受け取ろうとしなかった医師、大石誠之助をはじめ、他宗派の僧侶やクリスチャンもいた。だが一九一〇年、彼ら六名は天皇暗殺を共謀したという嫌疑で、全員が検挙された。厳しい取り調べのあげくに、大石と顕明の二名の他、南方熊楠とも交流のあった成石平四郎の三人に死刑が宣告された。世にいう「大逆事件」である。ちなみに今日では事件のいっさいが根拠のない、無根のものであったことが判明している。

高木顕明は恩赦によって死刑を免れ、無期刑となった。彼は真宗大谷派から宗門追放の処分を受け、非業の思いを抱きながら獄中で縊死を遂げた。享年五〇。遺族たちは真宗に絶望し、全員がキリスト教に帰依して四散した。浄泉寺はこうしてしばらくの間、僧侶不在の寺となった。

田畑禮吉（一八八八〜一九六九）が得度もしないまま、春日町の家々をめぐり、読経を生業とするまでには、こうした事情があった。彼は長らく靴職人として生計を立てていたが、『千年の愉楽』に描かれているように、京都の寺で修業を重ねたわけではなかった。得度もしないまま、ただ袈裟を身につけて方々の家を訪れているうちに、いつしか「禮静」という法名のもとに呼ばれるようになったにすぎない。禮吉は春日に住まう者たちのために厖大な過去帳を制作し、大量のノートと写真を遺すと、八一歳で生涯を終えた。彼が顕明と大逆事件についてどのような認識を抱いていたかは、資料がないためにわからない。

中上健次が禮吉の妻、田畑リュウ（一八九一～一九八〇）に初めて会ったのは、彼女の死の二年前、一九七八年のことである。二人を引き合わせたのは春日に住む元モダンボーイの俳人、松根久雄だった。最初の長編小説『枯木灘』を上梓して一年、路地を拠点として「部落青年文化会」の組織化に勤しんでいた中上は、路地の生き字引とも呼ぶべきこの女性に出逢ったとき、強い霊感に見舞われた。彼女を語り部として、路地の年代記を描くことを発想した。中上はリュウを頻繁に訪れると、昔語りを録音し、夫禮吉が遺した大量の文献と写真を調査した。そこから連作短編『千年の愉楽』が生まれることになった。作品のなかではリュウはオリュウノオバと名を変えられ、産婆という設定が施されている。この虚構の人物を、卑小な人間の生死善悪の次元を超えた大地母神のごとき存在として提示することで、中上は魔術的リアリズムの手法を掌中に収め、小説家として新しい審級へと移ることになった。

田畑禮吉とはどのような人物であったのだろうか。中上健次は彼をモデルとして「礼如さん」という登場人物を創造したとき、明らかに毛坊主《けぼうず》なる生業がかつて存在していたことを意識していた。

柳田國男は『毛坊主考』(一九一四〜一五)なる論文のなかで、この不思議な名前をもつ僧侶について古今の史料を渉猟し、細かく報告している。たとえば『本朝俗諺志《ぞくげんし》』を引いて、「飛騨の山中に毛坊主というあり。農業・木樵《きこり》をなすこと常の百姓並なり。はるかの奥山にて出家などはなき処なり。人死したるときはこの毛坊主を頼みて弔うなり。代々譲りの袈裟《けさ》を掛け鉦《かね》打ち鳴らし経念仏してとぶらうことなり。俗人にて坊主の役をするゆえかく名づけたるなり」と記している(『柳田國男全集11』p.420)。また塩野義陣の『淡海木間攫《おうみこまざらえ》』に拠りながら、「毛坊主というは道場と名づけて村里に纔《わず》かの仏場を設け住職の僧を置かずただ村民の中にて守れる者の号なり」としている(同p.422)。『秋長夜話《あきのながよばなし》』では、一向宗の盛んであった安芸国では、「農民の僧形となりて勧化《かんげ》する者を手次坊主《てつぎぼうず》という」(同p.423)としている。柳田はこうした引用の後に、自分が訪問したさまざまな農村に、それに類似した「坊主」が存在していたという事実に触れている。

「いわゆる俗人の間では頭に毛のないのをまずは坊主と呼んでいる。それも男が髪を結わなくなってからは、五分苅《ごぶがり》などと無性《ぶしょう》な和尚の頭とはちょっと見分けが附かぬ。のみならず昔の代にもチョン髷《まげ》姿の毛坊主があった。寺にいるから僧だとも極《き》められず、妻子があるから俗人だとももちろん推測し得ぬのである。(……)事実上の僧徒すなわち未度《みど》の沙弥《しゃみ》がいずれの世にも甚しく多かった。村に住む者の必要から言うと、まるまる僧のおらぬよりは贋物《にせもの》でも未成品でも葬礼法事の節わずかの経の読める者がいた方がよろしい。」(同p.426〜427)

以上を総合してみると、毛坊主とは正式に得度をし、教団から僧侶としての認可を受けた者ではなく、半僧半俗という両義的な形をとりながら、人里離れた遠隔地や寺院のない農村などで仏事をとりしきる、曖昧な存在であったと判明する。柳田はこうした毛坊主がときに「鉦叩《かねたた》き」「磐打《かねうち》」と呼ばれ、和讃念仏を唱えては布施を受け取り、芸能の民として放浪していたことにも言及し、さらに「沙弥《しゃみ》」「被慈利《ひじり》」と呼ばれる最下層の僧侶として諸国を経廻り、ときには死体処理に従事したことを指摘している。ここまで来ると、毛坊主と賤民集団の間に本質的関係が横たわっていたことが、少しずつ理解されてくる。柳田学といえば「常民」を日本人の中心に据え、非農耕民への配慮が不足しているという風評があるが、『毛坊主考』を読むかぎり、若き日の彼が被差別民の起源と伝承について、並々ならぬ関心を抱いていたことが判明する。

中上健次は『千年の愉楽』を執筆するにあたって、明らかに柳田の論考から強い影響を受けていた。それはこの連作とほぼ同時期に執筆されたもうひとつの連作集、『熊野集』において、

「被慈利」と呼ばれる放浪の僧侶が熊野山中を彷徨し、悪鬼邪霊に遭遇したり、読経を依頼されて魔界に参入するといった幻想的な短編を、二篇にわたって執筆していることからも推測できる。僧侶不在の路地にあって、見よう見まねで習い憶えた読経を生業とし、葬礼をとりしきる礼如さんとは、まさしく柳田の説いた毛坊主の、典型的な姿であった。中上は浄土真宗の教団の正統性とは一度も交渉をもたないまま、路地の住人たちの一人ひとりに引導を授けることに生涯を費やした礼如さんの造型に、かぎりない愛着を抱いていた。彼がその死を描くにあたって、六波羅蜜寺にある康勝作の空也上人像に倣い、口中から次々と小さな阿弥陀仏が出現するという超自然的な光景を準備したのは、毛坊主が遊芸と放浪の徒であったという経緯を充分に認識していたからである。

中上健次は、あたかも『千年の愉楽』の若者たちを真似るかのように、あまりに短い人生を生きた。死に到るまで彼の念頭を去らなかったのは、大逆事件に関与して非業の死を遂げた新宮の知識人たちの、悲痛な物語を描くことであった。とりわけその中心的存在であり、浄泉寺の僧侶であった高木顕明に対し、彼は特別な関心を抱いていた。

礼如さんと顕明は、同じ真宗の僧侶とはいえ、対照的な存在である。前者は無学にして未度の毛坊主であり、後者は城下の寺を任せられた正統的な僧侶であった。時代の最新思想であった社会主義を信奉し、廃娼非戦を唱えたという意味で、顕明はきわめて進歩的な理念をもった得度僧といえる。もっとも彼らは、春日という被差別部落の住人に深く信頼され、仏教をとおして彼らのために献身的に行動したという点で共通していた。礼如さんは下方から、顕明は上方から路地の人々に接した。

わたしは空想する。中上健次がもし四六歳で生涯を終えることなく、その後も悠々と生き永らえていたとすれば、顕明という人物にかならずや小説家として強い照明を当てていたはずである。そのとき彼がまず赴かなければならなかったのは、大逆事件をめぐる探究である以上に、この開明派の僧侶の内面に宿ることになった親鸞の教説ではなかっただろうか。わたしはさらに空想する。社会主義に共感を示していた顕明は幸徳秋水の書物には親しんでいたであろうが、はたして事件の七年前に逝去した仏教改革家、清沢満之の著作を手にしたことがあっただろうか。顕明が唱えていた差別撤廃運動の会合に、二二歳の靴職人であった田畑禮吉が顔を出したということは、はたしてありえただろうか。私見ではあるが、中上健次はそうした場面を小説において、漠然と構想していたと思う。

「バケツを持って米をもらいに廻った毛坊主の宗教心と、テラを仏願寺の分寺《わけでら》だという和深の人らの宗教心」と、かつて中上健次は書きつけた。換言すればそれは、「いま土から生みださされた宗教」と「体系化された宗教」の違いである。書かれるべきであった新宮の大逆事件をめぐる長編小説のなかで、それは若い日の礼如さんと高木顕明の対話を通して描かれるはずであったと、わたしは考えている。

中上健次の霊の安からんことを。

赦すということ

赦《ゆる》すということは、政治交渉であってはならない。ましてや、金銭や財産といった代償物を与えたり、基金を設立することで、決着のつく問題であってもならない。赦すとは、地上において解決すべき雑多な問題とは、はっきり別の次元にある決断だ。それは他のものによって代替されたり、表象されたりすることができない。

赦されることを望んでいる人がいる。赦しを与えてほしいのだ。赦されることで、そこから解放されたいのだ。だが望むだけで、どうして赦しを得ることができるだろう。赦されたいと願う人は、赦しという恩寵をみずから求めうるだけの資格を、はたして携えているのだろうか。この願望の傲慢さゆえに、彼はさらにいっそう赦されることから遠のいてしまう。

赦しはつねに思いがけないところから到来する。予想もしなかった方角から、思ってもみなかった者の手を通して。それは身内からでもなければ、負債を背負っている者からでもない。唯一、〈他者〉だけが真に赦すことができるのだ。

赦すことのできることと、赦すことのできないことがある。この行為にあってもっとも本質的なのは、けっして赦すことのできないことを赦すということなのだ。明らかにこれは言語の矛盾である。とはいえ、赦すという行為について考えるためには、この矛盾をしかと見つめ、どちらの方向にも大紅蓮の炎が舞い踊る、寄る辺なき境界線のうえに立ち続けなければならない。なぜなら地上には、けっして赦すことができないにもかかわらず、それでも赦さなければならない出来ごとが存在しているからだ。

親鸞は他の人に説教をする方便のために、『教行信証』を書いたのではなかった。彼はもっぱら自分の探究のために、おそろしく長い時間をかけてこの大部の書物を書き上げ、さらにいくたびも加筆を重ねた。

『教行信証』はなぜ執筆されたのか。それは序文に簡潔に記されている。

「世雄《せおう》の悲《ひ》、まさしく逆謗闡提《ぎやくほうせんだい》をめぐまんとおぼす。」(『教行信証』p.23)

読みくだいてみると、ブッダの慈愛は、五逆の罪と誹謗の罪を犯した者や、善根なく、救いのない者にすら恩恵を与えようと考えたという意味になる。「五逆」とはけっして赦されることのない、およそ人間がなしうるかぎり最悪の罪の行為である。それを犯した者をいかにして赦せばよいのかというのが、親鸞の前に立ち塞がった大きな問いであった。

そのかみインドにアジャセという王子がいた。彼は「未生怨」、つまり生まれ落ちる以前から憎しみを心に抱いてきた者という名前をもっていたが、誰もがそれを恐れて、アジャセと呼んでいたのである。アジャセは長じて父王を幽閉し、死に至らしめた。父王を助けようとした母の王妃にも迫害を加えた。この極悪人をどのように赦せばよいのか。もし仮にブッダの悲願によってすべての人間が救済されるはずであったなら、アジャセにおいてすら救済があってしかるべきである。

この大問題を解こうとして、親鸞は『大無量寿経』を紐解き、『観無量寿経』に該当箇所を探す。前者は、救済を願う者は、誰もがただちにその願いを達成することはできると記してはいるが、「ただし五逆の者は除く」と付け加えることを忘れない。後者には「下品下生」も救済されるとある。これだ！　しかしもっと確認がほしい。親鸞はさらなる経典を求め、ついに『大般涅槃経』に到達する。そこにはきわめて微妙な表現ではあるが、五逆のごとき極悪人でも救済の可能性がないわけではないという記載がなされている。親鸞はなおもそれを深く読み解き、はたしてアジャセがその例に該当するかどうかを突きとめていく。

このあたりの書きぶりは実にスリリングであり、卑近な表現になるかもしれないが、手に汗を握るところだといってもよい。針の穴をも通ってみせようとする親鸞の情熱と、論理の微妙にして繊細な立て方は、とうていここに安易な要約を許さない。とはいえ、探究の効あって、アジャセにも赦される可能性が生じる。まず深く悔悟することだ。それから自分を救済へと導いてくれる、優れた先生(「善知識」)を見つけ出すことだ。『教行信証』にはそう記されている。

けっして赦すことのできない者を、どのようにすれば赦すことができるのか。

わたしは一二世紀の鎌倉仏教に現われた天才思想家の話をしているのではない。そうではなく、現在社会にあってけっして赦すことのできないものが遍在しているという事態を前に、文字通り手を拱《こまね》き、立ち尽くしているのだ。それが何であるかは、ここでは書くまい。だが、いたずらに赦しを乞おうとして、些末な条件に拘泥することが、人を真の赦しからますます遠ざけてしまうことだけは、はっきりと書いておかなければならない。

赦されないでいる人は、赦しが恩寵のように降りてくるまで、とこしえに長い歳月を待ち続けなければならない。アジャセが高熱のはてに全身に疽を生じ、悶え苦しんだことを思い出してみようではないか。それは苦行である。だがさらなる苦行が、実は赦しを与える側に存在している。けっして赦すことのできない者に赦しを与えることは、本来は不可能事であり、困難きわまりないことではないか。赦される側はまず、この赦す側の困難を前に、畏敬の念を示さなければならないのである。

三木清　終末の近傍で

1　プロローグ

あれは大学院を出てしばらく経ったころであったが、三木清を主人公に戯曲を書こうとしたことがあった。大学の教員募集にことごとく落ちてしまい、ＴＶの洋画劇場で映画の前説をしたり、カトリック教会の日曜学校で英語を教えたりしながら、その日その日の生計を立てていたときのことである。

舞台は中野の豊多摩刑務所の一房である。九月になってもいっこうに去ろうとしない暑さのなかで、一人の痩せ衰えた男が汚れた毛布に包まり、低い寝台に横たわっている。鉄格子の窓の向こうからは、微かな風に乗って、誰かが英語らしきものを口にしている声が伝わってくる。

だが外界の気配は男の朦朧とした意識には届かない。彼は何かを思い出そうとして、力なく手を中空に挙げる。だがそれも空しく、すべてを放棄してしまう。

突然、房の扉が荒々しく開けられ、進駐軍の兵士が二人、ひどく卑屈な顔つきをした看守とともに入室してくる。彼らはある重要な人物がこの刑務所に収監されていると聞き付け、ひと部屋ごとに囚人の身元を確かめに来たのだ。二人の気楽そうな会話から、その人物が著名な哲学者であることがわかる。どうやら連合軍総司令部は彼をただちに発見し、文部大臣の椅子に就かせようとしているらしい。

アメリカ兵たちは獄中の男に英語で話しかける。だが男はもはや返答する気力もなく、ただ黙っているばかりだ。英語を解さない看守にはすべてのことが面倒くさい。彼は早々とアメリカ兵を追い立て、別の房へと連れていってしまう。部屋にはふたたび静寂が戻ってくる。

夕方になり、ようやく大気のなかに微かな冷気が漂ってくる。男はゆっくりと身を起こすと、椀のなかの水を呑む。彼はつい先ほど到来したアメリカ兵のことを考えてみる。彼らの到来は、日本の敗戦と戦争の終結を意味しているのだろうか。もしそうだったとすれば、どうして自分に救済の手が伸びてこないのだろう。いや彼らはこの獄を訪れもしなかった。アメリカ兵たちは高熱の果てに垣間見られた幻にほかならず、戦争はまだまだ継続中なのかもしれない。

　男は看守を呼ぼうと、力なく声をあげる。だが誰も到来しない。奇妙なことではあるが、この二週間ほど前から刑務所にはまったく人の気配がしなくなってしまった。男はひょっとして自分がただ一人、獄舎に置き去りにされてしまったのではないかと思い悩む。

　深夜、気懸りな夢から醒めた男は、暗闇のなかに誰かが立っていることに気が付く。口髭を蓄え、小柄だが恰幅のいい紳士だ。男が若き日にマールブルク大学で教えを受けたハイデッガー教授である。だが窓からの微かな光のなかで、教授はひどく憔悴している。髭は白く、額には深い縦皺が刻み込まれている。先生も入獄されているのだろうかと、男は一瞬迷う。第三帝国が崩壊し、ドイツ社会が大きく転覆したとき、ナチス党員であった先生はどのような目にあわれたのだろうか。男はそれを尋ねてみようとするが、うまく言葉が出てこない。もうだいぶ前のことになるが、ハイデッガーが意気揚々とナチスに入党したとき、男は師への訣別の辞を草したことがあるからだ。目の前の紳士は無言のままである。

　夢のなかで男は、ハイデッガー教授のアウグスティヌス講読のゼミに出席している。教授が語り出してしばらくしたころ、女子大生が一人、遅れて入室してくる。彼女は非礼を詫び、自分はハンナ・アーレントと名乗る新入生であると名乗る。彼女の到来によって狭いゼミ室には一瞬ではあるが華やぎが生じる。五月の薔薇がいちどきに咲いたかのようだ。
夢から醒めてみると、そこはいつもと変わりない薄暗い刑務所の壁だ。いつもと変わらぬ早朝の光。自分はもうどのくらいここに拘留されているのだろうと、男は考えてみる。二ヵ月だろうか、いや三ヵ月は過ぎたはずだ。取り調べがあるわけでもなければ、判決がいい渡されるわけでもない。自分はただ見捨てられ、放置されているだけだ。男は深い溜息をしてみる。世界はもうすぐ終わろうとしているのではないか。世界がまだ終わっていないと人々が信じているのは、究極のところ、世界がこれまで存続してきたという理由からだけだ。わたしは世界の終末を、みずからの衰弱と近づき寄る死によって体現しようとしている。

獄舎の暗黒と静寂のなかで、男はそう考えてみる。いや、ひょっとして、世界はつい今しがた、終わったばかりかもしれない。それを確かめる手立てはない。ここ数日、誰も扉を叩かず、誰も水や食物を運んでこようとしなくなった。見捨てられた房のなかで、彼は暑さと汗と全身に拡がる痒みに苦しむ。ふいに口を突いて、「未来永劫」という言葉が出て来る。自分が未来永劫にわたってこの未決定な場所に留め置かれたままだとしたら、これまで自分がなしてきた思惟の全体は、どのような意味をもつのだろう。

ここまで執筆したところで、戯曲は中断された。その先をどう書き続けていいのか、わからなくなってしまったからである。

三木清は一九四五年三月二八日に、警視庁によって検挙され、六月に巣鴨の東京拘置所へ、続いて中野の豊多摩刑務所へ送られている。日本が敗戦を迎える、わずか二ヵ月前のことである。九月二六日に獄死。死因は栄養失調と急性の腎臓炎、それに全身にわたって彼を苦しめた疥癬であった。

三木清ははたして日本の敗戦を知らされていたのだろうか。もしそれを知っていたとすれば、誰を通してその情報を得たのだろうか。自分を獄舎に監禁した国家権力が壊滅したというのに、いっこうに自分が解放されないでいるという不条理。それを前に、彼はどう思考を廻らせたのだろう。あるいは彼は刑務所側の策謀によって、敗戦を知らされないままに息を引き取ったのかもしれない。とすれば、だれがその責任を負うことになるのだろう。

三木清は敗戦後の日本に、何を期待していたのだろうか。それとも自分がひとたび信じてもみた、世界史的使命という観念が脆くも瓦解してしまったと知り、観念の無限の廃墟のなかで、何を新しく哲学として構築しようと考えていたのだろうか。彼がもし長く生き延びていたとしたら、戦後の日本社会に対し、どのような批判的言辞を口にしただろうか。

さまざまな疑問がわたしのなかを横切っていく。もちろんそれに答えてくれる歴史的な資料も証言も存在していない。戯曲を書き続けていくには、地図をもたない旅行者のように、自分の直感的な思索だけが頼りだ。だが問題のあまりの巨大さを知ったとき、わたしは戯曲を断念した。獄中で最期を迎える三木清を描き切るためには、『ウェルギリウスの死』を描いたヘルマン・ブロッホほどの想像力が必要とされるのだ。わたしはある私立大学の夜間部に英語教師として雇われ、いつしか映画評論家として多忙な日々を過ごすようになっていた。全一九冊を五千円で購入した『三木清全集』は、書棚の奥に仕舞い込まれ、そのままとなった。

2　三木清と親鸞

忘れかけていた三木清のことをもう一度考えようと思ったのは、彼の遺作が親鸞論であると知ったときである。

一九四二年のほぼ一年を日本軍占領下のマニラで過ごした三木は、翌四三年に入り、長らく中断していた『構想力の論理』の続編を書き始め、デカルトの『省察』の翻訳を完了させる。だが一九四四年に入っていと子夫人の死を迎える。三木はその八年前、一九三六年に最初の妻喜美子の死に出会っているため、これは二回目の不幸である。おそらく彼が親鸞論の執筆を開始したのは、その深い悲嘆のなかにあってのことだろう。だが不運は続く。ひとり娘の洋子を連れて埼玉県鷺宮に疎開したところで、警視庁に逮捕されてしまう。治安維持法違反の容疑者を仮保釈中に匿い、逃亡に協力したというのが、その嫌疑であった。おそらく親鸞論こそは、警察に踏み込まれる直前まで、彼が一心に執筆を続けていた原稿であった。

原稿はただちに押収された。もちろん未完結であり、そこにはさまざまなメモと断片、引用文の写しなどが含まれている。それが三木の死後、自由法曹団の手を通して回収され、遺族の手に渡されたことは不幸中の幸いであった。これを唐木順三が編集し、著者の本来の構想に従って、なんとか読める形に纏め上げた。おりしも筑摩書房が新雑誌『展望』を準備していたこともあり、親鸞論は創刊号に一部が掲載された。遺稿全体は現在では岩波書店版の全集に収録されているから、容易に手に取ることができる。もっとも雑多な断片を整理することには限界があり、われわれは古代生物の研究家のように、遺された断片から全体の構想を思い図るしかない。

わたしは三木清が最後に向かい合った思想家が親鸞であったことに、深い関心をもった。それは単に三木個人の問題であるばかりか、近代日本の思想家全体に関係する問題ではないかという感想を抱いたのである。

三木清は若き日にハイデッガーの下で学び、ヨーロッパ留学を終えるや、『パスカルに於ける人間の研究』(一九二六)を刊行して、日本の哲学界にデビューした。その後、マルクスからニーチェまで、歴史哲学から史的唯物論までを幅広く論じ、アリストテレスの形而上学をめぐって探究を続けた。岩波書店の編集に協力し、同社が文庫を創刊するにあたって、発刊の辞の草案を作成した。西洋哲学の最新動向を紹介することにも機敏であり、その『人生論ノート』はベストセラーとなった。今の表現でいうならば、西洋の現代思想に精通した知識人として、一九三〇年代の日本文化を先導してゆく人物の一人であった。

だが、同時代にあって西洋的教養の頂点にまで上り詰めた人物が、最後に手掛け、未完のままに遺した書物が親鸞についてであったという事実に、わたしはただちには納得のできない、不可解な気持ちを抱いた。はたしてそれは三木清における転向と呼ばれるべき事態なのだろうか。戦時下の日本にあって少なからぬ前衛美学者や芸術家が賛同した、日本回帰の現象なのだろうか。生涯にわたってドイツ哲学に親しみ、難解な思索を平然と続けてきた天才的人物が、どうして「南無阿弥陀仏」に帰依できるのだろう。

とはいうものの、日本の近代から現代にかけて活躍した知識人たちを見回してみると、三木清だけがけっして例外的な存在ではないことが、少しずつ判明してきたことも事実である。

まず戦前には夥しい数の日本主義者がいた。倉田百三は親鸞と出逢うことで「大乗的日本主義」を唱え、ファシズムを讃美した。暁烏敏は「日本は阿弥陀仏の浄土なり」と宣言し、弥陀の本願は「天皇の大御心」と同じであると説いた。戦前の日本共産党の活動家たちは、獄中で教誨師から『歎異抄』を薦められ、いとも簡単に転向した。戦後の知識人ではどうだっただろうか。

野間宏はマルクス主義に傾倒し、サルトルについて著作までものしているが、同時に親鸞の探求家として、『わが塔はそこに立つ』という自伝的長編小説を執筆した。吉本隆明は新約聖書に深く親しみ、マルクスから強い影響を受けた。彼はある時期から親鸞について連続して著作を発表し、その晩年のあり方に人間の知的探究の究極の像を求めた。さらに新しいところでは、アルチュセールからボードリヤールまで、フランスの現代思想の最先端の研究家であった今村仁司が、やはり親鸞論を遺著として遺した。

西洋哲学思想の世界に深く足を踏み入れた者にかぎって、生涯のある時期に『歎異抄』や『教行信証』に出会い、そこから強い霊感を与えられて、親鸞についての著作を世に問う。これはけっして戦時下における日本回帰や転向といった説明で了解のできる問題ではない。それはむしろ、西洋の文化思潮を取り入れることにあまりに性急かつ勤勉であった、日本近代に固有の問題ではないだろうか。ヨーロッパから到来する哲学思想に自我を任せたきりにしていた日本の知識人が、あるとき無意識の底に追いやってきた〈浄土真宗的なるもの〉の突然の噴出を前に、それを直視することを要求される。わたしはこの構図に興味を抱くとともに、ここに名を掲げた思想家とは規模こそ違え、自分なりに欧米の文化芸術に心惹かれてきた自分が、少しずつ親鸞の側へと接近しつつあるという事実にも、同じことが指摘できるのではないかと考えるにいたった。

三木清の著作を実際に読み始めてみて、わたしの考えは少し変わった。この哲学者にとって親鸞とは、生涯の最後に現われた思想家ではなく、むしろ彼の思惟が開始されたときに、最初にそのかたわらに控えていた思想家であったことに気が付いたのである。

三木清は一八九七年、播磨の農村に、いくぶん裕福な「米屋」の長男として生を享けた。両親はともに浄土真宗の篤実な信徒であり、親鸞の教えはまず文化的環境としてあった。物心ついた頃から念仏を聞いて育った少年が、高校時代に『歎異抄』を枕頭の書として選んだとしても不思議はない。彼はあまたの西洋哲学の書物を濫読する一方で、必ずといってよいほど、この小さな書物に回帰している。

「語られざる哲学」というエッセイがある。一九一九年、京都帝国大学哲学科に進学して二年目の夏、二三歳の三木は「懺悔」の気持ちを込めて、これを一気に執筆した。文中の言葉を引くならば、それは偏に「自己の心情の純粋を回復せんがために」(『三木清全集 第十八巻』p.3)、「善き魂を作ること、更には善き魂となること」(同p.6)を目的として執筆された、哲学的遍歴の記録である。冒頭に「懺悔」の一語があることからも判るように、そこには明らかにアウグスティヌスの『告白』に倣おうという意志が見受けられる。三木はそこで色情の誘惑と性的な堕落についても、臆することなく筆を進めている。

三木は、デカルトに心惹かれながらも、持ち前の活動心と反抗心から、懐疑派に距離を置くようになったと語り、自分を哲学へと導いたのは「永遠なるものの存在」「永遠へのノスタルジヤ」であったと述懐している。トルストイからゲーテ、ショーペンハウエル、西田幾多郎、スピノザ、カント……と、彼は夢中になった文学者と哲学者の名前を次々と列挙する。だがそのなかでもときおり、神秘家を思わせる叙述が散見していることに気付く。

> 如何に深い闇の中に落されて行つても少しの眩暈をも催すことなく瞬きせざる眼を以て自分自身を見詰めて恐れない強い心に於て正しき自己認識は可能となるのである。反省は知れりと云ふことを知らず、弁解することは固より説明すると云ふことを知らない、

絶対に無智にして貧しき心の智慧である。それは闇を恐れ若くは避ける論議し証明する学問の知識ではなくて、寧ろ闇そのものの真理である。

(同p.49〜50)

ここに表象されている「闇」は、啓蒙主義者が光の敵対物として立ち向かうべき相対的な無知などではない。闇の内側にこそ真理が宿っていると、三木は断言している。深い闇に落とされていったとしてもたじろがないという比喩は、どこから来ているのだろうか。私見ではそこには、『教行信証』の序の一節、「無礙《むげ》の光明《こうみよう》は無明《むみよう》の闇《あん》を破《は》する慧日《えにち》なり」という言葉が残響している。

親鸞の語彙は、三木がアウグスティヌスよろしく、色情の誘惑を告白する場面にも付き従っている。

虚栄心や利己心や性的本能が、或るときは私を呵々大笑させ、或るときは私を沈黙と憂鬱とに導きつつ私の生活を落付のない、流るるやうな自由と快活とを失つたものにしてゐたのは事実であるが、他方に於ては傲慢な心から発した弁解する心と神を試みる心との二つの心が私の生活を激越な、安静のないものとした。煩悩具足の私達は罪を作らずにはゐられないやうな状態にゐる。如何に熾烈な善を求める心でもこの世界では悪を全く避けることが出来ないやうな有様である。私達は本当に弱い葦のやうなものだ。

（同 p.57）

キリスト教の文脈のなかで虚栄と傲慢とが諌められている。だがこのとき興味深いことに、突然「煩悩具足」という仏教用語が飛び出してくる。ここで論はいくぶん転調し、自力による善の追求には限界があるという意味の言葉が続く。最後にパスカルの有名な警句が引用されるわけだが、それは自力では何も達成することができず、悪を避けるためには他力に頼らざるをえない人間の状況を示すために用いられている。三木は後に書いている。「『パスカルに於ける人間の研究』を書いた時分からいつも私の念頭を去らないのは、同じやうな方法で親鸞の宗教について書いてみることである。」（「我が青春」：『三木清全集 第一巻』p.364）留学以前の若き日に書きつけられた「語られざる哲学」を読むと、パスカルについて専門的な研究を行なう以前から、三木にとってパスカルと親鸞とが重ね合わせに認識されていることが、ささいな細部から判明する。

「語られざる哲学」では後半に向かうにつれ、魂の浄化とそれを損なう「障礙《しょうげ》」について、パセティックな記述が目立つようになる。

ある種の優れた魂の持ち主は、世俗の体験によって自己を低劣ならしめることなく、逆にその「障礙を利用して」自己を高めていくことに長けている。にもかかわらず、多くの者たちは、みずからの体験を誇らしげに語り、自分の内側にある悪や虚栄心、自負心を温存せんとして、他人に対し弁解を試みるに忙しい。三木は書く。

悪魔の誘惑に自らを強ひて試みようと云ふ心、従て神を試みようと云ふ傲慢な心が、彼等の言葉の背後ではたらいてはゐないか。私が思ふに彼等の言葉はただへりくだる心に於てなされた深き体験の発表としてのみ意味を有するものである。私が彼等と争はうと云ふのは言葉そのものではなく、その後にはたらいてゐる心情そのものに関してである。酒に狂ひ女に溺れることそのことを悉く排斥しようと云ふのではない。ただそれらが好奇心や敵愾心や傲慢な心に於て経験される限り全く無意味であり、従て非難さるべきことであると云ふのである。「弥陀の本願不思議におはしませばとて悪をおそれざるはまた本願ぼこりとて往生かなふべからず。」

(『三木清全集第十八巻』p.72)

個人的な備忘録のようなものだといい切ってしまえばそれまでであるが、悪魔の誘惑をめぐってアウグスティヌスに近い文脈で論が展開されようとしているとき、突然に『歎異抄』の一節が出現する。阿弥陀仏の本願は不思議なものである。だからといって悪を犯すことにいっこうに怖れを抱かないというのは、本願の威を借りて威張っているだけのことにすぎず、そんなことでは浄土に生まれ変わることはできそうにない。有名な「本願ぼこり」のくだりである。

三木はこの後にも、『歎異抄』の続く部分、千人を殺害することの仏縁の不在をめぐる対話を長々と引用している。ここでもいかなる断り書きはない。それは彼にとって『歎異抄』が、倫理的思索にあたっていかに深く血肉化していたかを物語っている。先にわたしが、この稀代の哲学者が欧米の哲学を渉猟しきった後にようやく浄土真宗に到達したと思いこんだのは、軽薄な認識であった。彼はまず『歎異抄』の教えを公準として、キリスト教のパウロからパスカルにいたる西洋思潮へと向かったのであった。

自分はいつかは親鸞の教えに回帰することだろう、いや回帰しなければならないだろうという気持ちは、西洋哲学の華やかな紹介者にして研究家であった三木の心中に、つねに去来するものであった。とりわけ『構想力の論理』第一巻を岩波書店から一九三九年に上梓した直後には、その続編にひと通り目途を付けたならば、機会をみて親鸞論に執筆に向かおうと計画していた感がある。「我が青春」(一九四二)と題されたエッセイには、次のような部分がある。

京都へ行つたのは、西田幾多郎先生に就て学ぶためであつた。高等学校時代に最も深い影響を受けたのは、先生の『善の研究』であり、この書物がまだ何をやらうかと迷つてゐた私に哲学をやることを決心させたのである。もう一つは『歎異鈔』であつて、今も私の枕頭の書となつてゐる。最近の禅の流行にも拘らず、私にはやはりこの平民的な浄土真宗がありがたい。恐らく私はその信仰によつて死んでゆくのではないかと思ふ。

(『三木清全集第一巻』p.364)

「恐らく私はその信仰によつて死んでゆくのではないかと思ふ」という末尾の一節が暗示するところは大きい。とりわけ著者がこの文章を記した三年後に非業の死を遂げることをすでに知っているわれわれからすれば、三木が来たるべき受難を予期していたかのような印象さえ受ける。親鸞論が起草されたのは、この漠然とした感想が記され、おそらくは二年ほど後のことであったと推測される。

三木清の親鸞論は、それ以前に近代日本の思想家たちが世に問うた、あらゆる親鸞論とも大きく異なっている。彼は清沢満之のように儒教的なエトスに基づいて、天命思想と他力思想とを結合させたわけではなかった。暁烏敏のように、『歎異抄』に引き付けてみずからの信仰告白を饒舌に語り、わが身の赦しを待ち受けるというわけでもなかった。また鈴木大拙のように、「日本的霊性」がもっとも優れて認識された形として、禅のかたわらに浄土思想を置いたというわけでもなかった。三木の親鸞論はそのいずれとも無縁である。未完に終わったこの書物を特徴づけているのは、何よりもその孤独さ、作者というよりも書物自体の本質に横たわっている孤独さである。

世界が終末を迎えようとしている現在、いやすでに終末のさなかにある現在にあって、知識人には何が要請されているのだろうか。知識人を思考へと駆り立てる情熱は、いったい何によって根拠づけられ、正当化されるのだろうか。三木清が親鸞論のなかで向かい合おうとしたのは、端的にいってこうした問いである。それは戦時下にあって「日本の世界史的意義」なる流行語が頻繁に唱えられる以前の、清沢満之や暁烏敏にとっては、想像もつかない問題文脈であった。

ここで直接に三木の親鸞論に踏み込む前に、一九四〇年台前半に日本に生きた知識人として、彼が置かれていた場所について検討しておいた方がいいかもしれない。というのも哲学とは彼の言葉に従うならば、何よりも場所において思考されるべき何ものかであったためである。

3　戦時下の位置

三木清は戦前の日本にあって最先端の哲学者であった。彼は西洋の古典哲学を講じ、最新の現代思想を紹介するとともに、構想力をめぐってみずから独自の体系的著作をものした。彼はまた同時代にむかって警世の言を吐く知識人としても、ジャーナリストとしても秀逸であり、その著書は現代人の教養書としていくたびかベストセラーになった。ドイツ留学を終え、帰国するや、三〇歳で法政大学教授に着任。現在の若手研究者の就職難を考えると、いくら才能に満ちていたとはいえ、幸運の階段を駆け上ったという感じがする。

ちなみにわたしの師である由良君美の父親、由良哲次は一八九七年生まれで、本来ならば大学において三木と同学年であるはずであった。由良は家の没落ゆえにいろいろと回り道を重ね、師範学校を終え、京都大学哲学科の門を潜ったときにはすでに二七歳になっていた。このとき三木は京大を卒業し、ドイツへ旅立っていた。由良が三一歳でようやくドイツ洋行の途に就いたとき、新帰朝者の三木は法政大学の哲学科主任教授に着任、若くして脚光を浴びていた。彼は岩波文庫の刊行の辞を社長に代わって執筆するほど、知識人として大きな影響をもつにいたっていた。

由良が同世代の三木に対し抱いていた焦燥感と競争心は、彼をしてナチス台頭を歴史的必然と見なす歴史哲学へ向かわせた。一方、三木はハイデッガーのナチス入党をもって、彼との訣別を宣言し、日本におけるファシズムは可能なのかという問いかけを行なって、右派民族主義者の怒りを買った。三木は一九三二年に、由良は一九三七年に、それぞれ『歴史哲学』『歴史哲学研究』と題する著作を世に問うている。詳しくは由良についてはわたしが以前に刊行した『先生とわたし』(新潮社、二〇〇七)を参照していただきたいが、この二人の哲学者の大著を時代の思潮のなかで読み比べてみるという作業は、これからなされなければならないだろう。

だが三木の生涯において忘れてはならないことは、一九三〇年、三三歳の時点で、法政大学教授を解任されていることである。日本共産党に資金カンパをしたという嫌疑から、彼は半年にわたり豊多摩刑務所に拘留された。それ以後、彼は大学やそれに類する研究機関に正式に雇用されることなく、文化学院から多摩美術学校まで、当時は大学と認可されず、専門学校の域に留まっていた教育機関を転々とし、いくつかの出版社の編集顧問をしながら、生活の糧を得ることになる。ジャーナリズムの世界における三木の、ときに軽薄とも見えかねないまでに華々しい活躍だけを見ているかぎり、こうした生活の実情はわからない。三木は優秀な哲学者であったが、同時代に帝国大学で教授職にあり、学問的権威を振りかざして世俗を疎んじるといった高邁な講壇哲学者とはまったく違う場所に立っていた。彼は時代に向かって、彼らとはまったく違う視座から危機感を抱いていたのである。

「日支事変」(一九三七年に始まる、日本の本格化した中国侵略)以降、日本が「太平洋戦争」(一九四一~四五)に突入するまでに三木清がとった言動に関しては、毀誉褒貶相半ばするものがある。三木の親鸞論の根底にある末法観を理解するためにも、この間の事情について簡単に触れておきたい。

一九三七年一一月、三木は「日本の現実」なる論文を『中央公論』に発表した。「支那事変」の文化史的意義を問うというのが、この論文の主眼であった。日本にはリベラリズム(アメリカ)とファシズム(ドイツ)を止揚して、コミュニズム(ソ連)に対抗するという、世界史的な使命が期待されている。だがそれは表層の問題にすぎず、真に重要な課題とは、「資本主義の足止」と

「東亜の統一」なのである。「支那事変」が開始された直後の興奮が伝わってくるような文章である。

この論文に着目したのが「昭和研究会」の面々であった。昭和研究会は一九三三年に蝋山政道と後藤隆之助が始めた研究会で、三六年に正式団体として認可されるや、近衛文麿のブレーンが一堂に会するという性格をもっていた。三七年六月に第一次近衛内閣が組閣されたとき主唱された「東亜新秩序」という言葉は、この研究会のなかで練り上げられたものである。昭和研究会は三木に、毎月一度、日本の世界史的役割について講義を依頼し、彼はそれを引き受けた。

三木は実はその前年である三六年に「日本的性格とファッシズム」という論文を発表し、そのなかで次のように冷静な論を展開していた。世界共通の現象であるファシズムと日本に固有の現象とはひとまず切り離して考えるべきであり、外来思想に立脚して日本的なるものを強引に解釈してはならない。にもかかわらず、日本に絶対的に固有なものなどなく、すべては世界の状況との相関性のなかにあるのではないか。これが三木の論旨であった。ところがこの論文が狂信的な右翼民族主義者たちの怒りを買ったらしく、彼は「精神的亡国意志」の徒であると非難されていた。そのため彼は、自分が展開しようとしている文化理念に賛同してくれる理想的な聴衆を、強く必要としていたのである。

三木は昭和研究会に入会し、ほどなくして文化委員長に任命された。研究会はその時点で、政治部門、経済部門、世界部門といったさまざまな部門に分かれていたが、そのひとつである文化部門を任されることになった。

一九三八年から三九年にかけて、三木は実に多くの座談会に出席し、さまざまな会合の場で講演を重ねている。一種の高揚状態にあったともいえる。「日本青年外交協会」の顧問となり、そこから分離した「新友社」にもただちに参加している。「現代日本に於ける世界史の意義」(『改造』一九三八年六月)では、いわゆる日本主義者の説く日本の固有性なるものは、はたして世界的普遍性を体現しているのかと、鋭く問いかけている。アジア諸国に日本の神社遥拝を強要することの過ちを説き、「東洋の統一」はけっして日本の制覇で終わってしまってはならないと立論している。理念のうえでは「支那事変」に一定の意義を認めながらも、現実に日本が中国において行なっている文化的傲慢に関しては、なんとかこれを抑制できないものかという苦しい立場が、そこには見て取ることができる。

もっとも三木のこうした言動に対しては、風当たりも強くなった。日本青年外交協会の機関誌『世界週刊』は、分派した新友社のメンバー、三木の説く「三木イズム」に対し、仮借ない罵倒を浴びせかけた。だが三木の筆はいっこうに鈍ることがなく、「世界の危機と日本の立場」(『日本評論』一九三九年一〇月)では、戦争の勝敗よりも、そこに貫徹している〈歴史の理性〉を問うことが大切である。日本が目下唱えている東亜共同体構想は、アジア連邦としてどこまで実現が可能なのかと、果敢にも問いかけている。

一九四〇年、三木は初めて中国と満洲国を訪問し、南京と上海で現地の知識人たちと座談会に加わっている。岸田國士が大政翼賛会の文化部長の座に就くと、彼に積極的な助言を与えている。近衛内閣は二次、三次と続き、三木はさまざまな座談会で自説を繰り返し主張している。三木に凋落が訪れたのは、一九四一年一〇月に第三次近衛内閣が解散してまもなくのことであった。近衛に代わって登場した東条英機のもとに、日本はついに真珠湾を攻撃し、英米との戦争状態に突入してしまった。三木はただちに「戦時認識の基調」なる一文を草し、『中央公論』(一九四二年一月)に発表する。

この事態は「いわば約束されていたことであった」と、三木はまず宣言する。もとより支那事変は帝国主義的な戦争ではなく、東亜新秩序建設のための道義的な戦争であった。それが大東亜戦争へと発展したとき、築きあげられるべきは世界新秩序である。日本人は「世界史の中にあつて、世界史を作る立場」で考えることをしなければならない。「世界が世界的になつてゐるといふ事実」に注目しなければならない。もはや従来の「時局認識」ではなく、「戦時認識」こそが必要なのであり、それはただちに国民総力戦としての「戦時実践」でなければならない。自由主義に基づく英米の帝国主義的秩序は、もはや過去のものとなろうとしている。その行きつく先はアナーキーなニヒリズムである。それに対し、統制経済からなる全体主義は、新しい秩序を差し出すものである。「この秩序の構想と実現には我々自身の新しい世界観、科学、技術、その他の文化が要求されてゐる。」(『三木清全集第十五巻』p.475)

三木にとって日本の中国侵略は、けっして全面的に支持できるものではなかったことが、この宣言からは読み取れる。彼はどこまでも戦争遂行の背後にあるべき理性に訴えて、日本のアジア諸地域の支配に一定の抑制を施すべきであると考えていた。だが日本が英米、すなわち西洋と対決し、民族の興亡を賭けて戦争を開始したとき、彼の心中にあった一切の留保は霧散してしまったかのように思われる。「世界が世界的になつてゐる」という表現の背後には、いうなれば躁的な興奮が窺われる。彼は自分が世界史の頂点に立っているという強い自覚に到達したのである。

とはいうものの、この調子の高い論文が図らずも命とりとなった。三木の説く戦時認識のあり方は軍部の逆鱗に触れた。『中央公論』編集部には非難の電話が殺到し、それ以後、三木は『中央公論』はもちろんのこと、『改造』以下の総合雑誌に論説的な文章を発表することが不可能となった。彼は不本意ではあったが、しばらくほとぼりを冷ますため、陸軍宣伝班員としてマニラに一年ほど滞在する道を選んだ。近衛内閣のブレーンとしての栄光の日々はたちまち過ぎ去り、灼熱の南国で現地人の言語状況を調査するだけの、無為な生活が続く。躁的な興奮はただちに封印され、陰鬱で屈辱的な日々が過ぎていった。

この時期の三木については、同じく南方に派遣された石坂洋次郎と今日出海による回想的記述が遺されている。石坂は何かといえば「臣道実践」を口にし、悪権力に対し卑屈に尻尾を振っている哲学者として、三木を描いている（石坂洋次郎「ひもじい光景」）。これはどちらかといえば、遠目の観察である。より間近な位置からこの流謫の哲学者の言動の証人となっているのが、陸軍報道班員として映画班に配属されていた今日出海である。「三木清における人間の研究」（一九五〇）に描かれている三木清について、簡単に紹介しておこう。

今は最初、三木のマニラ到来を知って、傷ましさと憤りを感じる。「評論の筆をとっては当代一流の名を謳《うた》われ、こんな戦地へ来るような人ではなかった。来ても、彼の頭脳を必要とするような用務もなければ、またそれを利用できる人もない。何ゆえ書斎人を書斎に置いて読書や思索をさせておかぬのか。それを一片の徴用令書で兵隊の服を着せ、陣刀をさげさせて、戦地

へ送りこむ無謀《むぼう》というか愚挙に憤《いきどお》りを覚えたのである。」(『日本文学全集59今東光今日出海』p.367)
三木は到着直後に交通事故に遭う。見舞に行った今は、修道院の一室で休んでいる三木を発見する。三木は恐ろしい剣幕で軍の無道を罵り、戦争は敗北に決まったと大声で叫んでいる。彼は明らかに自分が「懲役に行ったほどの不平と侮辱」を感じている。だが今が数日後にもう一度会うと、三木はあのときは負傷直後で興奮していたといい、前言を撤回する。だが彼がひとたび拗らせてしまった軍部との関係は、なかなか修復できるものではないと、今は直感する。
三木はつねに机上の洋書を積み上げ、読破していく。だが一方で「いつも異常に神経をたかぶらせ、金切り声を張りあげて、人の悪態を吐《つ》く」(同p.379)、とりわけ報道部長とその取り巻きを憎み、口を極めてその悪口をいう。自分の収入を自慢し、明晰な頭脳と教養を振り回して、同僚をせせら笑うことをやめない。当然のことだが彼は評判を悪くし、周囲から孤立してしまう。今はそうした彼を、「孤独と猜疑《さいぎ》と嫉妬《しっと》に狂わんばかりであったろう」と眺めている。「彼の広いおでこの額、金壺眼、唾をためた部厚い唇、ことごとくが異常な苦行僧の表情である。羅漢《らかん》さまにはなりえても、柔和な菩薩《ぼさつ》の表情は持ちえまい。彼の苦しみは自意識によって倍化され、彼の術策は加速度をもって次々に新手が考案される。救われぬ孤独人。」(同p.383)
あるとき誰かが報道班の生フィルムを横流ししたという噂が生じる。今は報道部長にそのことを密告したのが、ほかならぬ三木であったことを知る。ほどなくしてその宿敵だった報道部長が、左遷のような形で転任することになる。三木は送別会の席上で突然に発言を求め、いけしゃあしゃあと報道部長の人格の高潔さを顕彰し、業績を賞賛してみせる。報道部長が感涙に耽るさまを、今は啞然として眺めている。

三木本人が故人となった戦後に執筆された文章であるため、今がここで描いている三木が実像であったという保証はない。小説家としての脚色は多分にあったかもしれない。だが、それを引いてみても、軍部から睨まれ言動を監視されていたと思しき三木が、生き延びるため、つとめて彼らとの衝突を避けようと、ときには屈辱的な振舞いを求められる立場にあったことは充分に推察できる。彼は文字通り、マニラを流謫の地として生きた。孤独と焦燥と猜疑心に苛まれながら、かの占領地で一年を過ごしたのであった。

とはいえ、この一年が無為の一年であったかについては、平子友長に「三木清と日本のフィリピン占領」(清眞人他著『遺産としての三木清』所収)という、興味深い研究がある。平子はそのなかで、石坂と今がなぜにかくも深き憎悪をすでに故人である三木に向けたのかという問いを立て、その一因として、三木が他の徴用作家とは段違いの厚遇を受けていたと記している。平子はそれを、宥和主義的傾向をもった現地の軍司令部と軍政監部が三木に、フィリピン統治政策に関する調査を機密事項として依頼していたからではないかと推測している。もっとも三木のフィリピン体験が新しい哲学へと結実することは、結局のところかなわなかったのではあるが。

以下はわたしの推理であるが、三木は自分の突然の流謫に、七〇〇年前の親鸞が受けた法難を重ね合わせていたのではないだろうか。もちろんそれを語る書簡も文章も遺されていないため、わたしの推理はどこまでも実証不可能な域をでない。だが一年弱にわたるマニラ滞在から帰国したところで、時事的な文章のいっさいを執筆する機会が奪われたとき、彼がもう一度、長らく視野から遠ざけていた真宗的な人間認識に向かい直ろうと決意したと考えてみると、いかにもありそうなことのように思われてくる。知識人として時局を先導するあらゆる手立てを奪われてしまったという状態は、僧籍を剥奪され、帰属なき者として遠方に放擲された元エリート僧のそれに比較できるのではないだろうか。マニラ滞在を終えて帰国した一九四三年、彼はとりあえず中断していた二つの仕事、すなわち『構想力の論理』の続編とデカルトの『省察』の翻訳に向かう。だがこうした西洋哲学の作業に一段落を付けると、そのまままっしぐらに親鸞へ、彼を育み育ててきた根源的な思考へと回帰していったのである。

4　懺悔と機

三木清の『親鸞』に到達するまでに、ずいぶんと長い道のりを歩いてきた。とはいえ彼の抱いている親鸞像の独自性を理解するためにはそれが必要であったと、わたしは考えている。というのも、他でもない、三木が親鸞に読み取った問題とは、世界の終焉が必定であり、すでに人間の認識が終末の頽廃によって衰弱の相を示しているとき、知識人には何ができるのかという、きわめて実存主義的な問題であるためである。

親鸞が生きた鎌倉時代とは、終末論的な恐怖に満ちた時代であった。マニラからひとたび東京に戻ったものの、徐々に敗色の気配の濃くならんとする地にあって、実の妹ばかりか、再婚相手の妻とも死別することになった三木が、自分の眼前の世界が急速に没落していくという脅迫的な予感に捉われたとしても、けっして不思議ではない。事実上、執筆も発言もままならぬわが身の状況とは、そのまま念仏を禁止され、流罪の刑に処せられた親鸞のそれでもあった。

遺稿となった『親鸞』は、本来が題名のない原稿用紙の束である。第一章から第五章までの部分的テクスト、それに若干の断片メモが遺されているにすぎない。断片の一枚に記された構想メモから判断すると、全体は八章構成となることが予定されていた。著者が逮捕連行されてしまったため、現在読むことができるものはその四分の一にも満たない。以下では便宜的に、最初にこの遺稿を整理し編集した唐木順三に倣って、『親鸞』と呼ぶことにしておこう。この書物を読むことは、古代生物学や考古学の演習に参加することに似ている。われわれは土中に埋められていた小さな骨片をもとに、巨大な恐龍の全体像を想像裡に思い描くように、テクストを読み進めていかなければならない。

遺された原稿のなかで三木が中心的に取り上げ論じているのは、〈機〉と〈末法〉と〈無戒〉の問題である。この三者は互いに深く関連しあっているが、とりあえず個々に検討してみることにしよう。

「親鸞はつねに生の現実の上に立ち、体験を重んじた。」(『三木清全集 第十八巻』p.423)

『親鸞』を読みだしてみてまず心に留まるのは、第一章冒頭あたりに掲げられたこの言葉である。あの恐るべき引用の集積からなる『教行信証』に対しても三木は、「経典や論釈からの引用の一々に至るまで、悉く自己の体験によつて裏打ちされてゐる」(同p.423)と記し、そこに親鸞の人格的な体験の反映を見ている。

続いて論じられているのは、悔恨と懺悔とを峻別する作業である。これは若くしてアウグスティヌスを知った三木にとっては、いささかも不思議なことではない。だがもうひとつ、われわれが気に留めなければならないのは、「日支事変」以降、近衛文麿のブレーンとして時局をめぐる発言に終始してきた三木の、その後の有為転変である。先にも書いたが、彼は「大東亜戦争」が勃発するやただちに言論界から追放され、マニラに流謫の身を託《かこ》うこととなった。『親鸞』を読むにあたっては、こうした事情を忘れてはならない。この急激なる凋落を契機にもう一度自身の内面を点検し、騒々しい外界を避け、自己に沈静するところから、三木の執筆は開始された。

「親鸞の文章には到る処懺悔がある」と、三木はまず書きつける（同p.425）。だが、その後にただちに付け加える。「同時にそこには到る処讃歎がある。」

讃歎と懺悔はつねに通じ合っている。なぜならば両者はともに人間の「内面性のしるし」であるからだ。

懺悔は後悔とは異なっている。後悔とはどこまでも自分本位の立場からなされる反省であって、たとえいかに道徳的なものであったとしても、「我れの力に対する信頼」が前提とされている。後悔とは、いうなれば自力の行為である。それに対して懺悔は単なる反省から生まれるものではない。懺悔は「我れを去るところに成立する。」（同p. 425〜26）懺悔とはみずからを捨て、超越的なる者に身を委ねたとき、はじめて可能となる何ものかである。懺悔のさなかにあっ

て、「自己は語る者ではなくて寧ろ聞く者である。」(同p426)

後悔は簡単であるが、懺悔は人が考えるほどに容易ではない。なぜならば人はつい語ってしまう、語りすぎてしまうからだ。とはいうものの、自己について語ろうとする行為は、それ自体がすでに「煩悩」にほかならない。いかに懺悔が真実の内面の流露であったとしても、少しでも油断をするならばそこに自己誇示の欲望が忍び寄ってくる。親鸞が生涯を通して求めたのは、この容易に煩悩に侵されることの多き自己が、いかにしてみずからの真実を語りうるかという問題であった。それが親鸞における「信仰」であったと、三木は説いている。

親鸞がまだ親鸞となる以前に和歌から訣別し、晩年にいたるまで和讃しか作ろうとしなかったことの意味が、こうして明らかとなる。和歌とは美的な思索を通して、みずからの煩悩を語ることであった。それに対し、和讃はいっさいの個別性をもたない。和讃はほとんど匿名的な形をとることで、純粋なる讃歌として結実する。阿弥陀仏に対する帰依だけがトートロジカルに反復されるとき、それを唱える者はもはや個別性を離れ、非人称的な言語宇宙に参入する。和讃を口にする者は朗誦の最中にあって語る者であることをやめ、いつしかそれを聞く者の側へと移っている。みずからの発する声を聞いているうちに、そのみずからが溶融し、解消されてゆく過程を体験することになる。

けっして無常を語らないという点において、親鸞は西行とは相反している。いや、西行ばかりではない。世界に存在するものの生成と消滅に感傷的な眼差しを注ぐ、古代中世のあらゆる文学者や思想家とも対立している。日本文化の感傷性に対する、反措定としての親鸞。

「無常は美的な観照に融け込む」と、三木は批判的に書きつける(同p.428〜29)。兼好の『徒然草』でも、長明の『方丈記』でもよい、無常を語る者はしばしば唯美主義と結託し、出世間的な非現実主義に陥ってきた。親鸞はこうした傾向に抗い、美的な瞑想に耽溺することからも、隠遁者の群れに身を投じることからも、意識的に距離をとった。彼はどこまでも宗教的たらんとし、俗世間のただなかに留まることを選んだ。「無常はさしあたり仏教の説ではなくて世界の現実である」と、三木は書く(同p.428)。無常観は「前仏教的な体験から仏教的な思想にまで高められ」なければならない(同p.428)。親鸞は無常観を認めてはいても、そこに留まることができなかったというのが、三木の解釈である。たとえいかに汚穢に満ちていようとも、無常に心惹かれて人間《じんかん》を見捨ててはならない。特権的な美に陶酔することを避け、巷に凡夫として踏みとどまっていなければならない。

だが無常観を完璧に拒否することは可能なのか。人間がこうした感傷の根元にある煩悩から、真に解放されることなどありうるのか。われわれはすでに充分、無常観に侵されてきた存在ではないのかという疑問が、ここで生じる。無常が現世を厭い、俗世間から逃避することを意味しているのであれば、現世に留まることは煩悩に惑わされながら生きることであり、罪悪にほかならないのではないか。

「親鸞においては無常観は罪悪感に変つてゐる。」(同p.429)人はいくら断ち切ろうとしても、けっして煩悩を断ち切ることのできない存在であるがゆえに、「凡夫」と呼ばれるべきなのである。三木は親鸞がみずからを「愚禿」と呼び、「非僧非俗破戒の親鸞」と称したことに拘泥する(同p.430)。わたしはもはや僧侶でもなければ、俗人でもない。親鸞はそう口にした直後に付け加える。わたしはただ戒律を破っただけの者である。「禿」とは本来が破戒の意味だ。みずからを愚昧にして破戒者だと見なすことから、親鸞の真の信仰は開始された。

『愚禿鈔』は説いている。賢者の信仰に触れたとき、愚かな破戒者であるわたしの心の真実が顕わになる。賢者は心の裡では悟っていても、一見したところ、愚かなように見える。愚かな破戒者は、外面だけは悟っているように見えて、その実、心の内側は愚かなままである(「賢者の信は、内は賢にして外は愚なり。/愚禿が心は、内は愚にして外は賢なり」)(同p.430)。

これは仮借なき自己の批判であり追及である。すべては、煩悩を前にしたときの人間の無力をまず深く自覚することから始めなければならない。だが、ここでも疑問は続く。人間ははたしてどこまでみずからを自覚することができるのか。自覚する自分は自覚される自分との分裂を生きなければならず、そのため自覚はけっして全体性に到達することができない。知的に自覚された自分と、自覚されないまま、無意識の深みのなかに留まっている自分とを比較してみたとき、自分の全体性を体現しているのは、ひょっとして後者ではないだろうか。とすれば真の自覚はいかにしてなされるのか。三木清はこの自覚の構造を「機」という一語で表している。

機とは簡単にいうならば、人間実存をめぐる認識である。親鸞にあっては、機を自覚するとは罪悪の自覚にほかならない。三木はそれを、天台大師の『法華玄義』に倣って、三通りの意味に解釈している。

機の最初の意味は「微」である。弓が射る者を待っているように、まだ実現こそなされていないが、潜在的な可能性として存在している微かな徴候のことだ。衆生に可能性の機がなければ、仏がいくら到来したところで何も起きないだろう。衆生の内側にまさに生まれいでようとする善があるからこそ、仏に反応して善が生じるのである。

機の第二の意味は「関」である。機は単独では働かない。かならず他のものと連動して作動する。関とは関係の「関」であり、ものごとが関わりあったとき、はじめて運動が始まることを示している。買い手がいて売り手がいるように、衆生と仏の双方がいるからこそ仏の慈愛は実践される。慈愛を受けようとする衆生と、それを与えようとする仏が出会うことが必要なのである。

機の三番目の、最後の意味は「宜」である。これは関係するものの間に、それにふさわしい、ぴったりとした相応の関係があるという意味のことだ。両者が食い違っていればいい結果はでない。衆生の苦しみには、ちゃんと仏の抜苦の悲（愛情）が対応している。衆生に楽がないと、仏が楽を与えようとする。ここにもみごとな対応がある。

機はこうして、仏が教法化益を施すときによき働きをするものである。「かくして機と教、機と法とは相対する、両者の関係は動的歴史的」（同p.433）と、三木は記している。教法化益も、それがもし機に背いていたならば、いささかも益するところがないであろう。すべての衆生の過去と現在の因果が異なっているように、機にもさまざまな区分があり、そのあり方はまさに千差万別である。

ここで三木は唐突に「機の歴史性」（同p.434）という表現を持ち出してみせる。「時機相応」という言葉があるように、機とは時期であり、歴史的に推移するべき何ものかなのだ。『大無量寿経』に記されているように、浄土宗こそは「時機純熟の真教」であるというのは、それが「末代に生れた機根の衰へた衆生にとつてまことにふさはしい教である」からである。「聖道自力の教は機に合はずして教果を収めることができぬ。浄土他力の一法のみ時節と機根に適している。」（同p.434）

『親鸞』第一章では、『教行信証』に倣って、この宣言の後、それを傍証するかのように、『安楽集』や『歎異抄』の引用が次々となされている。有名な「悪人正機」の説が引かれていることはいうまでもない。

だが、機の歴史性とは何だろうか。それを理解するためには、親鸞が末法思想をどのように受け止めていたのかを考えてみなければならない。

5　末法とは何か

仏教は伝統的に歴史を三つの時期に区分してきた。「正法」、「像法」、「末法」である。

三時期の厳密な分割については諸説が存在している。ある経典によれば、正法が五〇〇年、像法が一〇〇〇年続くといい、別の経典ではその順序が逆となって、正法が一〇〇〇年、像法が五〇〇年であると説いている。だが、いずれにしても確かなことは、末法が一万年にわたって続くことと、現世が末法の時期にあるという考えである。これは仏教史において「末法思想」と呼ばれている。

親鸞は『教行信証』の最終巻「化身土巻」において、二度にわたり末法について論じている。というよりも、一度触れて早急に結論を断言したものの、とうていそれだけでは納得がいかない。さらにこの問題には粘り強く取り組まねばならぬと思い直して、再挑戦を試みてみたという印象がある。ひとたびは『安楽集』を引きながら、「当今《とうこん》は末法《まっぽう》、これ五濁《ごじょく》悪世《あくせ》なり。たゞ浄《じょう》土《ど》の一門《いちもん》のみありて通入《つうにゅう》すべきみちなり」（『教行信証』p.344）と宣言し、何億もの衆生が道を修めようとしたが一人としてそれに成功した者はいなかったと、激しい言葉を連ねてみせる。だが、どうもそれだけでは意を尽くした気持ちになれない。そこで、かねてから問題となっている第十八願の解釈に（岩波文庫版で二〇頁ほどを費やして）結論を出した後、もう一度仕切り直しをしたうえで、末法の問題へと回帰するのである。まるで螺旋階段を登っているような語り口であるが、『教行信証』を読むことの面白さは、思考が数学の定理証明のように直線的に進行せず、わざわざ効率の悪い、曲がりくねった道を歩みながら、大きな解決へと向かって動いているところにある。そこに親鸞の〈身体〉が現前している。

『教行信証』の著者はこの二度目の探究の場にあって、歴史の推移をめぐり、二通りの物語を掲げている。『大集《だいじゅう》の月蔵経《がつぞうきょう》』によるならば、仏陀が入寂して最初の五〇〇年の間、弟子たちは真面目に「智慧」を学んでいる（同p.373）。次の五〇〇年では、それでも堅実に禅定を学んでいる。さらに次の五〇〇年では数多くの教えを聞き、書物を読んで学んでいる。だがここまではいいとして、次の五〇〇年ではいたずらに塔や寺が建てられるばかりで、懺悔の時期となっている。最後の五〇〇年では正しい法は姿をもはや見せず、訴訟ごとばかりが横行する。現在は四番目の時期にあたっており、それは懺悔をし、仏の名号を唱えるべき時期なのである。

親鸞が依拠するもうひとつのテクスト『大術経《だいじゅっきょう》』は、仏陀入寂後の一五〇〇年について、さらに精緻な説明を行なっている（同p.376〜77）。最初の五〇〇年、賢人と僧たちは正法を護持している。だがそれはほどなくして消え去り、六〇〇年目、七〇〇年目にはさまざまな外道邪見が生じてくるため、馬鳴《めみょう》や龍樹《りゅうじゅ》といった高僧はそれと戦わなければならない。八〇〇年目には僧たちは道を踏み外してしまい、九〇〇年目には奴婢と区別がつかなくなる。一〇〇〇年目からが末法である。僧たちは不浄観に怒りを示す。一一〇〇年目には僧も尼僧も結婚を始め、教団の戒律は破壊される。一二〇〇年目には子供を設けるまでになる。一三〇〇年目には袈裟が変色して白くなり、一四〇〇年目には仏の弟子と猟師の区別がつかなくなる。また貴重な宝物が売却に処せられる。そして一五〇〇年目には僧たちがいい争い、ついに殺人までが起きる。

仏滅の年代にしても、その後の時代の変遷についても、さまざまな異説があるが、それはさほど重要なことではない。三木清はこうした諸説をひとわたり閲した後に、現世こそはまさに末法のただなかであるという親鸞の認識について、次のように書いている。

正像末史観は親鸞において歴史の単に客観的に見られた時代区分として把握されたのではなく、主体的に把握されたのである。従つて問題は本来どこまでも自己の現在であつたのである。(……)現在が真に問題になるのは、何を為すべきかが、従つて未来が問題になつてくることによつてである。現在の意識は現在が末法であるといふ意識である。死を現在に自覚し、いかにこれに処すべきかといふ自覚が人生の全体を自覚する可能性を与へる如く、現在は末法であるといふ自覚が歴史の全体を自覚する可能性を与へるのである。

(『三木清全集 第十八巻』p.446〜47)

親鸞は経典を読み、知識を得ることで、自分の生きている世界が末法であるという認識へと導かれたわけではなかった。この認識は超越的な託宣ではなく、戦乱と飢饉、宗教的受難が打ち続く彼の時代が、おのずから彼に強いたものであった。末法が歴史的認識であるとすれば、それは「歴史の現実そのものの中から生じたもの」（同p.447）である。自分が生きているこの現実が耐えがたい悪世であるという実感が先に立ち、次に経典の説く正像末の歴史観が認識の枠組みを与えたのである。推測するに、『大術経』を書き写しながらも、親鸞は妻帯し子を設けた己の過去を振り返り、自分のような非僧非俗の出現こそがまさに経典の説く末法の徴候であると、深く自覚したのではないだろうか。みずからが末法の子であり、その産物であるという悲痛な認識が、『教行信証』の行間からは滲み出ている。自己の罪を仮借なく抉り出してくれる根拠こそが、親鸞における末法思想のあり方であった。

末法思想は死の思想の如きものである。それは歴史に関する死の思想である。死は主体的に捉へられるとき初めてその問題性を残りなく現はす如く、末法思想も主体的に捉へられるとき初めてその固有の性格を顕はにするのである。（同p.451）

三木はこのように、主体的な態度があってこそ、末法はその本質を現前させると記している。

これはすぐれて実存主義的な立場である。

ではは末法と見なされるにいたった現実を目の当たりにして、人は何をすべきなのだろうか。三木は親鸞の「釈迦如来かくれましまして　二千余年になりたまふ　正像の二時はおはりにき如来の遺弟悲泣せよ」という偈を引きながら、それは「批判ではなくて悲泣である」(同p.451)と、端的に指摘している。みずから生まれた時代を、時代の外部に立ち、操作可能な対象として批判するばかりでは、真の歴史的認識に到達することはできない。すべては「かなしみなげく」(同p.452)ことから始めなければならないのだ。悲嘆のうちに自己を「底下の凡愚」として批判的に検討することが、ここでは問われている。自己の悪を時代の責任に転嫁することではなく、時代のなかにおいて自己の罪を理解することが必要なのだ。三木は書いている。

時代を末法として把握することは、歴史的現象を教法の根拠から理解することであり、そしてこのことは時代の悪を超越的な根拠から理解することであり、そしてこのことは時代の悪をいよいよ深く自覚することである。かくてまた自己を時代において自覚することは、自己の罪を末法の教説から、従つてまたその超越的根拠から理解することであり、かくして自己の罪をいよいよ深く自覚することである。

（同 p.452〜53）

現実の悪と非道を終末の自覚認識のもとに眺め、悲嘆とともにそれを認識すること。三木の描く親鸞は、七世紀の時間を越えて、ヴァルター・ベンヤミンの歴史観を連想させ、わたしはこの比較に興味をそそられる。ベンヤミンが『歴史の概念について』を執筆したのは、三木が『親鸞』を書き始める直前、一九四〇年のことであった。いずれもが絶筆である。いつか機会を見て、わたしはこの問題について深く考えてみたいと思う。

ベンヤミンの問題はさておき、実はもう一つ忘れてはならないことがある。こうした三木の親鸞観の独自性が、「日支事変」以来、彼が片時も忘れることがなかった、日本の「世界史的現実」をめぐる認識に由来しているという事実である。いや、この際、「由来」などといった因果律の含意をもつ表現は避けた方がいいかもしれない。わたしがここで指摘しておきたいのは、「機」の歴史性を説き、現下の悪の跳梁を「歴史的に」把握するために三木が末法思想という認識の枠組みを援用するとき、その背後に、彼が「大東亜戦争」勃発に際して緊急に執筆した「戦時認識の基調」の影がチラチラと姿を見せているという事実である。

日本民族の自存と権威とのために、全国民は立ち上つたのである。それは既に忍ぶべからざるを忍んで遂に起たざるを得なかつた戦争である。長期戦は覚悟の上でなければならぬ。この危機の中を戦ひ通してこそ世界史的栄光は我々の上に輝いてくるのである。

（『三木清全集第十五巻』p.473〜74）

新秩序は自然的に与へられたものではなく、歴史的に作られてゆくものである。それが単に民族的に止まらない世界的意義を有するものでなければならぬことは、世界が世界的になつてゐるといふ事実によつて明かであろう。新しい秩序は主観的恣意的なものでなく、世界史の動向に沿ふものでなければならない。

（同p.476）

「戦時認識の基調」と『親鸞』とでは、ベクトルの方向が正反対となっている。「新秩序」は「末法」となり、「世界史的栄光」は「悲泣」と化している。だがその力の形態にはいかなる変化も見られない。眼前の現実を主体的に生きることで、人はその本質の顕現に立ち会うことができる。同時にそれは、現実を歴史という長大な物語の枠組みのもとに眺めることでもある。世界が「世界的」であることと、世界が末法であることとは、どこが異なっているのだろう。世界が世界史の頂点に到達したことと、世界が終末を迎えようとしていることの間に、いかなる差異があるのだろう。三木の姿勢にはいささかの揺らぎもない。一九三七年の時点における「時局認識」が一九四二年には「戦時認識」に替わったように、正法像法が末法へとなり替わったのだ。人は現時点の世界状況を認識し、その認識に従って新しい実践を試みなければならない。では末法にあって要請されるのはいかなる実践なのだろうか。それは正法像法の時期とは違った実践であるべきである。

ここでわれわれが想起すべきなのは、三木の『親鸞』の第一章が、懺悔とは何かという問いから始められていることである。懺悔は単なる反省から来る後悔とは異なり、「我を去つて、絶対的なものに任せきる」(『三木清全集 第十八巻』p.426)ところに生じる。それは自力の行為ではなく、すべてを超越者に委ね、他力に信を置くものでなければならない。かつて個人の主観や恣意を超えた「世界史の動向」に身を委ねよと説いた三木は、ここではその場所に阿弥陀仏を招き入れる。ただ決定的な違いは、悲嘆の有無である。かつて知識人として栄光の座にあった三木は突然に発言を封印され、恐ろしい凋落を体験した。それればかりか近親を次々と亡くし、空襲を避けて東京を後にしなければならなくなった。世界は栄光の頂点から滑り落ち、日に日に決定的な終末へと向かおうとしている。もはやいかなる自力も虚妄さが露呈してしまった。今こそ真の他力に依拠すべき時節となった。〈機〉が熟成したのである。みずからの内面の深処において罪悪を自覚し、懺悔に専心すべき機が、いよいよ到来したのだ。それが過去にあって偉大なる懺悔者であった親鸞の探究という形をとったことは、必然であったように思われる。

6 無戒

末法を正法や像法から決定的に隔てているのは、もはやそこに仏の「行」も「証」もなく、ただ空疎な「言教」だけが漂っているという現実である。

『教行信証』には「無仏世《むぶつせ》の衆生《しゅじょう》を、仏《ぶつ》これを重罪《じゅうざい》としたまへり。見仏《けんぶつ》の善根《ぜんこん》をうえざるひとなり」とある（『教行信証』p.371～72）。末法に生きる者はもうそれだけで重罪であり、自分の罪の深さを知らなければならない。何となれば、もはや仏陀の顕現はありえないからだ。いかに修行を積もうとも、浄土に到達するまでの域に到達するには、恐るべき歳月を重ねなければならない（「一萬劫《いちまんごう》をへてはじめて不退《ふたい》のくらゐを証《しょう》す」同p.372）。人々は誰もが「信想軽毛《しんそうきょうもう》」であり、「仮名《けみょう》」であって、「不定聚《ふじょうじゅ》」である。いい替えれば、言動において軽率であり、本来の自分を見失って、フラフラしている。

正法の時代には一心に道を究めようとすれば、つねに機がそれを叶えてくれた。だが末法ではそうした機が失われてしまった。火を求めて湿気を含んだ木をいくら擦ったところで、火を得られるはずがない。時機を逸しているからだ。水を求めて乾いた薪をいくら折ってみても、水を得られるはずがない。(「うるほへる木《き》をきりて、もて火《ひ》をもとめんに火《ひ》うべからず。時《とき》にあらざるがゆへに。もしかれたるたきぎをおりて、もて水《みず》をもとめんに水《みず》うべからず」同p.373)。

末法の状況とはかくも絶望的なものであるが、その根底にあるのは、「無戒」という事態である。『教行信証』は、末法では行証がなくなり、ただ言教があるばかりだと説いた後に、『大集経』から次の文章を引用している。

もし戒法《かいほう》あらば破戒《はかい》あるべし。すでに戒法《かいほう》なし、いづれの戒《かい》を破《は》せんによりてかしかも破戒《はかい》あらんや。破戒《はかい》なをなし、いかにいはんや持戒《じかい》をや。かるがゆへに大集《だいじゅう》にいはく。仏《ぶっ》、涅槃《ねはん》ののち、無戒《むかい》くにゝみたんと。(同p.379)

「もし戒律があるというのであれば、それを破ると破戒となるはずである。しかしもう戒律はなくなってしまった。どんな戒律を破れば、破戒ということになるのか。破戒がないという以上、戒律を守るということがどうして可能となるのか。というわけで『大集』には、仏陀が涅槃に入った後では、無戒が世界に満ち満ちてしまったのだと書かれている。」

無戒を破戒と混同してはならないと、親鸞は説いている。戒律が確固として横たわっていた時代には、破戒も持戒もありえることであった。だが末法にあってはもはや戒律が存在していない以上、何をしても罰せられることがない。世界中いたるところが無戒と化してしまったのだ。

守るべき戒律がないとは、僧侶と俗人の間を隔てるものがないという意味である。いや、それればかりか、男と女、賢者と愚者、善人と悪人の区別が消滅し、貴賤貧富の差もなくなって、万人が横並びに等しい存在と化してしまったことを意味している。それを宗教的平等の実現として肯定的評価を下す立場もありうるが、要は人間社会全体が平板な浮遊状態に陥ってしまったということである。いかなる道徳的分節も消滅した社会とは、宗教的な救済をあらかじめ断ち切られてしまった社会のことだ。人は自分が他人と比較して、より善人であると考えることもできなければ、より悪人であると見なすこともできない。とはいうものの社会的平等が解決される見通しはますます遠くなり、ただ根底を欠落させた表層の世界が際限もなく続いていくばかり。行きつくところがニヒリズムであることは、現代社会を眺めているかぎり瞭然としている。

三木はこうした状況における親鸞の自己認識について、こう書いている。

無戒は破戒以下である。破戒者は戒法の存在することを知つてをり、戒法の畏敬すべきことを知つてをりさへするであらう。かくして彼は時には懺悔することもあるであらう。しかるに無戒者は戒法の存在すら意識しない。彼は平然として無慚無愧の生活をしてゐる。無戒者は無自覚者である。「非僧非俗」と称した親鸞は自己の身において無戒名字の比丘を見た。

（『三木清全集 第十八巻』p.454）

僧籍を剥奪され、もはや剃髪することもなく、肉食妻帯の禁まで侵してしまった親鸞とは、もはや持戒の者ではない。では、彼は破戒者であろうか。いや、末法にあって戒律の秩序が解体してしまったとき、それは不可能なことである。彼は自己を無戒と見なし、にもかかわらず戒律なき世界にあってみずからの罪悪を問うという、一見矛盾した行為のさなかにある。では破戒者以下の存在でしかない無戒者としての衆生のなかにあって、親鸞は彼らとどこが違っているのだろうか。三木はここでも自己認識の有無を持ち出してみせる。無自覚であるかぎり、無戒者には弁護の余地がない。では無戒者はいかにすればみずからのあり方に覚醒することができるのか。無戒の根拠を自覚することによってである。三木はそれを、正像末の歴史観を認識し、無戒が末法においてのみ成り立つ現象であることを理解したとき、はじめてその自覚が可能となると記している。

正法時の回想は自己が末法に属する悲しさをいよいよ深く自覚させるのである。無戒は破戒以下であるといふこと、破戒の極限であるといふことが自覚される。しかも正法時を回想するにしてもそしていかにこれに合致しようとするにしても、自己が末法に属することはいかにもなし難い。

（同p.455）

だが興味深いことに、ある意味で末法時は正法時に似ていなくはない。無戒も持戒も、それが破戒ではないという点において共通しているからだ。ここから引き出される結論とは、無戒の時にあっては、正法像法時とはまったく異なった教法が説かれなければならないという要請である。「無戒の時はまさに無戒として従来の教法がその歴史的意義を喪失してしまつたことを意味するのである。かくして自力教から他力教への、聖道教から浄土教への転換は、無戒時といふものによつて歴史的に必然である。」（同p.456）三木はこう指摘した上で、正像末史観による無戒の自覚こそが、「三願転入」の根拠であると、論を進めていく。

いかなる教説であろうとも、つねに歴史によって相対化されるものであって、正法時に意味のあった説法がそのまま末法に際して同じ意味をもつとはかぎらない。先に論じた〈機〉の歴史性と関係性、相応性のことをここで想起してみよう。教義教説はつねに歴史的なものであって、それは無戒の時にあっては、正法時とは異なった風に説かれなければならない。

なるほど阿弥陀仏の本願の教えは絶対的なものである。だがそれは、教説が無時間的なものであることをただちに意味しているわけではない。「絶対的真理の開示は我々において歴史的なものとして受取られなければならぬ。」（同p.462）だが同時にそれは時間の内側にあって生起しながらも永遠性を湛えていると、三木は説いている。永遠性が歴史的であるという、この一見矛盾したあり方を、親鸞は、そして親鸞の肩越しに三木は、独自の解釈のもとに説明する。自力の教説は正法の時においては通用するが、像法末法のごとく、人心の劣れる時代にはふさわしくない。それに対し他力の教説は、正法のみならず、像法末法いかなる時代にも適用され、煩悩に惑わされる衆生を救済する縁《よすが》となりうる。他力はあらゆる時代に、時代の相を越えて信ずるに足る立場である。だがそれが本質を現わし希求されるのは、末法においてなのだ。

聖道門に対する浄土門の優位が説き起こされるのは、こうした文脈においてである。

聖道門とは、人が現世にいる間に自力で悟りを開くという方法である。もっともこれはひどく困難な道筋(「難行道」)であって、この方法で浄土に達した者はほとんどいない。正法ではそれでも成功した者がいないわけではないが、「五濁悪世」と化した末法では、いまだかって一人もいないと、『教行信証』は記している(「わが末法《まっぽう》のときのなかの億々《おくおく》の衆生《しゅじょう》、行《ぎょう》をおこし道《どう》を修《しゅ》せんに、いまだ一人《いちにん》としてうるものあらじと」『教行信証』p.344)。

それに対し、浄土門は仏に縋り、仏の力によって浄土へ引き上げてもらう方法であり、きわめて簡単な道であるため、「易行道」と呼ばれている。具体的にはそれは念仏を唱えることである。

三木は浄土門こそが「歴史を離れるのではなく却って歴史の中において歴史を貫く絶対性」

を体現していると見なし、その伝統性を指摘している。親鸞に先立って七祖、すなわち七人の偉大なる祖師が存在していた。具体的に名を挙げれば、インドの龍樹、天親、中国の曇鸞、道綽、善導、そして日本の源信、源空である。こうした祖師たちを通して、阿弥陀仏の本願である浄土の教説は「次第に開顕されてきた。」(『三木清全集 第十八巻』p.465)親鸞は浄土真宗と呼ばれる一宗の開祖となったが、みずからは新宗派を打ち立てる意図もなければ、自覚もなかった。彼はただ祖師たちが代々にわたって継承してきた念仏の業を継承し、伝統のなかにいる自分を確認するだけで充分であったように思われる。

ここで三木は『歎異抄』の有名な一節を引用してみせる。親鸞が弟子に問われ、自分はただ念仏を唱えれば、阿弥陀仏によって救済されると教えられたので、それを信じるしか他に道はないと答える場面である。「たとひ法然上人にすかされまいらせて、念仏して地獄におちたりとも、さらに後悔すべからずさふらふ。」[たとえ法然上人に騙されて、念仏をしたおかげで地獄に堕ちたとしても、後悔するわけがない。](同p.465)親鸞はさらに言葉を続け、阿弥陀仏の本願がシャカの説教へ、さらに善導の解釈へ、法然の言葉へと継承され、自分のもとに到達したという経緯を説明してみせる。三木は諸世紀を超えたこの念仏の伝統を踏まえた上で、ここで驚くべき主張をしている。「既に歴史そのものが一つの念仏の主体」であると、彼は宣言するのだ。「従つて私の内に真実の一念他念の相即する念仏の大行が行じ得られるのも、実に私がこの歴史的伝承に生きることによる。」（同p.466）

かつて時局を分析し戦時認識を扇動する論文のなかで、三木清は、歴史の根底にあってしだいに自己実現を実現しようとする「理性」に着目していた。いうまでもなくこうした発想の根底には、ヘーゲルの歴史哲学が横たわっている。『親鸞』を執筆する三木は、この理性を念仏に置き換えた。「歴史は浄土教の開顕の歴史である」（同p.467）と書くとき、三木はけっして進歩史観に立脚しているのではない。この「開顕」は正法が堕落して、あさましき末法が到来したときにこそ、完全に実現されるものだからだ。だがそれは同時に、末法のみならず、正法像法をも含み込み、世界の終末において全面的に開花するにいたった教説でもある。その意味で、本質においてさまざまな差異が存在しているにもかかわらず、親鸞の歴史観がキリスト教の終末論に類似し、ヘーゲルの哲学的探究の過程を連想させると三木が記していることは、彼の哲学者としての来歴を考えると、充分に了解のいくところである。

7 自督

聖道門は五濁の世では難行である。それに対し、浄土門はいかなる世にあっても易行である。『教行信証』は前者を陸路での歩行に喩え、後者を乗船して水路を進むことに準えている（『教行信証』p.56）。では、なぜ聖道門を進むことが困難なのか。それは末法において衆生がそれだけの力を持ちえていないからである。

常没《じょうもつ》の凡愚《ぼんぐ》、定心修《じょうしんしゅ》しがたし、息慮凝心《そくりよぎょうしん》のゆへに。散心行《さんしんぎょう》しがたし、廃悪修善《はいあくしゅぜん》のゆへに。こゝをもて立相住心《りっそうじゅうしん》なを成《じょう》じがたし。かるがゆへにたとひ千年《せんねん》の寿《じゅ》をつくすとも、法眼《ほうげん》いまだかつてひらげじといへり。

（同p.346-47）

「つねに海に沈んでしまう愚か者には、心を落ち着けて修養することは難しい。気遣いをやめ、心を集中しなければいけないからである。心を散らすことも難しい。悪を断ち切り、善を修めなければいけないからである。西の方角を見定めて仏の姿を念じ、一心に集中することなど、ますますできそうにない。というわけで、たとえ一〇〇〇年の寿命があったとしても、真実に向きあう眼は開けたためしがないという。」

正法時にあっては可能だった自力の修行が、もはや末法時には達成が不可能になっている。末法の下にあっては、それにふさわしい他力の救済こそがなされなければならない。それが念仏だ。だがその他力のあり方自体は永遠のものであり、ただ歴史的な相において現下に開顕したものである。

こうした教説の歴史性に対し、真っ向から異を唱え、念仏による救済を一蹴してみせたのが、明恵《みょうえ》（一一七三〜一二三二）であった。親鸞よりわずか数ヵ月年長であったこの華厳僧は、末法であるならばこそ正法に回帰して、戒律を厳格に重んじるべきであるという教えを説いた。彼は『於一向専修宗中摧邪輪《いっこうせんじゅしゅうちゅうざいじゃりん》』を著わし、親鸞の師である法然を批判した。現在でいうならば、さしずめ伝統回帰を説く原理主義者である。

『摧邪輪』の「摧」は、訓では「くだく」と読む。この書名は全体として、法然の『選択本願念仏集』を邪悪な経典として粉砕するという意味をもっている。明恵がこの批判書を執筆したのは一二一二年、四〇歳のときであった。ちなみにこの年、法然は京都で八〇歳で入寂し、親鸞は越後の流刑地にあって、恵信尼との間に設けた息子の信蓮房が一歳を迎えていた。『摧邪輪』の明恵は物故してまもない法然に対し、「汝《なんじ》はあに悪魔《あくま》の使《つかい》にあらざらんや」と呼びかけ、「汝《なんじ》は是《こ》れ往生門《おうじょうもん》において大賊《たいぞく》とすといふことを。弥陀如来《みだにょらい》の大菩提《だいぼだい》の功徳《くどく》を断滅《だんめつ》するが故《ゆえ》に、仏《ぶっ》子《し》の称《しよう》を仮《か》るべからず」と、容赦なく罵倒を浴びせかけている（『日本思想体系15 鎌倉旧仏教』p.89）。明恵にとって重要であったのは、名利を厭い、出世隠遁して、ひたすら求道修行に邁進することであった。彼は華厳教学の復権を、今風の言葉を借りるならば、ブッダに回帰せよと呼びかけたといえる。『摧邪輪』は法然の罪過を、十三にわたって細かく数え上げている。その最たるものは彼が菩薩心を棄てたことであり、聖道門を貶めて、群賊に喩えたことである。また阿弥陀仏の名号の功徳を讃えるあまり、それが仏が悟りを通して得た功徳よりも優れていると説いたことにある。明恵が末法世という考えにいかに懐疑的であったかを示す一節を、『摧邪輪』から引いてみよう。

夫《そ》れ仏日《ぶつひ》没《ぼつ》すと雖《いえど》も、余暉《よき》未《いま》だ隠《かく》れず。法水乾《ほっすいかわ》くと雖《いえど》も、遺潤《いじゅん》なほ存《ぞん》せり。三印《さんいん》、邪正《じゃせい》を分《わか》ち、五分《ごぶん》、内外《ないがい》を別《べつ》す。我等《われら》これによつて、甘露《かんろ》を嘗《な》め、毒酔《どくすい》を醒《さ》ます。まことに梵音《ぼんおん》を聞《き》くがごとし、金容《こんよう》に対《むか》へるに似《に》たり。（同p.44）

［さて、日の光のような仏は没してしまったけれども、その残照はまだ隠れていない。水のような仏の教法は乾いてしまったけれども、湿り気はなおのこっている。仏の教えの

旗じるしである三種の教えが、邪なるものと正なるものとを区分し、仏が体得された五種の功徳が仏の教えとそうでないものとを区分している。それであるから、われわれは、仏法という甘露をなめて毒に酔いしれた心を醒《さ》ますことができるのである。あたかも、本当に仏の声を聞くようであり、仏の金色のお姿に対面するかのようである。」

（『日本の名著5 法然 明恵』p.387）

法然の『選択本願念仏集』が批判されるのは、こうした時間意識と正統的な教説への回帰の思想においてであった。

本稿では明恵についてはは深く立ち入らないが、ひとつだけ奇妙な偶然を指摘しておきたい。法然を批判してやまない明恵と、法然にすべてを負うていると公言していた親鸞とは、おのずから対立関係にあるのだが、彼らはいずれもが夢と夢告に深く囚われていた。この点で、両者は不思議な共通点をもっている。若き親鸞が六角堂に籠って修行中、観音との肉交という生々しい夢を体験したことはよく知られている。一方、明恵もまた煩悩に深く苦悶し、性的な夢を体験するたびにそれを記して、大部の夢日記を遺している。二人が体験した夢をいかに解釈し、そこからいかなる意味を読み取ったかは、興味に尽きない問題である。

さて、聖道門を批判する親鸞に戻ることにしよう。この批判を論じるにあたって、三木は超越性の有無という基準を提出している。

聖道門では釈尊が理想とされている。釈尊が体現した法をみずから体得し、それを立証するために、修行者は努力を惜しまない。そのため経典は二義的なものとされ、そこに超越性が宿ることはない。

これに対し、「浄土門は釈尊を超越した教である」と、三木は指摘している。親鸞は『教行信証』を執筆するにあたって、『大無量寿経』を絶対的な基準と定め、「如来《にょらい》の本願《ほんがん》をとくを経《きょう》の宗《しゅう》致《ち》とす。すなはち仏《ぶつ》の名号《みょうごう》をもて経《きょう》の体《たい》とするなり」（『三木清全集 第十八巻』p.485）と宣言している。これは阿弥陀仏の本願と名号を釈尊よりも上位に置き、それが超越的なものであると認めることにほかならない。三木の説明に今少し耳を傾けてみよう。

> 名号は最も純なる言葉、いはば言葉の言葉である。この言葉こそ真に超越的なものである。念仏は言葉、称名でなければならぬ。これによつて念仏は如来から授けられたものであることを証し、その超越性を顕はすのである。本願と名号とは一つのものである。
> （同p.485）

とはいうものの、超越的な真理はそのかぎりにおいてはまだ真実ではない。それは現実の中で実践されてこそ、はじめて真理となることができる。阿弥陀の三つの本質的な本願のなかでいかに「十方衆生」という言葉が繰り返されようとも、真理はまだ抽象的な域に留まっている。なるほどそれは超越的な普遍性から寄りくる言葉ではあるが、現実との関係を欠いているために、まだ真の普遍性に到達していない。

「弥陀《みだ》の五劫《ごこう》思惟《しゆい》の願《がん》をよく〳〵案《あん》ずれば、ひとへに親鸞一人《しんらんいちにん》がためなりけり。」

『歎異抄』に突如として現われるこの親鸞の発言は、そうした超越的な普遍性を強引に人間の実存の側へと手繰り寄せ、現実の自己を救済する真理へと作り変えるだけの強度を持っている。同じことは『教行信証』においても指摘できる。延々と続く経典の引用の狭間に、予期せざる場所において、われわれは親鸞の自督の文章に出会うことになる。

三木は書いている。

> この自督の文は電撃の如くに我々の心を打つ。今や彼は自己にかへつて客観的普遍的な教法を自己の身にあてて考へるのである。自督とは自己の領解するところをいふ。教法の真理性は自己において身証されるのでなければならぬ。教は誰のためでもない、自己

一人のためである。かくして「十万の衆生」のための教は実は「親鸞一人」のための教である。

（同p.487）

三木清の『親鸞』を（その未完結性にもかかわらず）ここまで読んできた者は、こうしてその冒頭に書きつけられた一節に回帰することになる。「親鸞はつねに生の現実の上に立ち、体験を重んじた。そこには知的なものよりも情的なものが深く湛へられてゐる。彼の思想を人間的といひ得るのは、これに依るであらう。」（同p.423）

著者の突然の逮捕連行、さらに不条理としか表現しようのない獄死によって、『親鸞』は未完結のまま、遺稿として遺されることになった。豊多摩刑務所の苛酷な状況のなかで、死に赴こうとしている三木清の脳裏を横切ったものが何であったかを、われわれは正確に知ることができない。だが彼が生前に発表したエッセイ（「我が青春」）の一節を通して、あるいは漠然とではあるが、それを推し量ることが可能かもしれない。

「私にはやはりこの平民的な浄土真宗がありがたい。恐らく私はその信仰によつて死んでゆ

くのではないかと思ふ。」（『三木清全集第一巻』P.364）

その短い生涯の終わりにあって、三木清はあらゆる自力の試みを放棄し、絶対的な他力へと向かおうとしていたのではないかと、わたしは想像している。彼は、それが不意の転向などではなく、生涯の初めから潜在的に準備されていた〈機〉の顕現であると、了解するにいたったのではないだろうか。

三國連太郎　差別への眼差し

1　オルレアン

わたしたちは三國連太郎を待っていた。場所はオルレアンで、ここでは二年に一度、日本映画だけの映画祭が行なわれていた。毎回、特別のゲスト俳優が日本から招聘され、その人物の出演するフィルムが回顧上映されることになっている。前回は仲代達矢、そして今回は三國だった。

映画祭ではまず三國本人が「親鸞と白い道」といった題名で講演をし、それから『親鸞白い道』（以下『親鸞』）が上映される予定だった。彼は一九八七年に監督したこのフィルムで、カンヌ国際映画祭審査員賞を受けている。日本では配給収益が悪く、評論家にも難しすぎると評判の悪かった作品であったが、映画祭側は何よりもこの作品に重きを置いていた。オルレアンではそれから何日もかけ、『破戒』から『釣りバカ日誌2』まで、本人自選による出演作一三本が上映されることになっていた。

三國連太郎は映画祭の前日になっても姿を現わさなかった。そして当日も。誰もが困惑していたころ、ようやく連絡が入った。翌日、つまり映画祭の二日目にパリに到着するという。パリからオルレアンは鉄道で一時間ほどだ。急遽、プログラムが変更されることになった。わたしたちの共同討議はさらに一日、後に回された。わたしたちとはフランス人とインド系ベルギー人の映画研究家、フランス在住の日本人配給業者、そしてイタリアに留学中のわたしの四人で、三國映画を含め、日本映画の国内と海外での評価の違いについて語り合うために集まっていたのである。映画祭の主役は予定より一日半ほど遅れて、ようやく姿を現わした。一九九五年一月のことである。

いまは明け方ですか。それとも夕暮れですか。

会場に到着したばかりの三國さんは、わたしにそう尋ねた。出発の直前に、日本では神戸を中心に大きな地震があったらしい。わたしは直前までボローニャにいて、何も知らなかった。

三國さんはこれは大変だと判断し、ただちに成田からのフライトをキャンセルした。彼はその足で神戸の長田区に向かった。あそこは人権問題のことで何度も講演に行っていて、知り合いも沢山いることだし、心配になってまず駆け付けたのです。彼はそう語った。とにかく皆さんに会って、それから関空経由でパリに向かったのですが、いったい今はこちらの時間では何時ごろなのでしょうか。

わたしと三國夫妻は、とりあえず映画祭の会場の側にあるレストランで夕食をとることにした。食事の間、彼は自分がこの年になるまでにやり残したことがあまりに多いといった。そこに『破戒』の上映が終わって、眼を泣きはらしたフランス人の若い女性が駈け込んできた。ムッシュ・ミキュニですね、わたしはとても感動しました。サインをしていただけますかと彼女。これは英語ですればいいのでしょうか。日本語でもいいのでしょうかと、映画俳優はわたしに尋ねた。

講演の席で三國さんはずっと親鸞の話をした。この高僧が若き日に最下層の人々のなかに混じり、人間の生を底辺から見つめることを知ったと、感銘深く語った。三國さんはそれが「白い道」なのだと説明した。ああ、この人は自分の生き方を親鸞に准《なぞら》えようとしているのだなという印象を、わたしは抱いた。

それから数日の間、わたしは折につけ、三國さんと話をすることになった。といってもこちらにできることはレストランのメニューを解説することぐらいで、もっぱら彼が話す言葉の一つひとつに耳を傾けるばかりだった。次回作への抱負から俳優仲間の失敗談まで、彼は実にいろいろなことを話した。年をとるとどんどん自分の体力が落ちていくのがわかる。それをいかに保つかが問題で、そのためには演技に理論が必要だ。いくら才気煥発な人間でも、理論がないと五〇歳以上は辛い。彼はそういうと、実は今はエディプス・コンプレックスとグルメの勉強をしているのですと付け加えた。

グルメ？　わたしは思わず聴き直した。そうです、グルメなのです。わたしは昔、妻と子供を置き去りにして家を出ました。その息子が今では佐藤浩市という役者になり、今度の松竹映画で父子の共演をすることになったのです。題名は『美味しんぼ』といい、グルメの映画です。多くの人はわたしをさぞかし酒豪だと思っているようですが、実はわたしは奈良漬を一切れ食べただけでも翌日に調子が悪いという人間なのです。ですから、これからワインの呑み方をはじめ、グルメの勉強をしなければいけないのです。『美味しんぼ』はエディプス・コンプレックスについての映画になるでしょう。

このとき、三國さんは七二歳だった。

映画祭からしばらくして、わたしは留学を終えて帰国した。『美味しんぼ』（一九九六）は森崎東の手で映画になった。松竹の側では『男はつらいよ』のようにシリーズ化を目論んでいたようだが、原作者が強く異議を唱え、一作だけで終わったという話を聞いた。そのころ、三國連太郎と佐藤浩市の共演で、中上健次の『枯木灘』の映画化が企画されているという噂が流れてきた。わたしはそれはいいなと直感した。新宮の被差別部落を舞台に、次々と女たちを孕ませては牢獄に消えた男と、彼を悪の化身として憎み続ける息子。中上が描いた浜村龍造という人物は、三國連太郎が演じるのにまさにうってつけの役だと思った。だが企画は実現せず、三國連太郎は二〇一三年に、九〇歳の高齢で身罷った。わたしは彼がオルレアンで、中上さんとは何回も会う機会がありながら、そのたびごとに実現できなくて気懸りに思っていますといったことを思い出した。

2　俳優としての三國連太郎

三國連太郎は戦後の日本映画にあってもっとも傑出した映画人の一人である。彼は一九五一年に木下恵介の『善魔』に主演して以来、二〇一三年に病没するまで、半世紀にわたってスター俳優として活躍し、みずからメガホンを握って親鸞の伝記映画を完成させた。仏教関係の著作や対談集も少なくなく、人権問題をめぐって積極的な講演活動を行なってきた。

三國連太郎は本名を佐藤政雄といい、一九二三年に生まれた。戸籍上の父親は電気工職人、母親は没落した網元の娘で、女中奉公の途中で暇を出された身の上であった。このあたりの事情は詳らかではない。実の父親が別に存在していたことを、三國自身が生前に語っているからだ。ともあれ、三國は父の故郷である西伊豆の松崎で育った。祖父は被差別部落の出身で、棺桶の製造を手掛けていた。

三國本人の回想によると、物心ついたころから、おぼろげながらも差別されているという自覚を感じていたという（註　以下の記述は、三國連太郎『生きざま死にざま』による）。小学生のころ、裕福な家の子供の自転車がなくなると真っ先に自分が疑われ、駐在所に連行されたことがあった。あるとき突然に、寺にある祖母の墓所が撤去されたことがあった。彼の父親は故郷で棺桶屋を継ぐことに耐えられず軍隊に入り、そこで取得した技術をもとに電気工となった。父親は幼少時から差別されてきた体験を、生涯にわたり深い傷として抱え込んでいた人物であったという。

三國は一三歳のとき、突然に地元の中学を退学し、下田から青島への密航を企てる。おそらくこの行為の背後にも、陰湿ないじめ体験があったのではないかと、わたしは推測している。それからほぼ一〇年にわたり、彼は青島から釜山、大阪と、さまざまな土地を転々とし、「泥棒とヤクザ以外」の仕事はひと通り体験したと、回想記のなかで語っている。徴兵忌避に失敗して中国戦線に送られ、不服従な兵士として辛酸を舐める。漢口で日本の敗戦を迎えると、偽装結婚をして内地に帰還。バスの整備士から闇商売まで、またしても職を転々とし、混乱の戦後社会を生き延びる。もっとも彼のピカレスクな回想がどこまで本当であるかはわからない。ただこうした三國の体験は、後に彼が『飢餓海峡』で犬飼なる主人公を演じるさいに、大きな影を落としているように思われる。

映画界に入ったのはまったくの偶然で、先に述べた『善魔』での役名をそのまま芸名として、三國連太郎を名乗ることになった。製作会社の松竹は彼を「大阪大学工学部出身で、スポーツ好きの知的青年」という宣伝文句のもとに売り出した。もっとも一九五〇年代の三國は、東宝に移籍し一躍スターになったものの、当時製作会社が取り交わしていた「五社協定」を平然と無視し、東宝所属のまま日活作品に出演したため、映画界の逆鱗に触れることになった。

経歴詐称に加えて、生涯に四度の結婚、加えてさまざまな女性関係。三國は晩年にこうしたみずからの「悪行」を振り返って、親鸞の『高僧和讃』の一節を引いている。

罪と悟りとの関係は、氷と水のごときものである。／氷が多ければ溶けたあとの水も多い。／煩悩の犯す罪にさいなまれてきた者ほど、／悟りによってひらかれる世界も大きい。

ちなみに親鸞の原文を引いておこう。

罪障《ざいしょう》 功徳《くどく》の體《たい》となる／こほりとみづのごとくにて／こほりおほきにみづおほし／さわりおほきに徳《とく》おほし

（『親鸞和讃集』p.102）

日本映画の男優として三國は、阪東妻三郎から三船敏郎、勝新太郎へと流れる、男性的な立役者の系譜上にある。だが同時に歌舞伎でいう「色悪《いろあく》」への傾きをも持っている。フィルモグラフィーをつぶさに眺めてみると、その役どころには一貫した傾向を認めることができる。強靭な意志を湛えた眼差しと長身から、彼は一家の家長はもとより、いかにも家父長的な職業軍人を演じることが少なくなかった。『異母兄弟』（一九五七）における権威主義的な軍人の父親。『神々の深き欲望』(一九六八)での孤島の族長。『嵐が丘』(一九八八)での東の荘の主。またここに『美味しんぼ』での美食界での帝王、海原雄山を加えてもよい。『利休』(一九八九)の主人公の茶人や、『マルサの女2』(一九八八)における新宗教の理事長は、こうした父親的原型の変形といえる。

とりわけ注目すべきは、『破戒』(一九六二)で「新平民」の解放を説くイデオローグの猪子蓮太郎と、『戒厳令』(一九七三)で国家社会主義を説く北一輝である。『襤褸の旗』(一九七四)において、鉱害反対を天皇に直訴した田中正造を演じた事実も見落とすことができない。カリスマ的な指導者の威厳と孤独、内面の苦悩を表現して見せたとき、おそらく三國以上に説得力のある演技ができた俳優は、戦後日本映画において絶無であった。『釣りバカ日誌』シリーズのスーさん(社長/会長)は、こうしたカリスマ的人物への、道化的な自己批評にほかならない。

三國に漂うこのカリスマ性は、人間の道徳倫理を主題とするフィルムにおいて、しばしば正反対の役柄を彼にもたらした。デビュー作『善魔』で彼が演じる新聞記者は、つねに悪をなす悪魔とは反対に、つねに善をなすことから逃れることができず、それに悩む青年である。『ビルマの竪琴』(一九五六)における日本軍連隊長から、『宮本武蔵』(一九六一~六五)における沢庵和尚まで、三國は機会あるたびに、みずから深く悩みながら、にもかかわらず迷える者たちに引導を渡す立場の役を引き受けている。沢庵和尚が僧籍にありながらも女人お通への煩悩を断ち切れず、悶々として街道筋で放尿をするという演技をめぐり、三國が監督の内田吐夢と争い、撮影の途上で降板してしまったという挿話は有名である。

道徳的求道者の系譜の脇には、人倫を外れた極悪人と罪人の系譜が控えている。『飢餓海峡』(一九六五)の犬飼は、社会の最下層から這い出るや、宿命に導かれて連続殺人を犯す。『人間の約束』(一九八六)の老人は、長年連れ添った妻をみずから手にかけて殺害する。『ひかりごけ』(一九九二)の船長は、遭難時に人肉を口にしたことで悩み続ける。ひとたび犯した罪をめぐって道徳的に苦悶する人物を演じるとき、三國には鬼気迫るところがあった。彼は語っている。「私は悪役って嫌ではありません。むしろ好きなんです。悪人というのは揺れ動く心の弱味を抱えて生きていますからね。」(三國連太郎『生きざま死にざま』p.190)

三國はこうして、戦後日本映画のなかで悪をめぐり神話的人格を築きあげてきた。同じ立役者として出発しながらも、三船敏郎や勝新太郎にはこうした傾向は希薄である。三國による唯一の監督作品『親鸞』も例外ではない。それはすぐれてこの系譜に連なるフィルムである。そこでは一三世紀の日本において仏教思想に革命をもたらした、一人の「破戒僧」の生涯が、自在な想像力のもとに、きわめて興味深い形で物語られているからだ。

3　小説『白い道』

三國連太郎にとって親鸞とは、仏教界に頑強に横たわる通俗的な宿業論を拒み、悪について鋭い洞察力を向けた思想家である。また人間社会に横たわる差別と被差別の構図を否定し、万人の平等と信仰の無償を説いた運動家である。

三國連太郎はどのように親鸞と出会ったのだろうか。彼が『親鸞』を監督するまでの経緯を、簡単に辿っておこう。

一九七三年、『襤褸の旗』に主演した直後、三國は自分が俳優として壁に直面しているという自覚にいたった。彼は家族を捨て、身辺を整理すると、「自分の死にざま」（三國連太郎・沖浦和光『対談 上 浮世の虚と実』p.84）をドキュメンタリー風に撮っておきたいという強い衝動に駆られる。彼は撮影と照明のスタッフ九人を引連れ、インドからパキスタン、カイバル峠を抜けてアフガニスタンへと、即興的な撮影旅行に出発する。漠然と心に描いていたのは、心朽ちた一人の日本人医師が盲目の少年を連れ、あてどない旅の終わりに鳥葬の光景に出会うという物語であった。だが一行はカラチでは暴動と虐殺に巻き込まれ、砂漠ではその拡がりと静寂に圧倒され、予定していたように撮影は進まない。三ヵ月にわたり苦戦するが、三國は一万フィートに及ぶ生フィルムを使い余してしまい、疲労困憊して帰国する。

映画製作は惨めな失敗に終わったが、この困難な旅は三國に、宗教的回心に似た体験をもたらす結果となる。彼は巨大なバーミヤンの仏跡と荒涼たる自然を前に、人間の卑小さを思い知らされる。人間は大自然によって生かされているという自覚が、内面に生じる。帰国した彼は、それまでほとんど関心のなかった日本仏教に強く惹かれるようになり、鎌倉期の仏教改革者の書物に読みふける。野間宏の『親鸞』(岩波新書、一九七三)に出会ったことが契機となって、彼は後に後半生を決定づける親鸞への帰依をはたすことになる。野間は在家の門徒の家に生まれ、青年時にマルクス主義の影響を強く受けた小説家であった。彼は身分差別に抗して社会運動の徒となった親鸞という像を、自伝的な色彩の強い長編小説『わが塔はそこに立つ』のなかで描いていた。

アジア放浪の撮影旅行の後、おりにつけ取り続けた親鸞ノートが五〇冊を越えたとき、三國はそれをもとに長編小説の執筆を開始する。小説は一〇年後に完成し、『白い道——法然・親鸞とその時代しかも無間の業に生きる』全三巻として刊行される。職業俳優としての多忙な日を縫って執筆された、恐るべき労作である。

表題となった「白い道」とは、中国浄土教の大成者、善導の語「二《に》河《が》白道《びゃくどう》」に由来している。これは本書の前の方で言及したことであるが、親鸞の『教行信証』「信巻」に詳しく説明がなされている。煩悩渦巻く「娑婆の火宅」である東岸から、浄土のある西岸に向かうとき、真っ直ぐに伸びている道のことである。道はわずか四五寸の幅しかなく、右手には大河、左手には紅蓮の炎が迫っているため、道を行く者は念仏を唱えながらも、相当の覚悟のもとに足を進めなければならない。だが阿弥陀仏への信を通してこの困難を克服したとき、その者はみごとに往生を遂げることができる。

『白い道』は法然と若き親鸞の邂逅までと、それに続く物語を描いている。

美作国稲岡荘に百済人の母親のもとに生まれた少年が、幼少時に父親をはじめ、一族郎党を虐殺される。彼は母親とともに京へ逃れ、寺に身を隠して修行を積む。やがて彼は法然と名乗り、念仏の教えを説いて法難に遭う。世は源平の争いのさなかである。

一方に幼くして出家した貴族の御曹司がいて、比叡山で秀才の誉れめでたき青年僧になっている。彼は下山して法然に出会い、その忠実な使徒となる。師に導かれるままに妻帯をし、破戒僧として越後へと流罪に処せられる。

親鸞の越後時代は伝記的にもっとも謎の多い部分であり、教団側にもほとんど資料が遺されていない。『白い道』では、善信（当時の親鸞の名）は信濃川河口にある荒涼とした島に渡り、自分に付き従うわずかの信者たちと「結《ゆい》」（三國の造語で、親密な共同体）を結ぶ。彼らは新しく勃興した支配体制である武士政権に対し、抵抗を試みることになる。このあたり作者は奔放な想像力に訴え、歴史上は存在していないさまざまな人物を造形しては、物語を自在に展開してみせる。万人が平等であるユートピア社会を唱える蝦夷の頭なる老人は、その最たるものであろう。その分量においては比較にならないが、『白い道』には、みずからを「大乗小説家」と名乗った中里介山の『大菩薩峠』を彷彿させるところが散見する。親鸞の思想とは、通俗仏教が説く来世信仰などではない。差別と迫害に満ちた現世にあって、いかに人間としての尊厳を保ちつつ生きるかを探究することにあると、作者は繰り返し語っている。三國のこの主張の背後には、今日の浄土真宗が教団統一のために神話化してやまない、『親鸞伝絵』に対する違和と反発が横たわっていた（三國連太郎・梁石日『風狂に生きる』p.51）。

では三國連太郎は親鸞のどのような側面に惹かれたのだろうか。彼の親鸞像とは、三木清のように、間近に迫る世界の終末を予期しつつ憂慮する知識人でもなければ、吉本隆明のように、生涯の終わりに〈知〉の世界から〈非知〉の側へと緩慢に移行して、あらゆる観念の解体に立ち会おうとする思想家でもなかった。三國は親鸞のなかに、社会の最下層の存在を見つめ、みずからその場所に立とうとする実践家を見てとったのである。

4　差別への眼差し

浄土真宗と被差別部落は、切っても切れない深い関係にある。歴史的に見て、真宗ほどに部落と深く捩れた関係にある宗派は、日本には存在していない。

現在にいたるまで、被差別部落では圧倒的に浄土真宗が信仰されている。被差別民の呼称は地方によってさまざまであるが、わたしが生まれ育った北大阪の箕面では、ある時期まで彼らのことを「門徒衆」と呼び慣わしているほどであった。当然のことながら部落内にも真宗の寺院が建てられ、江戸時代以降は檀家制度が設立されていた。だがこうした寺院は同じ真宗の寺にあっても、「えた寺」という不当な蔑称のもとに扱われることが多かった。

仏教史家である近藤俊太郎によれば、一九二二年、部落差別の撤廃を叫んで水平社が結成されたが、その初期において精神的機動力の根底にあったのは、親鸞に回帰せよという主張であった（大谷栄一・吉永進一・近藤俊太郎『近代仏教スタディーズ』P.98）。だが差別に抵抗する思想家としての親鸞理解に対し、本願寺側は難色を示した。なかでも大谷尊由が『親鸞聖人の正しい見方』を著わし、「大乗仏教の平等思想は、差別の現在相に平等性の充満せることを認め、差別相に屈執するがいけないと見る」と主張したため、真宗側と水平社の間には深い対立関係が生じた。とはいえ真宗教団の内側からも、広岡智教が「黒衣《こくえ》同盟」を結成し、水平運動に呼応する形で差別構造の変革を叫び、本願寺当局への批判を行なった。

水平社側も本願寺側も、いずれもが被差別民が天皇の赤子として認知されることを目的としていた点では共通していたと、近藤は述べている（同 P99〜100）。浄土真宗の側が日本に遍在する差別の構造に対し、それを助長しこそすれ、積極的に解決を怠ってきたことは、「差別戒名」が公然と存在してきたことからも明白である。被差別民が死亡したとき、少なからぬ真宗の寺院では戒名に「革」や「屠」といった文字を用いるという驚くべき慣習が、長い間行なわれてきた。この恥ずべき事実は、日本の仏教界がいかに本来のブッダの教説から逸脱した、辺境の異端であることを、端的に物語っている。

三國連太郎に大きな示唆を与えた親鸞とは、たとえば『教行信証』「信巻」のなかで元照の『阿《あ》弥《み》陀《だ》経《きょう》義《ぎ》疏《しょ》』を引きつつ、次のように書きつける親鸞である。

念仏《ねんぶつ》の法門《ほうもん》は、愚智《ぐち》豪賤《ごうせん》をえらばず、久近《くごん》善悪《ぜんあく》を論《ろん》ぜず、たゞ決誓《けつせい》猛信《みょうしん》をとれば、臨終《りんじゅう》悪相《あくそう》なれども、十念《じゅうねん》に往生《おうじょう》す。これすなわち具縛《ぐばく》の凡愚《ぼんぐ》、屠沽《とこ》の下類《げるい》、刹那《せつな》に成仏《じょうぶつ》の法《ほう》を超越《ちょうおつ》す、世間《せけん》甚難信《じんなんしん》といふべきなり。

（『教行信証』p.171〜72）

［念仏の教えには愚者と賢者、尊い者と卑しい者の区別がない。修行の期間が長いとか、短いとかも、善とか悪とかも関係がない。ただ堅く誓い、猛烈に信じれば、臨終の場でみっともない振舞いをしていても、念仏を十回唱えるだけで浄土に行ける。欲望に縛られた愚かな凡人も、生き物を殺したり酒を商ったりする下賤の者も、ただちに仏になれるという教えなのである。世間の人はさぞかし、信じられないよというに決まっているのだが。］

『唯信抄文意』ではこの「下類」についてより詳しく語られ、それが究極のところ、自分たちのことであるという説明がなされている。

自力《じりき》のこゝろをすつといふは、やうゝゝ、さまゞゝの大小聖人《だいしょうしょうにん》善悪凡夫《ぜんあくぼんぶ》の、みずからがみをよしとおもふこゝろをすて、たのまず、あしきこゝろをかへりみず、ひとすぢに、具《ぐ》縛《ばく》の凡夫《ぼんぷ》、屠沽《とこ》の下類《げるい》、无导光仏《むげこうぶつ》の不可思議《ふかしぎ》の本願《ほんがん》、広大智慧《こうだいちえ》の名号《みょうごう》を信楽《しんぎょう》すれば、煩悩《ぼんのう》を具足《ぐそく》しながら无上《むじょう》大涅槃《だいねはん》にいたるなり。具縛《ぐばく》はよろづの煩悩《ぼんのう》にしばられたるわれらなり、煩《ぼん》はみをわづらはす、悩《のう》はこゝろをなやますといふ。屠《と》はよろづのいきたるものをころし、ほふるものなり。これはれうしといふものなり。沽《こ》はよろづのものをうりかうものなり、これはあき人《ひと》なり。これらを下類《げるい》といふなり。

（『親鸞全集 第四巻』p272　なお原文はカタカナ表記）

［自力の心を放棄するとは、大乗小乗の聖人はもとより、悪人も凡人もひとしく、自分が正しいという気持ちを捨て、自分を過信せず、悪い心をもっていることを顧みないことだ。無碍光の仏は、欲望に縛られた愚かな者も、生き物を殺したり、酒を商ったりする下賤の者も救い出そうとお考えだ。この方の、とうてい人間の考えの及ばないほど広大な知恵の御名を、ただ一途に心から信じるのであれば、人は煩悩に塗れながらも、この上ない涅槃の境地に到達できるのである。「具縛」とは煩悩に煩わされ、囚われていることである。「屠」とはあらゆる生き物を殺す者で、猟師のことだ。「沽」とは売り買い一般。商人のことで、彼らをさして「下類」という。」

続けて親鸞は、この「下類」とは他ならぬ自分たちのことであると宣言する。

「能令《のうりよう》瓦《が》礫《りやく》変成《へんじよう》金《こん》」といふは、能《のう》はよくといふ、令《りよう》はせしむといふ。瓦《が》はかわらといふ、礫《りやく》はつぶてといふ。変成《へんじよう》金《こん》は、変成《へんじよう》はかへなすといふ、金《こん》はこがねといふ、かはら・つぶてをこがねにかえなさしむがごとしとたとへたまへるなり。かやうのさまゞヽのものは、みないし・かわら・つぶてのごとくなるわれらなり。

（同 p.272～273）

［「能令瓦礫変成金」という漢字を説明すると、「能」とはよくできるという意味。「令」はさせる。「瓦」はかわら、「礫」は石ころである。「変成」とは作り変えること。「金」は黄金のことだ。瓦や石ころを黄金に作り変える。御名を唱えるとはそのようなことである。こういった雑多なもの、石とか、瓦とか、石ころというのは、実は私たちのことを意味している。］

おそらくこの一節まで読み進んだとき、三國連太郎はわが意を得たれりという感想をもったはずである。そこには、彼が故郷松崎で幼少期から漠然と感じていた違和感を説明してくれる言説があった。いや、そればかりか、その違和感を克服するための手立てまでが記されていた。「みないし・かわら・つぶてのごとくなるわれらなり」という言葉の奥には、あらゆる差別を愚かで不当なものと認識しながらも、認識のもっとも根底にあって、それを平然と受け止めてしまう救済の網の目が準備されている。もっとも低きところへ意識的に赴き、啓蒙を重ねるというだけでは充分ではない。現にみずからが存在している場所そのものが、世界でもっとも低い場所であるという自覚が、ここには明確に語られている。

5 『親鸞 白い道』

三國が『親鸞』を映画として監督するのは、小説の第一部が発表されて五年後の一九八七年のことである。映画はこの第一部がまさに終わった時点、すなわち善信が上野《こうづけ》へ、またさらに常陸へと向かうところから、物語が語り起こされている。このとき同時に映画のノベライゼーションが刊行された。もっとも本体の小説の第二部以降は、その後も刊行されていない。

『親鸞』は一二〇七年、法然をはじめ念仏衆の僧侶たちが京で受けた弾圧と処刑を描く、絵画とスチール写真のモンタージュから始まる。善信の妻、恵信尼（大楠道代）のナレーションによって、夫が流刑となったことが語られる。このとき斬首された安楽という僧の首が水溜りに転がっている映像が、説明もなく挿入される。この映像は善信の内面にオブセッションとしてとり憑き、以後も繰り返し登場することになる。

七年後の一二一四年、四二歳となった善信（森山潤久）は、夜半の信濃川を小舟で渡ろうとしている。暗い水の流れ。夜を照らすのは月ばかりで、渡し舟を漕ぐ者の顔は定かではない。このとき突然、大火に映える岸辺が現われる。虐殺から逃げ惑う、貧しき人々。一人の僧侶が渡し舟に乗り込み、火の海に苦しむ人々の姿を傷ましい顔つきで眺めている。舟は暗い水のなかを流れていく。これが『親鸞』の冒頭である。この印象的な映像は、思うに『教行信証』序の冒頭にある、「難思《なんじ》の弘誓《ぐぜい》は難度《なんど》海《かい》を度《ど》する大船《だいせん》」という一節から採られたのではないだろうか。ちなみにこの小舟は、フィルムのなかに繰り返し登場し、善信のライトモチーフとなっている。舟とはみずからが乗船するばかりか、他の者たちを乗船させ、ともに移行してゆくものであり、明らかにそこには弥陀による衆生の救済が重ね焼きにされている。

善信はいかにも求道者にありげな、威嚇的で鋭い眼光の持ち主というわけではない。より、むしろ柔和で思慮深い眼差しの僧侶といった雰囲気をしている。聖徳太子を讃える和讃を口遊《くちずさ》みながら彼が向かうのは、念仏衆たちが開墾した横越島である。ちなみにこのフィルムを観終えたときに判明するのは、彼がけっして一度も念仏を唱えていないという事実である。

だがこの地も安全ではない。鎌倉幕府の手によって、武士たちが新たに支配者として乗り込んでくる。それを拒む念仏衆は次々と虐殺されてゆく。善信は妻アサ（後の恵信尼）と三人の幼児を避難させ、みずからもマタギ射鹿に救われ、その場を落ちのびる。

念仏衆の一行は凍てつくような吹雪のなか、人買いに誘われるままに、上野の佐貫まで山越えをする。善信と射鹿がその後を追う。二人はマタギ小屋で一晩を過ごし、彼らの蓄えである食糧を口にして生き延びる。善信はわが身の無力感に恥じ入っている。心中に聞こえる声のうち、どれが己の声で、どれが仏の声なのかが見極められないのだ。

佐貫の村では厄病が流行している。念仏衆は村の祈禱師から「ケガレ」であると罵られ、しかたなく村はずれの荒蕪地に向かい、そこで新生活を始める。ちなみにノベライゼーションでは、彼らは「キヨメ」と呼ばれた賤民に混じって居住することになっている。

疫病は善信の子供たちの、一人の生命を奪う。アサは屍体に蔓草を巻き付け土に埋めると、子供が自分の腹のなかから蘇生すると信じて、半狂乱になって叫ぶ（このあたりはパゾリーニの演出の影響があるかもしれない）。だが善信は妻の我執を「みだり心地」と見なし、迷信を鎮めると、冷静に火葬を断行する。彼は信仰の人であるばかりか、篤実な啓蒙家でもある。念仏衆には朝鮮半島から渡来してきた鍛冶師（韓鍛冶《からかぬち》）が混じっているらしく、「アイゴー、アイゴー」という叫び声が聞こえてくる。

息子の葬儀を終えた善信は、筑波山に向かう。彼は行者に導かれ、洞窟のなかをどこまでも彷徨う。そこでは当時、不治の病であると信じられていた業病の者たちが、人目を避け、なすすべも見当たらず、白い包帯姿のまま、ただ死を待っている。善信は衝撃を受け、思わず念仏を唱えようとする。だが、どこからか、「ごまかすな」という強い声が聞こえてくる。こうしてフィルムの前半では、汚穢と少数者の差別という主題が繰り返し顔を見せている。

土地の権力者と僧侶たちは善信の行動を監視し、念仏衆を常陸の下妻《しもづま》小島《おじま》へと移らせる。相次ぐ戦乱でひどく荒廃した地である。善信は聖徳太子を祀った御堂の近くに小屋を築き、近隣に住まう漁民やワタリ衆に教説を説く。仏はいかなる者をも差別しないというのが、その教えの根本だ。だが思ったように人々は信仰に帰依してくれない。この地では信仰三昧の生活は許されるはずもなく、善信は農作業に追われるばかりである。息子が打ち捨てられた兜の下の頭蓋骨に雛鳥が隠れているのを見つけ、家に連れ帰って育てるという、生と死の隣接を思わせる挿話が、ここで語られている。

あるとき蓬髪で盲目の老婆が太子堂に到来する。いつもは善信を罵倒していた老婆である。彼女はそこに祀られている仏像に、つい手を合わせる。善信は少し離れたところからそれを目撃し、彼女を手掛かりとしてしだいに人々の間に信仰を広めていく。だが善信に心の悩みがないわけではない。かつて修行時代、ちよ（緑魔子）という遊女に誘惑され、六角堂で情を重ねたことがあった（この挿話は六角堂参籠時の観音菩薩の夢告に想を得ている）。善信は彼女を紅蓮の炎のなかで見殺しにしたという、傷ましい記憶から自由になることができないのだ。彼が悪夢に耐えきれず、深夜に小屋の外に飛び出すと、吹きすさぶ風のなかから念仏を唱える大勢の衆生の声が聞えてくる。

権力者たちの間では目まぐるしい闘争が展開している。実朝将軍が暗殺され、上皇たちが次々と流罪に処せられる。京の藤原定家の邸宅では、東国にいる善信の動向が取りざたされている。鎌倉と京都の対立のさなかにあって彼をいかに懐柔し、味方にするかという問題が浮上してきたのだ。地元の権力者（小松方正、フランキー堺）は善信を屋敷に招き、豪華な袈裟を与える。善信はそれを拒み、自分は地獄より他に生きる場所もない以上、たとえ拝まれても人を救う術など持たないと宣言すると、館を出ていってしまう。権力者はそれでも諦めきれず、犬神《いぬじ》人《にん》の宝来（三國連太郎）を使者として遣わす。彼はもし善信が拒めば殺害してもよいという許可を、密かに受けている。

犬神人とは中世にあって、神社で清掃を務める賤民である。宝来は（後にニンジャの衣装として有名となるが）つねに灰色の頭巾で顔を隠し、権力者の命を受けて密使や暗殺を生業としている。だが彼は善信が市場で説教をしているさまを盗み聞き、深い懐疑に襲われる。そこでは「屠沽の下類」ですら救済がかなうと説かれていた。

降り積もる雪のなか、宝来は善信暗殺のため、彼の倹しい小屋の前に現われる。だが善信は彼を信頼し、生まれたばかりの娘を預かって京へ送り届けてくれるように頼む。宝来はこの差別心なき僧侶の言動に感動し、殺意をうち捨てて約束をする。『親鸞』のクライマックスにあたるこの部分を、もう少し詳しく見てみよう。

善信は小屋の前で、宝来に赤ん坊を託す。宝来は彼の信頼に応えようとするが、積年の怒りを振り払うことができない。彼は頭巾の間から険しい目をして、善信を見つめる。

「異類の者として世間から差別されてきた俺たちの痛みはどうなるのか。俺たちはどうなるのか。」

「わしらは……みんな等しく如来の子供なのです。」

宝来はすばやく頭巾を取る。白塗りの顔と黒い髭が現われる。彼の額には黒々と「犬」という入れ墨が施されている。

「俺のこの面はいったいどうなるんだ！」

善信は一瞬、息を呑む。彼が応えないでいると、宝来は赤ん坊を抱き、

「俺か？　俺だったら大丈夫だよ」といい残して、去ってゆく。

『親鸞』の最後のシークエンスはきわめて晦渋である。ちなみにわたしは、これに相当する強度を持った場面を、以前にロッセリーニの『神の道化師、フランチェスコ』（一九五〇）のなかで観たことがある。そこではアッシジのフランチェスコが夜に森のなかで、旧約聖書の説く「レプラ」を患った者に出会ってしまう光景が描かれている。虫の音しか聴こえない静寂の闇のなかで、その人物は小鐘を鳴らしつつ、白い仮面のような顔を聖人に向ける。彼の沈黙を前にフランチェスコは、みずからの無力を思い知らされ、ひとり涙を流す。


善信不在のまま、豪華きわまりない勅願寺が建立される。住職として就任したのは、善信の弟子、若い真仏だ。真仏は善信を慕うあまり、建立の儀礼の途中で寺院を飛び出してしまう。彼は畳の上に敷かれた白布の上を駆け抜けていく。いうまでもなく、これは「白い道」、二河白道である。この道の両脇には権力者たちがズラリと列席している。真仏は師を探して砂漠に迷

う。誰も善信を押しとどめることはできない。

一方、宝来は何者かに殺害され、打ち捨てられた屍が野犬の餌食となっている。顔は腐乱して崩れ、蛆が舐めまわしている。カメラが引くとそこは墓地であり、二人の男が土中から蘇生して現われる。次にかつての宝来と同じ頭巾を被った犬神人が三人、さながら宝来の分身か複製であるかのように出現し、腐乱した屍を埋葬する。五人は墓穴を覗き込みながら、パラパラと土を穴に投げ入れる。この酸鼻きわまりない場面に平行モンタージュの形で、大砂塵を一人歩む善信の姿が映し出される。風があまりに強いため、彼が残した足跡はたちどころに消えてゆく。一瞬ではあるが、フィルムの冒頭に登場した兄弟子、安楽の首のショットが挿入される。だがもはや善信はそれに心を乱されることなく、砂のなかを進み、やがてその姿は見えなくなる。

『親鸞』は全体が暗いフィルムである。寒々とした風景、不毛で荒涼たる風景がどこまでも続き、カメラは固定を旨として、遊戯的に運動することから遠い。ただ闇に浮かび上がる炎と流れゆく小舟の映像だけが、繰り返し登場している。明らかにそこには、親鸞の教えに関わる隠喩的な意味が隠されている。

6　フィルムの分析

『親鸞』は、日本の映画界がときおり製作する超大作の教祖映画とは、決定的に異なっている。

空海をはじめとして、道元や日蓮といった鎌倉仏教の創始者たち、あるいは創価学会の設立者である牧口常三郎といった宗教家を主人公としたフィルムの多くは、教団の立場から、いうなれば護教的な目的のもとに創られてきた。『日蓮』（中村登、一九七九）では、CG合成を駆使して主人公の超能力的な挿話が描かれる一方で、聖図像のような画面作りが繰り返される。『空海』（佐藤純彌、一九八四）は、主人公の僧侶が披露する超人的な奇跡を羅列することに忙しい。『禅ZEN』（高橋伴明、二〇〇九）が描いているのもまた、道元が指導者として携えている、カリスマ的な威厳である。いずれもが萬屋錦之介、北大路欣也、中村勘太郎といった男優たちの演技に力点が置かれている。

こうした教祖映画はつまるところステレオタイプの映像の連続にすぎない。映画は偉人伝を反復するだけで、仏教思想がその内側で真摯に検討されているわけではない。日本映画において真に仏教の救済思想が審判にかけられたのは、内田吐夢の『飢餓海峡』や実相寺昭雄の『無常』のようなフィルムにおいてであって、名を遂げた高僧の伝記映画においてではない。

三國連太郎の手になる『親鸞』は、親鸞をめぐり長年思索を重ねてきた一個人による、純粋に探究のフィルムである。その点においてこの作品は、ここに並べてみせた凡庸な教祖映画とは、完璧に一線を画している。そこではこれまで浄土真宗の教団が言及することを回避してきた親鸞の伝記的空白時代に、思い切って焦点が当てられ、そこに独自の解釈が施されている。三つの点を指摘しておきたい。


まず指摘しておくべきなのは、このフィルムの根底に貴種流離譚の枠組が採用されていることである。まだ善信と名乗っていた時期の親鸞が、都のエリート階級から脱落し、越後から上野へ、さらに常陸へと流謫を重ねていくさまが、層を積み重ねていくかのように語られている。善信はまず女犯の罪を犯した破戒僧であり、権力がもっとも警戒する念仏衆の主唱者の一人であった。フィルムはこうした危険人物が宗派の指導者として、また困難な家族の長として、そのたびごとに不安と動揺を克服しつつ成長していくさまを描いている。これはすぐれて青年の通過儀礼を主題とした作品である。

第二にこのフィルムは、古代社会が没落し、武士を基軸とした中世社会が開始されるという転形期にあって、権力がいかに新興の宗教的カリスマを取り込もうとするかという、政治力学に焦点を当てている。京と鎌倉、天皇と将軍、中央と辺境といった、いくえにも重なり合った対立のなかで、最初は蛇蝎のごとく忌避されていた善信が、やがて利用価値のあるカルトの頭目と見なされるようになる。彼は政治の力学に疎く、老練な権力者たちによってその純粋な情熱がさまざまに悪用されてしまう。しかし彼は権力者のもとに寄寓しながらも、念仏弾圧の災禍のことをけっして忘れない。豪奢な寺院と袈裟を与えられても、それを一顧だにしない。赴こうとする地とは、風荒ぶ砂漠である。ここでは宗教運動が教団を形成し、時代の権力と癒着する以前の、原始宗教としての初発の活力と秩序転覆性が、重要な主題として取り上げられている。

『親鸞』において第三に注目すべきなのは、ここに中世の非農耕民をめぐる豊かな形象化がなされていることである。マタギ、巫覡《かんなぎ》、修験者、タタラ衆、漁民、ワタリ衆といった風に、従来の日本映画ではまず言及されることのなかった生業の者たちが登場し、善信と対話する。そのなかには韓鍛冶のように、朝鮮半島から渡来してきた技術者もいれば、社会に疎まれ、汚穢の存在として排除されてきた者、賤民として差別の対象となった者までが含まれている。善信は業病の者たちが住まう洞窟を訪れ、思わず絶句するが、超越的な声に導かれ、彼らの救済を願う。人間の本来的な平等を説き、彼らが真摯に抱いている太子信仰が、京の貴族たちの阿弥陀仏崇拝となんら変わるところがないことを、辻説法で繰り返す。

とりわけ興味深いのは、三國が宝来と呼ばれる犬神人を人物として創作し、彼に大きな役割を与えている点である。三國本人がこの役を演じていることからも、その重要さが理解できる。善信暗殺をも厭わぬつもりで彼を訪れた宝来は、賤民もまた往生を遂げる（あるいは賤民ゆえに往生を遂げることができる）という善信の教説に帰依し、彼のために愛児を京に送り届けることを引き受ける。宝来が類的存在であり、彼が抱いた差別と救済の念がその後も継承されていくことを、フィルムの最後の場面は告げている。屠沽のたぐいもみな等しく浄土に赴くことができるという『教行信証』の一節が、こうしてみごとに映像として遺されることとなった。

俳優としての三國連太郎の経歴を考えてみると、不思議な暗合に驚かないわけにはいかない。けっして悪をなすことができずに思い悩む青年を描いたデビュー作の『善魔』以来、『飢餓海峡』にいたるまで、三國は道徳的懐疑と悔悟を主題とするフィルムに数多く主演してきた。また『破戒』のように、被差別部落問題を主題とする作品に、率先して出演してきた。『飢餓海峡』における悪と被差別の問題については、いずれ本書の刊行の後に監督の内田吐夢を論じるときに、細部を検討してみる予定である。ここではこれ以上の言及を避けることにしたい。だが、それにしても驚くべきは、こうした出演作の多くが、親鸞の説く悪人正機と万人救済の理念に対応しているという事実である。

三國は初めて親鸞の思想に触れたのは、中央アジアをめぐる放浪の旅以降のことであると語っている。にもかかわらず、彼は親鸞をいまだ知らずして、すでに親鸞が創りあげた問題文脈のなかで俳優として深い経歴を積み上げていたように、わたしには思われる。長年にわたり、悪と差別について独力で思考を重ねていたことが素地となっていたからこそ、三國は抵抗なく親鸞の教えに身を委ねることができた。自覚せざる親鸞の徒が、ある契機を得て、それを自覚するようになった。三國連太郎の親鸞体験を要約するならば、このような表現がふさわしい。

7 『朽ちた手押し車』

『朽ちた手押し車』は不運なフィルムである。それは三國連太郎主演にもかかわらず、内容があまりに暗すぎるという理由から上映先が決まらず、三〇年にわたり封印されてきた。この不運の背後には、「ネアカ」なる意味不明の言葉が流行していた、バブル経済の社会があった。

監督をしたのは島宏。一九八四年のこの作品がデビュー作で、原案を暖めていたばかりか、共同脚本まで担当している。彼はその後何本かの作品を撮り、二〇一三年に逝去した。三國にしても、島にしても、死に到るまでさぞかし無念の思いであったことだろう。

それが監督の死の翌年になって、ようやく公開の運びとなった。地方の映画祭がたまたま上映してみたところ、大きな反響を呼んだからである。なぜだろうか。製作当時には不評であり、理解もされなかったこの作品の主題が、二〇一〇年代になって社会的に前景化されたからだ。日本が高齢化社会へと移行し、認知症の問題が緊急の課題となった時点で、このフィルムの主題が実は予言的なものであったことが判明した。観客側も、配給者側も、そこに先駆的なものを発見したのである。

新潟の漁村で、かつて漁師だった老人が認知症を患っている。彼は夜毎に海岸を徘徊し、小便を垂れ流し、過剰な食欲を抑えることができない。長年連れ添った妻もまた、不治の病の犠牲となり、毎日を激痛のうちに過ごしている。長男はそんな母を見かねて、医師に安楽死を依頼するが、にべもなく拒絶される。妻は絶望のあまり、夫を刺殺して心中を試みるが失敗する。やがて彼女が死に、親戚縁者によって野辺送りが行なわれる。老人は妻の死を理解できず、家に置き去りにされる。彼は衝動的に外へ飛び出すと、葬礼の行列のところまで駆け出し、こんなところにいたら死んでしまうよと、妻の棺に向かって話しかける。

『朽ちた手押し車』でこの老人を演じたとき、三國連太郎はまだ六一歳であった。彼は以前に『異母兄弟』で役作りのため、上の前歯すべてを抜いたことがあったが、今回はより高齢の老人を演じるため、残っている歯という歯をすべて抜いてしまった。これは狂気の沙汰である。だがそればかりか、毎日二時間をかけ、みずからメイキャップを行なった。このフィルムの二年後に、彼が吉田喜重の『人間の約束』に主演していることを考え合わせてみよう。この時期の三國が老いと痴呆という主題に執着していたことが判明する。とはいうものの、この二本のフィルムは、痴呆老人の妻との葛藤と孤独を描いてはいても、まったく異なった印象を与える。ただちに気付くのは、主演俳優のメイキャップと老いの演じ方である。わたしが『手押し車』に興味を抱いたのは、もっぱら次の二点にかかっている。三國連太郎はなぜにそこまで拘泥したのか。自分が納得できる老人を演じるために、彼はなぜ歯という歯までを抜くという、思いきった行為に出たのか。

フィルムを観て、その謎の一端が解けたような気がした。実は彼は親鸞を演じてみたいという念に駆られていたのである。というのも、ここに登場している痴呆老人の姿、いくぶんの猫背を丸め、前に屈みこんで座っているその姿は、九〇歳まで生きた親鸞晩年の肖像画にそっくりであるからだ。親鸞はみずから愚禿と名乗り、晩年に息子を義絶するという、壮絶な体験をしている。彼が理想としたのは、さまざまな認識の果てに大いなる忘却に到達することであった。吉本隆明の『最後の親鸞』は、それを語っている。わたしたちは三國がこの時期に親鸞について長編小説を発表し、それをみずから映画化したことをすでに知っている。『朽ちた手押し車』で彼が試みたのは、みずからの身体をもって親鸞の最晩年を生きることであったように思える。

では一人の人間にとって最晩年とは何か。それを思考するために、われわれは手がかりとして、吉本隆明による一連の親鸞論へと赴かなければならない。

吉本隆明と〈解体〉の意志

1　資質の問題

吉本隆明は生涯において二度、親鸞について論じている。最初のときは二〇歳代の前半で、親鸞の紛うことなき資質について短いエッセイを書いている。二度目のときは五〇歳代に入る前後で、親鸞の晩年について集中的に論じ、いく冊もの著書をものしている。

吉本の親鸞像が他の思想家と比較して独自であるのは、ただひたすらに彼の〈晩年〉に着目したところにある。といってもここでいう晩年とは、生理的な年齢における高齢を意味しているのではない。思想家がひとたび抱いた思想を育て上げ、それを体系的な世界観にまで発展させていった後で、ある奇妙な逆理に捕らわれ、その忘却を志すといった事態のことである。人はなぜ、それまで誰もが参入しようとしなかった、そうした危険な領域に足を踏み入れてしまうのだろうか。吉本は親鸞において、この問題に向かいあっている。

わたしはこれから、吉本が親鸞をどのように眺めていたかという問題について、エッセイを書こうと考えている。うまく書けるかどうかは心もとない。親鸞は論じる人に応じて、まったく異なった顔を見せるからだ。三木清にとって親鸞は、終末に向かいあう知識人であった。三國連太郎にとって親鸞は、差別に反対し、人間の平等を説く青年であった。その伝でいくと、吉本にとって親鸞とは、およそありとあらゆる観念を、それが観念であるかぎりにおいて解体に処そうとする、激しい思想をもった頑固老人であるように思われる。ではその解体とは何か。何が何を解体しようというのか。

とはいえ、いきなりこの問題に向きあうことは、早急さの誹りを招くばかりである。吉本隆明と親鸞について論じるためには、まずエクリヴァンとしての吉本の〈初期〉に立ち戻って考えなければならない。

天草の船大工の裔として東京月島に生を享けた吉本にとって、浄土真宗の信仰とは、幼い彼を空気のように取り囲む環境であった。わたしはそう推測している。彼の自伝的文章を読めば、祖父も父も篤実な信者であったとある。だが年譜は、この出自の自明さを拒否するところから、思想家としての吉本が幼げにも台頭してきたことを告げている。

一〇歳代のあるとき、『歎異抄』を手にした少年は、それを先祖からの信仰を証立てる経典として受け取ったわけではなかった。彼は親鸞の晩年におけるインタヴューを、信仰の共同体から離反して、孤独な、寄る辺なき思考に身を委ねた思想家の述懐の書として受け取り、そこにみずからのアドレッサンスの対応物を見出したのである。彼はひょっとして、下村湖人の『次郎物語』の主人公にいくぶん似ていたかもしれない。親鸞を読むこと、親鸞を思考することとは、宮沢賢治や新約聖書を読むことと並んで、その後の吉本にとって、出自に抗い、知的上昇を遂げるための大きな契機となった。

狭い集合住宅の奥にあるうす暗い四畳半で、いかなる疑いも抱かず念仏を唱える家族の者たち。彼らは何の計らいもなく善良であり、日々の生活に必要なことしか考えておらず、後に吉本が唱える「大衆の原像」となった。だが書物の存在を知り、私塾で詩の手ほどきを受けた利発な少年は、あるときから別の世界に生きることを心に決めた。彼は『歎異抄』の難解なアフォリズムに魅惑され、そこに強い詩的緊張を認めた。家族と故郷を離れ、工業専門学校の寮で共同生活を始めたとき、親鸞を読み、彼の和讃を口遊むことは、戦時下にあっては、思考の自由を確認することであったように思われる。

吉本隆明は生涯にわたって、特定の信仰への帰依を表明することがなかった。彼はつねに宗教的なものに深く関心を抱き、信ずるという行為の意味を思考の対象とした。とはいえ信仰の内側に入り、信仰共同体を背景としながら発言をすることだけは、注意深く回避し続けた。重要だったのは、信と非信の間《あわい》に立って思考することである。世界を秩序のもとに眺める信仰の体系に亀裂が生じるとすれば、それはどのような機会においてであるか。その亀裂が修復不可能なものとして、体系の全体を崩壊へと向かわせる力とは何なのか。吉本の関心はもっぱらこの点にかかっていた。

有名な逸話がある。

日本が敗戦を迎えて数ヵ月後、それまで読んできた書物という書物をすべて信用できなくなった吉本は、すべてを神田の古本屋に叩き売ると、代わりに『国訳大蔵経』を抱えて下宿先に戻った。漢訳をそのまま日本語読みに直しただけのものだった。そしてしばらくして、それを片っ端から読み始め、全巻を読破した。どこまで理解できたかは心もとないが、『大智度論』にだけは感心し、「善悪ふたつながら行わず」という言葉を覚えたという(「『大菩薩峠』(完結篇)」・『吉本隆明全著作集５』p.625）。

もちろん三蔵法師が天竺から持ち帰った五百巻余の経典全部を読むことなど、当時の大学生にできるはずがないから、話半分に聞いておくべき挿話だろう。だが推測するに、このとき吉本は『浄土三部経』と『往生要集』を確実に手に取っているはずである。こうした機運のなかで、一九四七年、彼は最初の親鸞論、「歎異鈔に就いて」を執筆している。それは大学の同じ研究室で級友たちとともに刊行した、小さな雑誌に掲載された。

先にも書いたように、吉本はこの時点ですでに親鸞には深く親しんでいた。一九四四年、米沢高等工業学校時代に私家版で刊行された最初の著作、詩集『草莽』には、「親鸞和讃」と題して二八行の詩作品が収録されている。

ア、ソレ愚禿親ランノ
生レヂツラツラ慮ヘルニ
ドウヤラ貧ボウ人ゲンノ
スコシオロカナ子ナリケリ

世ニ伝ハリシ身ノ上ハ
　ミンナ虚妄ニアリヌベシ

アヽソレ愚禿親ランノ
教ヘヲツラツラ慮ヘルニ
絶対自己ヲ否定セル
　オロオロ道ヲユクナラン

正シキ者ハ人ノ世ニ
　必ズ功ヲ得ルナリト
少シモ彼ハ言ハナクニ
　タダミヅカラヲ殺セトフ

アヽソレ愚禿親ランハ
始末ニ負ヘヌ人ナリキ

（『初期ノート増補版』p.380）

吉本は親鸞の和讃を愛誦するあまり、見よう見まねでそのスタイルを模倣している。ここに描かれている親鸞の像は、今日われわれが考えている親鸞のそれとは大きくかけ離れている。貧しい家に生まれ育ち、「スコシオロカ」にして自己の滅却を願う人物とは、端的にいって宮沢賢治が「雨ニモマケズ」のなかで理想化した、「デクノボー」と呼ばれる人物にきわめて近しい。この「和讃」が賢治の圧倒的な影のもとに書かれていることは、「サムサノナツハオロオロアルキ」という、賢治の有名な詩の一行から「オロオロ」という語が用いられていることからも、瞭然としている。

とはいうものの、この詩にはすでに、親鸞をめぐって吉本が後年に大きく展開することになる、主題の萌芽が見受けられる。彼はまず親鸞の自嘲的な自称、「愚禿」という語に注目し、彼の人格の根底に「オロカ」という要素を見出している。親鸞が正義や世俗的な功績に価値観を置かず、世俗世界にあってほとんど理解されない存在であったことを、明確に指摘している。世にいう親鸞伝説のなかには親鸞は存在していないという吉本の立場が、簡潔な言葉のもとに表明されている。

後年、吉本は戦後詩人として重要な存在となった。その詩の特徴を一言でいうならば、感覚的映像を提示することにきわめて禁欲的であり、もっぱら理念に基づく呼びかけとして、詩が構成されているという事実である。詩の根底にあるのは言語遊戯でもなければ、物質的想像力の官能的な戯れでもない。基調とされるのは独白の形をとった思索であり、それを外部に向けて告知するという行為である。もちろんそこに宮沢賢治の影を読み取ることは難しくない。だがわたしはこうした吉本詩の鋳型を準備したのが、戦時中に懸命に読み耽った親鸞の和讃ではなかったかと睨んでいる。親鸞こそはもろもろの和讃において、映像のもつ感覚性を最小限にまで切り詰め、理念を前面に押し出す文体を作り出した人物であった。

親鸞を宮沢賢治に重ね合わせ理解するという姿勢は、戦後もそのまま吉本のなかに引き継がれた。一九四七年、「歎異鈔に就いて」では、冒頭にエピグラムとして賢治の詩「塔の詩」から「正しく愛しき　ひとゆゑに」といった四行が引かれている。

吉本はまず、『歎異抄』の「詩人的資質」をもった親鸞を、『無量寿経』や『阿弥陀経』といった経典が築き上げる壮大な体系に対立する存在として捉えてみせる。こうした仏典の説く心理学と観念論を前に困惑を禁じえない親鸞という像を設定し、彼にひとかたならぬ共感を寄せている。思うにこの困惑とは、当の吉本が下宿部屋に積み上げた『大蔵経』を前に抱いた困惑に基づいているのではないだろうか。同時代の宗教家がこの体系の内側に帰属しながら思考を組み立てていたとき、ひとり親鸞だけはこの絢爛たる体系を「突き崩し」、体系から「引退かざる」をえなかった（『吉本隆明全著作集4』P.33）。吉本はこの事実を、親鸞の資質に帰している。

「彼は夢想家であり、時には感傷家でさへあったが、恒に現実の悲しみが誇大に写ってならなかった彼の網膜に僕は何等不潔なものを見出すことが出来ぬ。」（p. 34）こう書きつける吉本は、さながら親鸞の「流れる悲調の韻律」（同p.33）に酔いしれているかのようだ。親鸞の何が悲しいのか。それは彼が『浄土三部経』に資質として反発を感じながらも、「理念的には惹かれ」ていくという逆説を生きなければならなかった点にある。

吉本は体系の人としての親鸞を信じず、『教行信証』に対しては好意的な態度をとっていない。三木清が遺著『親鸞』のなかで評価した「三願転入」の教義についても、この時点では懐疑的な感想を述べている。彼が『教行信証』から引いてみせるのは、先行する経典の細かな検証の部分ではなく、理論的記述のなかに突然、感極まって間欠泉のように噴出する、作者の自己反省の一節である。「悲しいかな僕は信仰を持たぬ。僕は唯こゝに唯一の悲しみを提げた人間がゐたと云ふ真証さへあれば、又遠く旅立つに事欠かないやうだ。」（同p.35）これが吉本の流儀である。後に彼は『カール・マルクス』を著わすのだが、そこでも論じられているのはマルクスの経済学理論ではなく彼の孤独であり、『経済学・哲学草稿』の端に記された、報いられぬ愛をめぐる断章である。

わたしの憶測では、この時点において吉本はまだ『教行信証』を通読していない。いや、このいい方が乱暴なら、「その折々にもらす彼の感懐」には注目しても、大部の書物全体と格闘するまでには到っていないと、いい替えておこう。言及されるのはもっぱら『歎異抄』であり、それも最初の第九条までに限られている。第十条以降は「教義の鮮明化と異解の論破」(同p.39)のための叙述にすぎないとして、論議の対象からあっさり外されている。吉本の関心はもとより親鸞の教義ではなく、親鸞の孤独であり、その眼差しの「悲しさ」であった。

先に親鸞の像を描くにあたって宮沢賢治の影が深く落ちていると書いたが、賢治だけではない。「親鸞の凄絶な人生的苦闘」(同p.36)という表現の背後には、当時の吉本が私淑してやまなかった太宰治の影響がはっきりと窺われる。いささか身も蓋もない表現であるが、この時期に憧憬の対象であった複数の人物が重ね焼きされて、親鸞という人格に収斂され、感傷的な理想化を施されている。そのため著者は、思想家としての親鸞の根本にある他力という考えに立ち入って論じることが、まだできずにいる。彼は親鸞の説く「非行非善」という言葉に異議を唱える。親鸞という「一個の人間に衝き当るために」は、「弥陀」や「往生」「念仏」といった概念を切り捨ててもかまわないとまで主張する。「どうして彼は仏教徒でなくてはならなかったのか」（同p.37）というラディカルな問いが、そこから発せられる。この問いは重要だ。もう一度、繰り返しておこう。どうして親鸞は仏教徒でなくてはならないのか。

親鸞を論じるにあたってはどこまでも『歎異抄』を中心とし、『教行信証』に重きを置かないという吉本の基本的姿勢が、このエッセイではすでに明確に打ち出されている。彼が『教行信証』の教義的側面についてようやく筆を執ったのは、齢五〇にしてエッセイ「最後の親鸞」を書き上げ、それをひとたび単行本として上梓したのち、補足的論考として加筆したときであった。

興味深いのは、「歎異鈔に就いて」というこの短いエッセイのなかに、後に批評家として吉本が大きく膨らませていく主題が、ぎっしりと詰め込まれていることである。親鸞が肉親を突き放す場面に焦点を当て、「弥陀のはからひに徹する程彼はますく〳〵孤独でなくてはならなかった。」（同p.36）と書くとき、吉本はその七年後、一九五四年に書くことになる『マチウ書試論』のなかでジェジュ（イエス）の肖像を、親鸞論において、すでに原型として素描していることがわかる。

とはいえ吉本が『歎異抄』と『マタイ福音書』に向かう姿勢には大きな違いがあることも、ここで断っておくべきかもしれない。いずれの書物も、親鸞なりイエスが死を遂げて相当の歳月が経過した後に、直接の弟子であったり信徒であった人物によって纏められた言行録である。当然のことではあるが、そこには編纂者のイデオロギーが色濃く反映している。

『マチウ書試論』のなかで吉本が強調するのは、マチウ（マタイ）がイエスの言動を潤色し、ときに過度とも思える演出を行なっているという事実である。そこにはユダヤ教をめぐって「敵意と憎悪とをいたるところにばら撒いている」（同p.82）マタイなる人物が、その実在が疑わしいイエスという人物の名を借りて、「空想と緊張症とのはげしくいりくんだような架空の教祖」（同p.82）を造り上げてみせたと、吉本は断定してみせる。彼は『マタイ福音書』が直接にイエスの言行を書き留めたものではなく、あくまでマタイという才長けたイデオローグの視座から語られた文書であるという事実を、ひどく強調している。

興味深いのは、この吉本が『歎異抄』に関しては信じられないほどの無防備さを示していることだ。彼はインタヴューの編纂者である唯円によって親鸞の思想が歪められたとは、ついぞ考えていない。この書物に遺されている親鸞の言葉をそのまま受け取ることで、彼の思想を論じようとしている。吉本はこの姿勢を終生崩すことがなかった。

その後の膨大な親鸞論との関連において、「歎異鈔に就いて」で気懸りとなる箇所を、いくつか指摘しておきたい。

「歎異鈔に就いて」においてもっぱら論じられているのは、親鸞の資質である。だが資質について論じるというのは、どのようなことなのか。吉本は後に、「最後の親鸞」とほぼ同時期に執筆された『書物の解体学』のなかで、次のように書いている。

文学に固有な資質の世界は、たれにとっても初期の未熟な作品のなかにあらわれてくる。むしろ初期は資質だけから成り立っており、才能とか知識とか意図とかいうものは、資質に従属するかぎりでしかあらわれてこないといってもよいくらいである。そしてこの資質の世界の特徴は、どこまでも中心にむかって凝縮しようとするラディカルで早急なせき込みにあるといっていい。

（『書物の解体学』p.77）

若き日の自己を反省的に捉えた文章である。親鸞の資質を論じた吉本は、実はみずからの資質をめぐって信仰告白を語っていたのだという事実が、おのずから立ち上ってくる。「歎異鈔に就いて」では、親鸞をめぐる具体的な情報は、ほとんど何も語られていない。われわれが認めるのは、この悲しい夢想家を見つめる吉本の眼差しであり、眼差しの真摯さである。とはいえ、このきわめて収斂的な印象を与えるエッセイのなかに、吉本の〈初期〉、吉本における書くことの始まりが、十全に体現されている。

後に吉本が大きく展開する主題のいくつかが、ここにすでに萌芽の形で顔を覗かせている事実にも、着目しておかなければならない。とりわけ印象的なのは、親鸞の説く「弥陀のはからい」を、人間の無意識との関連において理解しようとする態度である。吉本はすでにこの時点で、親鸞の夢告による回心に言及しており、「親鸞は早くから人間の無意識の構造に眼を注いだ」ことを重視している（『吉本隆明全著作集4』p.40）。人間の善悪という観念をめぐっては、意識のみならず無意識の領野まで射程を拡げて考えなければならない。エッセイの結末部に短く指摘されていることであるが、人間の尽力と認識を越えたところで生起する「はからい」をどう理解するかという問題をめぐって、これは重要な示唆であるように思われる。

ちなみに余談ではあるが、吉本は一九五〇年代に何篇かの映画評をものしている。その一つが内田吐夢が監督した『大菩薩峠』（一九五七）とその完結編（一九五九）を取りあげたものであることに、わたしは映画研究家として注目しておきたい。いうまでもなくフィルムの原作は中里介山による同名の長編小説であり、作者はそれを「大衆小説」ではなく、「大乗小説」であると説いた。主人公の机竜之助は、人界の因果を越えた殺人を次々と重ねていき、いつしか幽冥界に引き寄せられていく。内田は映画化にあたって画面の背後に地蔵和讃を流し、浄土宗信仰による悪人の救済という主題を前面に押し出すという演出を行なった。登場人物たちは遭遇と離別、善行と悪行を繰り返すが、それらはすべて「弥陀のはからい」であると解釈されている。吉本がことさらにこの作品を論の対象としたことは、彼の親鸞論の文脈からいってもきわめて興味深いことのように思われる。

2 晩年

おもえばいままで、最後の親鸞というかんがえに、ずいぶん魅せられてきたような気がする。ときには、親鸞、その最後の思想というかんがえにかわったりもした。しかしいずれにせよ、魅せられたほどにこのかんがえが確かなものかという段になると、とても心もとない。

（『最後の親鸞』p.013）

『最後の親鸞』の根幹をなす同名のエッセイの書き出しである。これを書いたとき吉本隆明はちょうど五〇歳であり、その七年前に『共同幻想論』を刊行、その後は大部の『心的現象論』に取り組んでいる途上であった。彼はすでに勁草書房から全一五巻の著作集を刊行しており、戦後日本を代表する批評家の一人として、論壇に強い影響力をもつまでになっていた。「歎異鈔に就いて」を同人誌に発表してからは、二七年の歳月が経過していた。

吉本の内面にあって、もはや親鸞は悲しげな眼をもつ感傷的夢想家であることをやめている。では中年を迎えた批評家にとって、親鸞はどのような存在であったのか。『最後の親鸞』増補版の序文のなかで、彼は現実に鎌倉時代に生きた親鸞を、まったく異なった三つの側面から次のように素描してみせた。

ひとつは念仏思想の祖述者としての親鸞である。彼は門弟たちの前で、どこまでも法然の教義をその通りに伝え、聖覚や隆寛といった法然の弟子の著作を忠実に註解する者としてふるまった。説教の場にあっては独創的たらんとする野心をみずから戒め、謙虚にして禁欲的な念仏者として行動した。

だがその一方で彼は浄土教の教理を整理統合する大著、『教行信証』の執筆に心血を注いでいた。その作業は秘密裡に行なわれ、知る者はほとんど存在していなかった。これが第二の側面である。

親鸞の最後の側面は、吉本の表現を用いるならば、「一介の捨て聖」（同p.4）である。彼は常陸、上野、武蔵、上総、安房といった関東のさまざまな地方を、ときに乞われ、ときにみずから望んで巡歴する「非僧非俗」の存在であった。僧侶が従うべき戒律に捕らわれることなく、「ごく普通の生活の振舞い」（同p.4）を通して人々に強烈な感銘を与え、しだいに在地の人々が念仏者の集団を形成してゆくさまを見守っている人物でもあった。

親鸞の像は、みごとなまでにまったく異なる三つの位相に分裂している。そのせいもあって、彼の微妙にして独自の思想を統合的に把握することは、他の思想家の場合と比較してけっして容易なことではない。京の知識人の間ではほとんどその存在を知られることなく、老いて市井に倹しく生きた一介の捨て聖が、「偉大なアジア的な思想」（同p.7）の構築に生涯の情熱を費やした。そうした事実を理解しようとしても、かくも分裂した像のどこに赴いていけばよいのかが問題となってくる。

吉本は『歎異抄』の編纂者であった唯円を高く評価している。このインタヴュー集を通して、人は親鸞が究極的に到達した浄土門の思想のあり方を知ることができる。いや、そればかりか、彼が「どういう口調とどういう勢いで」（同p.5）人々に教説を説いたかを如実に知ることができるはずだと、確信をもって書きつける。

先にも触れたが、『マチウ書試論』のなかで作者マタイの、イエスをめぐる狡猾な印象操作をめぐり、かくも先鋭な批評意識を振り向けてみせた吉本が、唯円に関してはかくも無防備な姿勢を見せていることは、ひどく奇妙に思われる。だがそれを確認した上で、先に進むことにしよう。親鸞の思想を把握するためには、何よりも最晩年の書簡と『歎異抄』に赴かなければならないと、吉本は力説する。こうして〈最後〉の親鸞をめぐる一連の注視が根拠づけられた。だが、〈最後〉とはいったい何であるのか。

「歎異鈔に就いて」で素描された親鸞とは、二三歳の吉本の理想自我を凝縮した、抽象的な人格であった。『最後の親鸞』で彼が仕分けしてみせた親鸞の三つの側面もまた、この時期に彼が抱いた自己認識にそっくり重なりあっている。大衆よりもはるかに高位にある知識人として、難解な体系的書物を著わしながらも、知識人という観念の傲慢を批判してやまない文学者。大衆の原像とは何であるかをつねに忘れず、それを価値判断の基準として採用する思想家。高名な知識人でありながら、無名の存在として市井に潜み、「ごく普通の振舞い」をしている文筆業者。吉本が親鸞に投影した映像とは、彼が思想家として長らく理想としてきたところであった。「サウイフモノニ／ワタシハナリタイ」という賢治の詩の一節が、自然と思い出されてくる。

「最後の親鸞」というとき、その「最後」とは何を意味しているのだろうか。端的にいってそれは、『教行信証』を書き上げてしまった以降の親鸞ということである。この大部の教義書は、一二四七年に弟子の尊蓮が書き写し、校合を行なったという記録がある。このとき親鸞は七五歳である。彼はその後、九〇歳で逝去するまで、書簡を含め、夥しい著作活動を展開している。吉本はまず、この最晩年における親鸞にこそ焦点を投じるべきであると説いている。

だが「最後」という語にはもう一つ、親鸞の思想が究極的に到達した地点という意味合いが含まれている。比叡山のエリート学僧が法然に出逢い、それまでの学業と修行のいっさいを放棄して念仏に赴く。彼は図らずも流罪となり、非僧非俗の身となって、新たに思索を開始する。師の法然が赦されて京に戻ったときにも、彼のもとを訪れることをせず、東国の地に留まり続ける。老いてようやく京に戻ると、今度は関東の門弟たちが異端の教えに染まることを案じて、さまざまな指令を与える。宗教家としての親鸞の思想が、そのたびごとに大きく変転しているとしたら、その最後の形態はどのようなものか。それを考えることは、中年のさなかにあった吉本にとって、自己点検のために必要であった。私見であるが、彼はおそらく、いずれ到来するであろうわが身の終焉をめぐって、漠然とではあるが見当をつけておきたいという願望を抱いていた。

芸術家にとって晩年とはいかなる意味をもっているのか。この問題を美学の主題として最初に取りあげたのは、テオドール・W・アドルノである。彼は『ベートーヴェン 音楽の哲学』のなかで、後期ベートーヴェンの作品が、それまでの首尾一貫した論理をこともなげに放棄し、散漫で脱中心的なもの、というより「カタストロフィー」と化していることを指摘し、それに「晩年のスタイル spätstil」という言葉を与えている。晩年の芸術を特徴づけているのは、死が屈折した様式のもとに、アレゴリーとして出現していることである。そこに認められるのは「芸術作品そのものに別れを告げるときのいらだたしい身振り」に他ならない。アドルノはベートーヴェンの最期の楽曲が甘やかな円熟を拒み、容易に享楽に身を委ねることを否みながら、むしろ苦く、荒々しい作風をもっていると指摘する。それは調和とも和解とも無縁で、いっさいの懐柔の契機を拒否している。だがその否定性において力強いと肯定している。

アドルノのこの音楽論を大きく敷衍して、芸術一般における晩年性 lateness を論じたのが、エドワード・W・サイードであった。アドルノに深く私淑していたこの比較文学者は、白血病に倒れた後、この問題に真摯に取り組み、その名も『晩年のスタイル』なる書物を遺した。彼は書いている。

> 人は歳をとるにしたがい賢くなるのか、また芸術家がその活動の最終段階において、年齢ゆえに獲得する認識なり形式になにかユニークな特徴はあるのか。わたしは晩年の作品のなかで、歳をとれば知恵もつくというおなじみの考え方に出遭う。そうした作品が反映する稀少な成熟や、新たな和解と平穏の精神は、ありふれた現実の奇跡的な変貌というかたちで表現されることが多い。シェイクスピアは『冬の夜話』や『テンペスト』といった晩年の戯曲で、ロマンスと寓話の形式に回帰する。同じくソポクレス《(ママ)》の『コロヌスのオイディプス』では年老いた主人公は、最後には驚異的な神聖さと和解の獲得にいたる。
>
> (『晩年のスタイル』p.27～28)

こうしてサイードは、レンブラントとマチス、バッハとワーグナーといった風に、晩年において豊かな円熟を見せ、これまで築き上げてきた芸術的世界の統合に向かう人々を列挙する。

だが一方で彼は、こうした芸術家たちとは異なった晩年を生きた者たちについて、短くないリストを作り上げている。

ソフォクレス的な世界との和解を拒み、『バッカイ』と『アウリスのイピゲネイア』という二篇の悲劇を通して、犠牲と自己欺瞞の過程を冷静にかつ残酷に描いてみせたエウリピデス。劇作家としてのみずからの輝かしい経歴を貶める戯曲を世に問うことを恐れず、怒りと錯乱に満ちた内面を表現して、観客に困惑と居心地の悪さを与えたイプセン。死に到るまでアレクサンドリアを離れず、幻滅と悦びの双方を矛盾したまま詠ったカヴァフィス。生涯にただ一篇の長編小説しかものさず、世界の没落を貴族的に描いたランペドゥーサ。そのランペドゥーサの『山猫』を、巨額の製作費を蕩尽しながら映画化したヴィスコンティ。泥棒作家として世に出ながら、後半生にあってパレスチナ解放運動に身を投じ、『恋する虜』を遺したジャン・ジュネ……。

こうした芸術家たちは、たとえ高齢と体調不良に苛まれていたとしても、けっして「成熟こそはすべて」といった「晴朗な精神」に赴くことがなかった。彼らは最後まで世界との妥協を拒んだ。気難しく、解決しえない矛盾を抱え込みながら、人生の最期を迎えた。事物の調和を疑い、不穏なまでの緊張を感じながら、世界に対し放棄の姿勢を取り続けた。

彼らはたとえ自国に居住しようとも、まるで異邦人のように創作活動を行なった。晩年とは忘却のための、心地よい時間などではなかった。彼らはつねにあらゆる出来ごとに対し意識的で十全たる記憶を保持し、周縁に位置していたにもかかわらず、その周縁性に耐えようと試みた。いきおいその作品は断片的な印象を与えたり、過去との非連続性によって特徴づけられることになる。だが彼らは毀誉褒貶をものともせず、誰もが踏み入れたことのない領域へと創造性を駆り立てていった。サイードはこうした芸術家たちが、晩年という人生の最期の時期にふさわしいスタイルを所有していたと記し、彼らを顕彰してやまない。

吉本は親鸞の最晩年について執筆を思い立ったとき、知らずとして『晩年のスタイル』のサイードにきわめて近いところにあった。

衆人にむかって一心に念仏を唱えることだけを説く念仏者でもなく、浄土教の教義的統合のため長大な著作に耽る思想家でもなく、そうした過去の宗教的行為と体験を平然と放棄し、宗教的なるものの解体へと向かおうとする老人。あらゆる既得のものに訣別し、ゆるやかにではあるが放念と忘却へと向かおうとする老人。『最後の親鸞』に一貫しているのは〈解体〉という一語である。知識の解体。善と悪の境界の解体。衆生の解体。念仏の解体。そして最終的には信仰の解体。この「解体」という言葉を鍵とすることで、吉本は親鸞がこれまで携えてきたあらゆる観念を相対化し、ゆるやかにではあるが、しだいに何もない場所へと移行してゆくという、大がかりな物語を語っている。それは三つの位相に分裂した親鸞の肖像画を丹念に補塡し、その統合を目指す作業ではなかった。そのいずれの枠組みからも飛び抜け、空無と化した場所に立って、新たなる親鸞像を構築する試みであった。『教行信証』の言葉を用いるならば、「横超」、つまりいきなりジャンプして、予期もしない空間へと移動し、解放を手にすることであった。

3　愚の体現

かつて吉本は「歎異鈔に就いて」を、ひとつの逆理から始めていた。詩人的な資質をもった親鸞が、圧倒的な存在感をもった仏典の教理体系とその首尾一貫した論理を前に、強い反発を感じながらも、理念的にはそれに惹かれていくという事態を、彼は「逆理」と呼んだ。もしこれを、後に彼が愛用した言葉に置き換えるならば、それは「悲劇」といい直されたことだろう。『最後の親鸞』においても、教義体系をめぐる違和感と二元論の構図は、基本的に踏襲されている。だが「資質」といった曖昧な観念が消え、その代わりに、以前になかった時間意識が導入されている。親鸞は静的な人格であることをやめ、動的な存在と化している。彼は教義をめぐってひとたび堅固な体系を構築し終えたのち、別の段階へと移行を企てる、積極的な人物である。逆理はもはや恒久のものでもなければ、悲劇の形成因ですらない。親鸞とは不可避なるものに突き動かされ、次々と襲いかかる運命を必然として受け入れていく、強靭な主体と化しているからだ。いや、この表現ではまだ充分ではない。親鸞は仏教の壮大な教理体系というよりも、より広く、人間の営みとしての〈知〉そのものとの関係において解放を求めた存在として、改めて描き直されることになる。

吉本はまず、親鸞が『教行信証』によってみずからの思想の体系化をなしとげたという一般的理解に対し、はっきりと疑義を唱える。先行するあまたの経典から引用を企て、それに註釈を添えて書物を編むという行為は、なるほど浄土教の思想的祖述者としては申し分ないかもしれない。だが親鸞の究極の思想はそこにはないはずだというのが、吉本の確信である。彼は書く。

〈知識〉にとって最後の課題は、頂きを極め、その頂きに人々を誘って蒙をひらくことではない。頂きを極め、その頂きから世界を見おろすことでもない。頂きを極め、そのまま寂かに〈非知〉に向って着地することができればというのが、おおよそ、どんな種類の

〈知〉にとっても最後の課題である。この「そのまま」というのは、わたしたちには不可能にちかいので、いわば自覚的に〈非知〉に向って還流するよりほか仕方がない。

（『最後の親鸞』p.15）

きわめて重要な一節である。というのもそれが吉本の思想において、〈知〉が本来的に負債を抱え込んでしまうという構造を想起させるためだ。

ひとたび知識を手にした人間は、もう後戻りすることができない。彼は次々とより高度な知識を求め、否応なく知的階梯を上昇しなければならない。それは知識人としての自分を認識することであると同時に、自分を育んできた家族や共同体を切り捨て、訣別を宣言することに通じている。なるほど知的に上昇を遂げた人物は、高みから下方を見おろし、指導や命令といった権力の言語を駆使することもできるだろう。だがそれは、彼が原風景のなかにある大衆から隔離され、孤立の相においてなさざるをえない行為にほかならない。人はこの過程を、けっして避けることができない。

吉本の思想をみるならば、『マチウ書試論』や『高村光太郎』、また一連の転向論において、彼がこうした逆理を一貫して説いてきたことが判明する。神の啓示を特権的に受けた身として故郷の町に赴いたものの、預言者として認められず、嘲笑を受けざるをえなかった『マタイ福音書』のイエス。憧れのフランスに留学し、最先端のフランス彫刻を学んで帰国したものの、父親が寡黙に彫り続ける職人芸の手彫りを前に、深い困惑に襲われた高村光太郎。マルクス主義の洗礼を受け、「人民」を教化して共産主義革命を説いたものの、現実の庶民の祖先崇拝や神社仏閣信仰の事実を特高に突きつけられ、あっさりと転向を決め込んでしまった戦前の共産党幹部。いずれの場合においても、若くして出自の共同体を離れ、知的上昇をとげた人間が、その共同体から疎外され、不幸な孤立に陥ってしまうという「悲劇」が描かれている。ちなみに月島に船大工の息子として生を享けながらも、少年時代に文学に目覚め、家族にはほとんど縁のなかった書物の世界に耽溺することを覚えた吉本隆明本人からして、知的階梯の上昇に伴って、彼のいう「大衆」から乖離してゆき、それを生涯にわたる負債として抱え込んでいた。

親鸞に戻るならば、その晩年は吉本に向かって、この〈知〉の負債からの解放の契機を差し出している。人間にとってもっとも重要なこととは、知識の頂上にまで上り詰めることではない。ひとたび極めた山頂から、いかに〈非知〉、つまり知識が消滅をとげる状態にまで、円滑に降下していくかという方が、実はより本質的なのである。だが意識することなく、それを自然体で実践することは、人間にとって不可能に近い。結局のところ、充分に自覚しつつ、この径を気を付けながら歩んでいくしかない。親鸞はこの問題を真に実践しようとした稀有の人物として、吉本の前に出現する。

『最後の親鸞』はここで、水遊びをしていて急に水深が深くなったかのように、本題に向かって急速に収斂してゆく。

どんな自力の計《はから》いをもすてよ、〈知〉よりも〈愚〉の方が、〈善〉よりも〈悪〉の方が弥陀の本願に近づきやすいのだ、と説いた親鸞にとって、じぶんがかぎりなく〈愚〉に近づくことは願いであった。愚者にとって〈愚〉はそれ自体であるが、知者にとって〈愚〉は、近づくのが不可能なほど遠くにある最後の課題である。

（同p.15）

息せき切った調子で、『歎異抄』にある有名な「悪人正機」への言及がなされる。だが、そこに逗留しているわけにはいかない。それよりも、「計《はから》い」とは何かを問うことが先決だ。〈愚〉とは何か。

なぜ〈愚〉を体現することがそれほどまでに難しいのか。吉本は親鸞死後に成立した言行録

『末燈鈔』から、「浄土宗のひとは愚者になりて往生す」と法然が語ったという挿話を、まず引いてみせる。阿弥陀仏は善人よりも悪人を、賢者よりも愚者をより好んで、浄土へと導き入れる。吉本は〈愚〉の一語を脇に置くと、〈無智〉について検討してみせる。

愚者はいかなる知識ももたず、永遠に〈無智〉そのものに留まっている。〈知〉を極めた者は、かぎりなくこの〈無智〉に憧れ、最後の課題としてそれに合一しようと試みる。しかし、どうしてもそれに到達することができない。なるほど彼は〈非知〉にむかってみずからを駆り立てることはできるかもしれない。だが、〈非知〉と〈無智〉の間には「紙一重の、だが深い淵が横たわっている」(同p.18)からだ。

愚者はそもそも信仰の外側に立っている。浄土に近づくために、いかなる努力もしなければ配慮もしない。信仰の内側に立つ者からすれば、こうした愚者こそが他力本願の理想的なあり方のように思える。だがそもそも彼は非宗教的な存在であって、浄土に生まれることを願いもしなければ、憧れもしないのだ。愚者はそれ自体の存在であり、それ以外の何者でもない。したがって浄土教の内側に留まっているかぎり、彼を認識の領野に置くことは不可能である。それでもこの愚者に関わろうとすれば、そのためには浄土教を解体させなければならないと、吉本は真剣に説いている。浄土を願う者は、当然のことながら信仰の内側にあるため、そのかぎりにおいて〈無智〉を体現することが不可能である。

〈非知〉を〈無智〉から隔てているのは、〈はからい〉の有無である。愚者は心にいかなる意図も願望ももたない。彼は〈はからい〉とは無縁の存在である。それに対し、〈知〉を携えた者が〈非知〉に赴こうとするには、〈はからい〉がどうしても必要となる。というよりも、〈知〉とは本来的に〈はからい〉の別名であり、それゆえにどうしても自力の要素を帯びてしまう。しかし、それゆえにこそ〈非知〉への移行が要請されることになるのだが、この問題をさらに突き詰めて考えるためには、親鸞が『教行信証』のなかで説いている「往相《おうそう》」と「還相《げんそう》」について、吉本がどのように考えているかを検討しなければならない。というのも〈知〉から〈非知〉に向かってかぎりなく接近していく自体が、還相における〈知〉の相であると、彼が説いているからである。

4　無場所としての浄土

親鸞は『教行信証』「信巻」で、「往相」と「還相」について、次のように説明している。

回向《えこう》に二《に》種《しゅ》の相《そう》あり、一《ひと》つには往相《おうそう》、二《ふた》つには還相《げんそう》なり。往相《おうそう》といふは、おのれが功徳《くどく》をもて一切衆生《いっさいしゅじょう》に回施《えせ》したまひて、作願《さがん》して、ともにかの阿弥陀如来《あみだにょらい》の安楽浄土《あんらくじょうど》に往《おう》生《じょう》せしめたまふなり。還相《げんそう》といふは、かの土《ど》に生《しょう》じをはりて、奢摩他毘婆舎那方便力《しゃまたびばしゃなほうべんりき》成《じょう》就《じゅ》することをえて、生死《しょうじ》の稠林《ちゅうりん》に回入《えにゅう》して、一切衆生《いっさいしゅじょう》を教化《きょうけ》して、ともに仏道《ぶつどう》にむかへしめたまふなり。もしは往《おう》、もしは還《げん》、みな衆生《しゅじょう》をぬきて生死海《しょうじかい》を渡《ど》せんがためにしたまへり。このゆへに回向為《えこうい》首得成就大悲《しゅとくじょうじゅだいひ》心故《しんこ》とのたまへり。

（『教行信証』p.165〜66）

［回向には二通りの相がある。一つは往相であり、もう一つは還相である。往相とは、如来が自分の功徳を万人に施しになられ、願を立てられ、連れ立って阿弥陀仏の安楽浄土に向かい、かの地に生まれようではないかと提案されることである。還相とはその浄土に生まれ終わった後で、精神の統一と知恵と慈愛を完成させたことを踏まえ、生と死の密林に戻り、万人を教え諭し、ともに仏の道へと向かわせることである。往といっても、還といっても、どちらも人々を苦しみから解放し、生死の海を渡らせようとする目的でなされることだ。回向によって広大な慈愛の心を完成させることができるというのは、そのためである。］

往相と還相とは、互いに補い合う二重の運動である。菩薩は往相においてまず衆生に功徳を与え、彼らを引き連れて浄土へ赴こうとする。逆に還相においては、ひとたび浄土に生まれた菩薩が、ふたたび地上へ世俗の世に戻り、仏の道を説いて彼らを浄土へと誘うことである。回向が真に実現されるためには、この二つの相が伴っていなければならない。

本書の『教行信証』論「ガンジスの砂の数ほどの引用」でも指摘したように、親鸞は俗世と浄土の位置関係を水平的なイメージのもとに考えていた。浄土ははるか西方にあった。菩薩が衆生を救済する過程は、まずもって海上における航海に喩えられていた。そこへ到る道は「白道」と呼ばれ、左右を巨大な炎の河と水の河に挟まれた、きわめて危険な狭い道である。人が最高の悟りに到達しようとするときには、その方法に竪に進む場合と横に進む場合の二通りがある。もっとも他力において優れている方法は、文字通り「横超《おうちょう》」と呼ばれた。横にひとつ跳び、一瞬にしてワープして到達するという意味である。こうした言葉からもわかるように、『教行信証』では垂直的なイメージが回避されて、横移動に重きが置かれている。移行は本来的に水平になされるべきものだと考えられている。

吉本隆明は想像力のあり方において、親鸞のそれと対照的である。彼は水平軸の移行にほとんど関心を示さない。『最後の親鸞』の随所に窺われるのは、往相を上昇と見、還相を降下帰着と見る立場である。もっとも、浄土はいささかも実体的なものではないという点に吉本が力点を置き、それを繰り返し強調していることにも留意しておかなければならない。浄土は人間が死して向かうべき空間などではない。人は「正定聚《しょうじょうじゅ》」の位置に就いたとき、実のところ、浄土の実現までほんの少しのところにまで来ているのであって、浄土とは主観的な境位にほかならない。こんな風に、彼は『教行信証』を解釈している。まずこの問題について書いておきたい。

人々の心の奥には浄土は夢のようにかがやいた安楽な場所で、というイメージが抜き難くあり、死後にそこへゆくとたくさんの仏たちが囲んで護ってくれるという想像を想い浮かべたい欲求がある。けれども浄土は涅槃であり、無為であり、〈さとり〉であり寂滅である。この世で信心を決定されたときに「正定聚」に加わり、諸々の仏たちが護ってくれる。かくべつ往生したあとで護ってくれるというのではない。それは無意味な通俗的なイメージなのだ。

（『最後の親鸞』p.209～210）

「正定聚」とは〈さとり〉そのものではないが、それに到達することが確実だと保証された位である。それは弥陀の本願を頼みに心から念仏を唱えたとき、人が弥陀から授けられる審級《スタンス》であって、自分から意図して、自力で到達できるといった類のものではない。人がこの位に立ったとき、浄土はおのずから次の場所に控えているのだ。

では「正定聚」と〈さとり〉は同一のものなのか。吉本は「正定聚」を、「やがて即位する皇太子のようなものだ」(同p.204)と、親鸞の考えを解釈している。吉本さん、笑いをとりたいのかなと、思わず半畳を入れてみたくなるが、他力に頼るしかない凡夫は、この「正定聚」に就けば、ほとんど一瞬にして浄土に到達することができる。この見解に達したとき、親鸞は曇鸞から道綽、善導といった浄土教の教理家たちとは、決定的な一線を画すことになったのだと、吉本は高く評価している。

浄土は死後の世界ではない。それはどこまでも主観の実体化にすぎない。ただしその際に重要なことは、それが他力によってしか達成できない境位であるということだ。来迎を待つという行為は自力であり、他力をもってよしとする信仰に立つならば、本来的に不必要な行為である。

ところで浄土とはいったい空間なのか。また場所なのか。現代思想の表現を借りるならば、それはいっさいの表象行為を遮断してしまう無場所《アトピア》ということになるだろう。吉本が『最後の親鸞』を増補改訂するにあたって、最後に対決したのがこの問題であった。彼はいつになく微妙で曖昧な書き方をして、書物全体を閉じている。

現世の「正定聚」の境位からは〈浄土〉は見透されたところになければならぬ。だが見透されて現世にあるのではない。見透された死のむこうにあるようにみえる。ただ含蓄のなかに存在する。この含蓄は強いて云えば、浄土はこの世に具現させるものでもないし、来世に具現されるものでもないということに帰せられる。けれどもそう口にしたとき、大乗的な教理が人間の生と死に加えた倫理的な停止の規模は、矮小化されてしまう。わたしたちは、まだ言葉をもっていないひとつの過程の生と死のあいだに、親鸞のいう「正定聚」の境位をみている。

（同 p.211）

「見透す」とは深遠な表現である。そこに何かがあることはわかるのだが、それを明確に見定めることはできない。なるほど、何かが「むこうにある」ことは確かである。だが、それは現世と来世のどちらにも属していない。「むこうにある」こと自体がそれの本質なのだ。浄土をこのように規定してしまうと、大乗仏教がこれまで説いてきた、生死をめぐる細々とした戒律は、ただちに相対化されてしまう。よいことをすれば極楽に行けるといった、通俗的なものいいは、一気に説得力を失ってしまう。ひょっとしてそれは、現実の社会秩序のなかで成立している今日の仏教教団にとって、危機に関わることかもしれない。だがわれわれは生と死に対していまだに究極の言葉をもっていないように、浄土に対してもいまだに語るべき言葉をもっていないのだ。吉本の結論を敷衍してみると、そのようになる。

5　実体なき衆生

ここで話の方向を、往相と還相に戻してみることにしよう。

浄土が表象不可能な、語りえぬものであるならば、浄土へと往生を遂げ、またそこから現世に回帰するという往相還相について、人は何を知りうるのだろうか。吉本は『未来の親鸞』のなかで、もはや実体としての浄土など誰も信じる者がいなくなった現在とは、「末法のまた末法」（同p.127）であると語り、その前提に立つかぎり、「浄土」や「還相」といった言葉は、すでに「比喩としてしかもうわからなくなっている」（同p.128）と記している。彼が指摘してやまないのは、今日では「死」ですら比喩と化してしまったという、絶望的な状況のことである。だがこのとき、新しい主題が開始される。「往相」「還相」という言葉を思いきって比喩として用いることで、人はいかなる思考をなしうるのかという問題である。

先にも触れておいたが、吉本において興味深いのは、「浄土」を実体的な空間的境位であることを一度は否定しておきながらも、比喩として「往相」「還相」を論じようとすると、無意識的に垂直モデルがふたたび依拠の対象として出現してくるという点である。

法然は『七箇条制誡』において、僧侶がなすべきでない行為を細々と書き記した。このとき彼はまだ、「〈知〉の往相」の次元にあって発語していたはずだ。そう書きつける吉本は、「往相」の一語に「(上昇過程)」(『最後の親鸞』p.47)という註を添える。こうした法然の姿勢に対し、「還相の〈知〉」が「非知」に接近していくさいには、「着地」という表現が用いられている。「上昇」と「着地」。この二語は、吉本において、「往相」「還相」が垂直的なイメージのもとに捉えられていることを如実に示している。

往相とは〈知〉、すなわち現世から観念の世界において上昇することであり、還相とはそこから降下して、ふたたび現世に回帰し、〈非知〉の状態に着地することである。だが信仰を実践するにあたっては〈非知〉に徹しながらも、〈非知〉とは何かを凝視するとき、親鸞は「徹底的に理路にしたがった」（同p.198）と、吉本は記している。もっともそれを生涯にわたり秘匿し続けたところに、親鸞の独自性があったと、彼は忘れずに注記するのではあるが。

ここでわれわれは、思想家吉本にとって、観念の世界における上昇とその不可避性を論じることが、強迫観念ともいうべき重要な意味をもっていたことを想起しなければならない。

一人の人間が現実の抑圧的な構造に疑義を抱き、人間として主体的に実存しようと決意したとき、何が起きるだろうか。彼の出自である現実は、かならず実存にむかって、対立的なものとして眼前に立ち塞がることになる。初期の代表的批評である『マチウ書試論』において吉本は、その例として、『マタイ福音書』のなかでジェジュ（イエス）が故郷では預言者として受け入れられず、近親を拒否するに到ったという挿話を取りあげている。人は少しでも観念の世界に赴いたとき、単に眼前に存在しているだけの現実を憎悪する。彼は主体と現実との分裂を通して、社会秩序とは対立する、自分だけの倫理を築き上げようとする。「ここから現実的に疎外され、侮蔑されても、心情の秩序を支配する可能性はけっしてうばわれるものではないという、一種のするどい観念的な二元論がうまれ、現実的な抑圧から逃れて、心情のなかに安定した秩

序をみつけ出そうという経路がはじまる。」（『吉本隆明全著作集4』p.58）

だが、この内面の観念世界における秩序の誕生は、必然的にある代価を支払わなければならない。それがどのように小さなものであれ、ひとたび観念を手にした者は、みずからを育んできた家族と共同体に対し、抜き差しならぬ憎悪を抱く。だが同時に、現実世界に留まっているかぎり、自分の携えている観念などいささかも絶対的なものではなく、容易に相対化されうるものだという残酷な事実を受け止めなければならない。イエスの場合、この受諾の認識は、間近にあるユダヤ教に対する仮借なき罵倒として現われた。吉本はかかる事態の起因として働いているのが、「観念の絶対性」であると説く。観念はみずからの絶対性が脆弱でつねに危機に満ちたものであると知ったとき、周囲に対し異常な攻撃性を発動するものである。

ところがここで吉本は、まるでお好み焼きを鉄板の上でひっくり返してみせるかのように、観念の絶対性を一気に相対化する。そのようなものは実は虚構なのである。存在しているのは「関係の絶対性」だけなのだ。それは「人間の意志にかかわりなく、人間と人間との関係がそれを強いるもの」（同p.104）である。「人間の意志はなるほど、選択する自由をもっている。選択のなかに、自由の意識がよみがえるのを感ずることができる。だが、この自由な選択にかけられた人間の意志も、人間と人間との関係が強いる絶対性のまえでは、相対的なものにすぎない。」

こうした論理に立って、彼は喝破してみせる。「関係を意識しない思想など幻にすぎないのである。」（同p.105）

『マチウ書試論』はこうして、秩序に対するいかなる反逆も、関係の絶対性という視座を導入しないかぎり、倫理と結びつけることができないと語る。キリスト教は現在、貧民と疎外された者に対し同情を寄せ、その救済を呼びかけている。また実践をも行なっている。しかし「現実における関係の絶対性のなかで、かれらが秩序の擁護者であり、貧民と疎外者の敵に加担していることを、どうすることもできない。」（同p.105）一人ひとりのキリスト教徒がいかに善意に満ちていようとも、この加担の現状を克服することはできない。それが「人間の心情から自由に離れ、総体のメカニズムのなかに移されてしまう」（同p.105）こと自体が、まさしく関係の絶対性の現われなのである。

『最後の親鸞』を経た後で、それから二〇年以上も前に書かれた『マチウ書試論』に戻ってみると、実は両者の間に密接な関係が横たわっていることが判明する。親鸞論が〈知〉の還相を説いているとすれば、ジェジュ（イエス）論はその往相を論じているように思われてくるのだ。

親鸞の思想の語彙を用いて、『マチウ書試論』を脚色してみよう。

関係の絶対性に無自覚のまま、観念の絶対を信じ、結果的に抑圧的な社会秩序に加担してしまう者とは、自力によって浄土に到達できると信じている者であり、往相において弥陀に頼むことをしない者である。彼はおよそ観念に囚われているかぎり、観念の階梯を上昇していくことしかできず、その恣意的な構造を看破して、〈知〉の圏域からみずからを放下《ほうげ》することなど思い当たらない。人間の努力によって人間の救済はなしうるものであるという信念は、彼に「聖《しよう》道門《どうもん》」を潜ることしか許さない。その者はいかに努力しても、いや、その努力ゆえに、真の救済を知ることから疎外されている。キリスト教が差別と迫害を受けた者に向かっていかに慈善をなしたとしても、それは「聖道の慈悲」の域に留まっているばかりである。

これに対し、関係の絶対性をすぐれて自覚し、人間が抱きうるいかなる観念も相対的なものにすぎないという認識に到達した者は、他力による浄土の実現へと向かう。彼は観念の虜と化した人間の限界を見究め、〈知〉から〈非知〉へ降下してゆくことを志す。「浄土の慈悲」が実現されるのは、こうした文脈においてである。こうして関係の絶対性の認識こそは、往相と還相を隔てる基準とされることになる。

こうした読み方を通して判明するのは、批評家としての吉本本人の生涯にあって、『マチウ書試論』が往相であり、『最後の親鸞』が還相であったという事実である。いや、この表現は大仰すぎるとすれば、こういい直した方がいいかもしれない。関係の絶対性という観念を築くことによって、思索の根源に明確な核を創り上げたこの若い批評家は、親鸞を媒介として、あらゆる〈知〉と観念の解体に向かう書物を書くことで、思想家としての自己解体に向かって大きく一歩を歩み出したのだと。だがそれは出発点に立ち戻ることではありえなかった。彼はみずからの〈知〉の解体をも、〈知〉を媒介としてなさざるをえなかったのである。

吉本隆明は知識人を定義して、「日常生活の範囲にしか思考をめぐらせないという存在から、なんらかの意味で知識的に上昇している存在」（傍点は引用者）と定義している。知識人とは「大なり小なり、職業的な日常過程というものにまつわる思考から、知的に上昇した存在」である。ただここで重要なのは、彼がこの上昇を自然過程であると見なしている点にある。「いったん知的な過程にはいると、それはとどまることをしらないわけであって、すくなくとも可能性としては、現在、世界に存在する知識の対象となるあらゆる問題についての最高水準といいますか、先端といいますか、そこまではどうしても必然的に到達してしまう必然性をもっています。そういう過程は、いわば必然の過程であって、けっしてめざめていく過程ではありません。」（「知識人——その思想的課題」：『吉本隆明全著作集14 講演対談集』p.124）

こうした観点から彼は、政治的な大衆運動の同伴者としての知識人という、サルトルの知識人観を批判している。では知識人の真の思想的課題とは何か。それは大衆の原像をとりこむことに他ならないと、彼は説いている。吉本にとって重要なのは、知識人が権力者の体制側につくか、大衆の反体制の側につくかといった、一面的な問題ではない。知識人がみずからの知的上昇を自然過程であると認識し、それを相対化する視座に到達することが、とりもなおさず要請されているのである。世界思想の最高水準に到達する可能性が問われているのではない。上昇のベクトルを方向転換し、「意識的に大衆の原型をとらえ直すこと」、「大衆の原型がもってい る思想的課題を自己思想の問題としてたえずくりこんでいくこと」こそが、知識人に課せられた任務である。ここで問題となってくるのが関係という概念であることは、もはや言葉を重ねるまでもあるまい。

この吉本の知識人像を少し敷衍してみよう。

観念の世界で上昇を遂げるとは、とりもなおさず知識人して立つことである。彼は自分が後にしてきた者たちを、ある高みのもとから眺める。彼らは広い視野に立つことも許されず、無知のままに取り残されている。知識人は彼らの存在を悲惨だと思い、何とか彼らの救済に腐心しようとする。だが相変わらず地上の底辺に留まり続けている者たち、すなわち一般大衆は、知識人が差し出す手を容易に受け取ろうとはしない。彼らは言葉少なではあるが、自分たちと知識人の間にはけっして越えられない壁が横たわっている事実をすでに了解しており、知識人を前に容易に口を開こうとはしない。

大衆は自分からは何もいわない。彼らは際限なく続く日常生活を通して、彼らなりの世界観を築き上げている。そこでいっさいの観念が価値なき虚言《そらごと》として退けられ、唯一、身を張って摑んだ体験だけが説得力をもちうることになっている。知識人にはこうした生活知の構造が理解できない。大衆が日々の生活のなかで黙々と体現している無明の世界観に向かって、徒手空拳で近づくことができない。にもかかわらず知識人の善意なる野心は、傲慢にも彼らを啓蒙教化し、救済の夢を与えんとする願望という形をとる。

知識人はつねに善意ゆえに挫折する。彼はにべもなく拒絶され、そのとき初めて、自分がいつの間にか境界を越えてしまったことを思い知らされる。もはや出自である大衆の側へと回帰することは、不可能になってしまった。彼は知識人の階梯を上ることで、目に見えない奇妙な負債を背負うことになる。だがその負債をどのように支払えばよいのかは、誰も教えてくれない。彼は大衆に眼を向け、彼らに近づこうとするが、大衆はどこまでも無明のまま、ずっと沈黙しているばかりだ。

吉本隆明が『マチウ書試論』以降、一貫してみずからの思想の核としてきたのは、こうした知識人と大衆の対立であった。その図式は形を変えて『最後の親鸞』に継承され、そこで新たな捻転を体験することになる。ここで吉本のいう「大衆」を「衆生」と読み替え、「知識人」を「僧」と置き換えてみるならば、往相還相の問題が、ここに記した議論の延長上に設定されていることが理解できるだろう。もっとも親鸞においてこの二項対立は、かならずしも乗り越え不可能なものとして設定されているわけではない。吉本は親鸞の肩越しに衆生なる観念を解体しようという、果敢なる試みに出ている。しかしどのようにすれば、そのようなことが可能なのか。吉本によれば、それはひとえに、親鸞が自分を「非僧非俗」の存在であると自己規定したことにかかっている。

親鸞の師である法然の思想とは、本来的に現世を厭い、来世を乞い求めることにあった。法然は念仏を説いたが、その念仏はまず貴族階級に浸透し、少なからぬ支持者を得た。とはいえ彼は優れた説教者ではあっても、実際に衆生と日常生活をともにし、彼らに親密な形で語りかけたわけではなかった。親鸞は法然とは違い、越後に配流の身となって以来、抜き差しならぬ形で衆生に接し、というより彼らのなかに混じって生活を行なった。放免された後にも京に戻ることをせず、東国に赴いて布教を続けた。

この時期の親鸞について、吉本は次のように書いている。

法然は、もちろんすでに、〈知〉の放棄と専修念仏については説くことができていた。しかし、越後での日常生活をともにして接触した具体的な衆生のすがたは、そんなものではない。天台・真言によって衆生を釣り上げるのも、〈知〉の放棄と、ひたすら念仏だけで衆生を釣り上げるのも、〈釣り上げる〉という点では五十歩、百歩にすぎない。衆生は信仰によって〈釣り上げる〉べき存在ではなく、その中核に還相の眼でもって入り込むべき存在である。衆生のしていることはみなしなければ、人間の存在の仕方を根底からつかまえることはできない。自ら衆生になりきろうとすればするほど〈非俗〉になるという逆説こそが、衆生の実体にほかならない。すべての〈釣り上げる〉者は、〈僧〉であるとともに〈俗〉であるにすぎない。だが、じぶんはちがう。〈非僧〉になることが〈非俗〉であるという存在の仕方しか可能ではないし、そこに浄土教義の〈真〉がなければならない。

（『最後の親鸞』p.81〜82）

ここでは思い切ったことが書かれている。親鸞が越後において体得したこととは、単なる布教の次元に留まるものではなく、より本質的な体験と認識であった。布教という行為が僧による衆生の〈釣り上げ〉であるとすれば、既成仏教にせよ、浄土宗にせよ、衆生の信仰に期待するかぎりにおいてさほどの違いはないと、吉本は喝破する。要は念仏を用いるか、用いないかといった程度の話にすぎない。

だが吉本はここで、そもそも衆生を〈釣り上げる〉という考えそのものが誤っているのだと説く。僧が高所に胡坐《あぐら》を組んで低所に群がる衆生を見おろし、彼らに救済の手を差し伸べるという上下の構図を踏襲しているかぎり、たとえいかに念仏に訴えようとも、その慈悲は聖道のそれを越えることはできない。それは衆生の信仰を担保とした、往相の領野における営みでしかない。では、どうすればよいのか。還相の眼差しをもって衆生の内側に入り込むしか方法はない。

法然と親鸞の決定的な違いはここに横たわっていると、吉本は指摘している。法然はどこまでも〈知〉の往相に立って、念仏による救済を説いた。彼は師として弟子と衆生を前に説教を行なったが、念仏に関しては充分な知識をもつことがまず必要であるとし、最終的に〈知〉を放棄するまでには到らなかった。生涯にわたり叡智と慈愛に満ちた高僧であり、僧としてのアイデンティティをつゆ疑うことがなかった。法然は還相に到達できなかったというのが、吉本の評価である。

親鸞は流刑に際し僧籍を剥奪された。だからといって衆生への回帰がかなうわけでもなく、「非僧非俗」という未決定な、というより前代未聞の両義的な存在に留まった。彼は理不尽にも強制されたこの境遇を懸命に読み替え、みずから意志的に選び取った宿命として受け入れたのである。その結果、彼はわが身を社会の最底辺に置き、「具縛《ぐばく》の凡愚《ぼんぐ》、屠沽《とこ》の下類《げるい》」（『教行信証』p.172）と交わることに、いっこうに躊躇しなかった。このことは往相に代わる還相の認識を彼に許すことになった。ひとたび浄土に生まれ変わったブッダが、みずから率先して現世に戻り、衆生の間に交じりながら教えを説くことを還相と呼ぶならば、一度は比叡山のエリート僧であった親鸞が、僧としてのすべての資格を剥奪された身で無学な農民や非定住民のなかで生きるという事態こそ、まさに還相が実現されるべき好機だった。

「非僧」であるとは、現世におけるあらゆる悪と汚穢、不信、そして愛憎までをもわが事として背負い、衆人と等しく生きるという意味である。「非俗」であるとは、そうした現世のいっさいを還相の眼のもとに眺めることである。人間の世界が悪に満ちているならば、「非僧」の境位のもとにそれを肯定し、「非俗」の境位のもとにそれを無限の慈悲の眼差しのもとに見つめなければならない。では衆生とは何なのか。ここで吉本は恐るべき警句を披露している。

「自ら衆生になりきろうとすればするほど〈非俗〉になるという逆説こそが、衆生の実体にほかならない。」(『最後の親鸞』p.82)

さらに追い打ちをかけるように、

「衆生でないことが、衆生であることである。」(同p.146)

衆生を実体として把握することはできない。外部から接近を試みたとしても、それはたやすく場所と姿を変え、認識の網から逃れてしまうだろう。衆生とは言葉を与えられたとき、もうすでにそこから逸脱して別のものに転じている。彼らは簡単にいうならば、人をして還相の途に就かせるべき何ものかである。

先にわれわれは実体としての浄土の解体を目の当たりにしてきた。ここでは浄土に続いて、衆生までもが解体に処せられることになる。吉本にとって親鸞を思考するとは、こうした不断の解体の意志に身を任せることである。

こうした一連の解体作業の後では、往相と還相という二重の運動だけが、唯一確実なものとして存在することになる。ではすべてを司る阿弥陀仏は、こうした事態をどのように眺めているのだろうか。ここまで論を進めたとき、『教行信証』「証巻」にある、次の一節が意味をもって迫ってくる。

菩薩《ぼさつ》、衆生《しゆじよう》を観《かん》ずるに畢竟《ひつきよう》してところなし。無量《むりよう》の衆生《しゆじよう》を度《ど》すといへども、実《じつ》に一衆生《いちしゆじよう》として滅度《めつど》をうるものなし。衆生《しゆじよう》を度《ど》すとしめすこと遊戯《ゆげ》するがごとし。

（『教行信証』p.274）

［菩薩は衆生を眺めているのだが、結局のところ彼らはそれ自体として存在しているわけではない者たちである。数えきれないほどの衆生を救ってみたところで、実はただの一人も悟りを開いた者はいない。そんな風に衆生を救っているところを示すのは、菩薩にとっては遊び戯れるようなものである。］

衆生が「ところなし」であるという一節を、字義通りに考えてみよう。衆生は定位置をもたず、つねに移ろいゆく存在である。このように読み解いてみるならば、それは「衆生でないことが、衆生であることである」という吉本の警句に、直接に繋がることになる。衆生は具体的に手で把握することのできるような、実体的な存在ではない。たとえ菩薩が彼らの救済を思い立ったとしても、ただの一人も掬い上げることができないように、表象も認識も困難な何ものかなのである。この一節は恐ろしく難解だといわなければならない。なぜならば『教行信証』全体を通して、われわれは阿弥陀が衆生の願心に応じ、いともたやすく彼らを浄土に到達させてきたと、繰り返し教えられてきたからである。

　吉本はこの一節に登場する「遊戯《ゆげ》」という語に着目している。「遊戯」の概念の底には「無機的な空無」（『最後の親鸞』p.193）が潜んでいると、彼は註釈する。還相にあって人が自由や自在であることの意味とは、われわれが日常的に認識している自由や自在、すなわち自己解放や障害物の不在といったものとは大きく異なっている。「それはひと口にいってわたしに視えているところのものが、他者に客観的に、決して視えないのに、わたしがそれを言葉にすることができない状態」、「客観的な自然の事物が、わたしにだけ視えるところの視野のもとに観察される状態」のこと（同p.193〜94）である。それが還相に他ならないと、吉本は結論している。

　この遊戯は究極的に、親鸞個人に帰することになる。

　弥陀《みだ》の五劫思惟《ごこうしゆい》の願《がん》をよく〱案《あん》ずれば、ひとへに親鸞一人《しんらんいちにん》がためなりけり。さればそくばくの業《ごう》をもちける身《み》にてありけるを、たすけんとおぼしめしたちける本願《ほんがん》のかたじけなさよ」

［阿弥陀仏が五劫におよぶ長い間、お考えになった本願のことをよくよく考えてみますと、すべては親鸞一人を救うためのものでありました。ということは、あれほどまでに多くの罪業を背負った身であるというのに、救ってやろうとお思いになったその本願とは、なんとありがたいことでしょう。］

（『歎異抄』p.87）

『歎異抄』後序にある言葉である。

「親鸞《しんらん》一人《いちにん》がため」という言葉は、一見すると、それまで越後から関東にかけて、衆生に念仏を説いてきた親鸞の姿勢と矛盾するかのように見えるかもしれない。現実に彼との出会いを通して念仏に帰依した信者たちがこの言葉を聞いたとしたら、やはり困惑を隠しきれないことは、想像できなくもない。だが、これが「最後の親鸞の姿」であると、吉本は説いている。いくら衆生を救済しようとしたところで、現実にはこれまで救済された者は一人として存在していなかった。では阿弥陀仏は何ゆえに本願を抱き、その実現をめぐって努められるのであろうか。それはそもそもわたし一人を救済するためであり、そのあり方そのものが遊戯なのである。

みずからを「愚禿《ぐとく》」と貶め、卑下をしてやまない親鸞の、この宣言は何に由来しているのか。それを知るためには、彼が説く「計《はから》い」「業縁《ごうえん》」について検討してみなければならない。

6 「はからい」とは何か

不可避であるもの。どのような立場を取ろうとも、けっして回避することができないもの。回避しようとすると、逆に執拗に襲いかかってきて、有無をいわさず人を従わせてしまうもの。吉本隆明の著作には、こうした事態をいかに了解し、おのれに納得を与えるかという問題が、繰り返し登場している。たとえば先に挙げた『マチウ書試論』では、不可避性は「関係の絶対性」という名のもとに描かれていた。

人は革命思想を信じることもできれば、それを嫌悪することもできる。自由意志というものがあるかぎり、いずれをも選択することが許されているからだ。「しかし、人間の情況を決定するのは関係の絶対性だけである。ぼくたちは、この矛盾を断ちきろうとするときだけは、じぶんの発想の底をえぐり出してみる。そのとき、ぼくたちの孤独がある。」(『吉本隆明全著作集4』p.106)

一人の人間の行動を決定づけている真の要因とは、その者の自由意志ではない。それは彼が他の人間との間に作り上げてしまう関係なのであって、その関係に強いられて人はある行為に赴くこともあれば、赴かないこともある。いかなる人間の意志といえども、その前ではたかだか相対的なものでしかない。繰り返すことになるが、吉本の思想の根底にあるものは、この不可避性の認識である。

親鸞においてこの「関係の絶対性」は、「業縁」として現われる。『最後の親鸞』はそれを〈契機〉と呼び直すことで、親鸞における不可避性の構造を検討している。『歎異抄』のなかでももっとも有名な一節（第十三条）を引用してみよう。

またあるとき、唯円房《ゆいえんぼう》はわがいふことをば信《しん》ずるかとおほせのさふらひしあひだ、さんさふらふとまうしさふらひしかば、さらばいはんこと、たがふまじきかと、かさねておほせのさふらひしあひだ、つゝしんで領状《りようじよう》まうしてさふらひしかば、たとへばひとを千《せん》人《にん》ころしてんや、しからば往生《おうじよう》は一定《いちじよう》すべしとおほせさふらひしとき、おほせにてはさふらへども、一人《いちにん》もこの身《み》の器量《きりよう》にては、ころしつべしともおぼへずさふらふと、まうしてさふらひしかば、さてはいかに親鸞《しんらん》がいふことを、たがふまじきとはいふぞと。これにてしるべし、なにごとも、こゝろにまかせたることならば、往生《おうじょう》のために千人《せんにん》ころせといはんに、すなはちころすべし。しかれども一人《いちにん》にてもかなひぬべき業縁《ごうえん》なきによりて害《がい》せざるなり。わがこゝろのよくてころさぬにはあらず。また害《がい》せじとおもふとも、百人千人《ひゃくにんせんにん》をころすこともあるべしと、おほせのさふらひしは、われらがこゝろのよきをばよしとおもひ、あしきことをばあしともおもひて願《がん》の不思議《ふしぎ》にてたすけたまふといふことを、しらざることをおほせのさふらひしなり。

（『歎異抄』p.65〜66）

［またある時のことであった。「唯円君はわたしのいうことを信じるか」といわれたので、「はい、信じます」と答えた。「それでは、わたしのいうことに背かないね」ともう一度念を押されたので、「謹んでお受けいたします」と答えた。すると「たとえば人を千人殺して来れば、往生は間違いないよ」といわれる。「でもお言葉ですが、自分は器量が小さいので、とても一人ですら殺せるとも思えません。」「ではどうして親鸞の言葉に背きませんなどといったのだ。これでわかっただろう。何ごとも心の思うままになるのであれば、往生のために千人殺せといったら、ただちに殺すだろう。しかし、一人でも殺すこ

とができるといった業縁がないから、結局一人も殺せないのである。自分の心が善良だから殺せないというのではない。また殺してはいけないと思っていても、百人でも千人でも殺すことだってあるだろう」といわれた。われわれの心が善良であれば往生ができるのだと思ってみたり、悪ければできないものと考えたりしたりして、実は阿弥陀仏の本願の魔法によって救済していただくということを、われわれは知らずにいる。そのことを説かれたのである。」

人間は必然の〈契機〉さえあれば、意志とは関係なく千人を殺すこともできる。しかし〈契機〉がなければ、たとえ意志したとしても、ただの一人も殺すことができない。吉本はこの段を評釈して、親鸞のいう〈契機〉とは、「人間はただ、〈不可避〉にうながされて生きるものなのだ」といい直している。

人生には偶然の出来ごとと必然の出来ごと、そして意志して選ぶことのできた出来ごとの、三種類が存在している。偶然の出来ごとは大したことではない。客観的なものから押し付けられたものにすぎないからである。意志して選ぶことのできた出来ごとにしても似たようなもので、主観的なものによって押し付けられたものにすぎない。それはただ、人が観念的に振る舞っているだけ、つまりそう思いこんでいるだけの話である。偶然も意志的選択も、究極のところ、恣意的なものにすぎない。いずれもが〈契機〉とは関係がない。

では、〈契機〉はどこから到来するのか。それは、「ただそうするよりほかすべがなかったという〈不可避〉的なもの」からしか到来しない。吉本は力説する。「世界はただ〈不可避〉の一本道しか、わたしたちにあかしはしない。そして、その道を辛うじてたどるのである。」（『最後の親鸞』p.35〜36）

このように考えたとき、現世とは〈契機〉を中心に展開される〈不可避〉の世界と化してしまう。あるものが生起するとき、それは避けがたい形でのみ生起するのであり、でなければ生起しないのだ。だが、だからといって、人間に自由がないわけではない。なるほど〈契機〉という考え方をするならば、偶然は客観的恣意性となり、意志的選択は主観的恣意性となり、いずれもが消滅してしまう。だが「〈不可避〉の細い一本道ではあるが、〈自由〉へとひらかれた世界が開示される」（同p.36）と、吉本は説いている。

ここで前節でも言及したが、法然と親鸞の配流をもう一度、比較してみることにしよう。

法然は配流によって京を離れ、讃岐に流されたことを、説法の新しい好機と考えることはあったが、けっしてそれを人生の重大な転換点であるとは考えなかった。僧としての彼のアイデンティティはこの受難によって、微動だに揺れることがなかった。それは現世において起きうる偶発事のひとつにすぎなかったといえる。

親鸞は、法然とはまったく異なった形で、配流という事態を受け入れた。それは彼に突然襲いかかった破局的な事件であり、僧侶としてのアイデンティティを決定的に解体させた不条理であった。彼は〈非僧非俗〉たることを、外部から強要された。親鸞が独自であるとすれば、それは彼が逆にこの強要を逆手にとり、「思想としての〈非僧〉、〈非俗〉を導きだした」（同p.63）ところにある。法然にとって偶然の出来ごとであり、それゆえ〈契機〉を構成しなかった配流という事態は、親鸞にとっては偶然でも自己選択でもなかった。それはまさに世界の根底を形作っている〈不可避性〉を体現していたがゆえに、彼に〈契機〉を開示したのだ。法然は放免されるや入洛し、最後の日々を平穏に過ごした。親鸞は師を訪れることもせず、放免された後も常陸へ向かい、二度と僧籍を手にしようとしなかった。

僧であることを止めるとは、衆生を教化の対象と見なすことの放棄に通じている。親鸞が意図したのは衆生のなかに参入することであり、その行為を通して、参入の不可能性に突き当たることであった。衆生とは「ところなき」ものであると認識したとき、彼はおそらく還相の眼差しを体得しえたのであろう。現世が〈不可避性〉に満ちているにもかかわらず、こうした親鸞の足取りは、彼が吉本のいう「細い一本道」を通して、彼の自由に到達したことを示している。なるほど世界は〈不可避性〉をその本質としているかもしれない。だが世界の基軸に〈契機〉を据えたとき、そこに自由の可能性が生じることになる。

とはいうものの、ある者にとって〈不可避〉な契機があったとしても、それが他の者においても〈不可避〉であるとはかぎらない。あらゆる〈契機〉は自分に固有な〈不可避〉を体現しているとしても、それが他者においても同様であるかは推し量ることができない。吉本は〈契機〉が〈不可避〉である度合いが深くなるごとに、眼前から少しずつ他者が遠のいてゆき、ついには解体に向かうと考えている。と同時に〈不可避〉の道を深く進めば進むほどに、それが〈契機〉の規模を越えてしまい、結果的に〈契機〉を解体してしまうことになるとも説いている。「〈契機〉そのものの解体とは〈信心〉そのものの解体である。」（同p.39）もしこの通りであるとしたら、人は、ひとたび〈不可避〉という観念に捕らわれてしまったとき、将棋倒しの駒のように、〈契機〉の、そして〈信心〉の解体までにも立ち会ってしまうことになる。このように考えてみると、親鸞の立場は、信仰が信仰であるという自明の事実に亀裂を走らせ、その解体を可能性としてあらかじめ内に含んでいることが判明する。永久解体者としての親鸞。それはこれまでいかなる親鸞論者ですら描こうとしなかった、親鸞の根源における像である。

〈契機〉の解体によって〈信心〉までが解体に到ったとき、何が残されることになるのだろうか。吉本はそれは「計《はから》い」であるという。この「計い」という言葉がひとたび口に出されたとき、それまで一見狭く、不自由で、抑圧的に思えてきた〈不可避〉の世界が、突然にあらゆる枠組みを喪失し、広大で無定形な虚無へと転じてしまうさまを、われわれは目の当たりにすることになるだろう。

念仏を唱えれば浄土に赴くことができるという立場を、親鸞は取ろうとしなかった。唱えたところで浄土に間違いなく行けるとはかぎらない。両者を因果律のもとに解釈するならば、念仏は目的論的な行為となるだろうし、そこには自力がそっと忍び寄ることになってしまうはずだ。念仏と浄土を結び付けているものは〈契機〉でしかない。そして〈契機〉はこちらが創出するものではなく、間違いなくあちら側、阿弥陀仏の側から到来してくるものであって、人はそれをいかなる当てもなく待ち続けるしかない。これが絶対他力のあり方である。

では〈知〉の世界に生き、自力での救済という考えから離れられない人間が、絶対他力の側へと一足飛びに「横超」できるとすれば、そのときに働いているものとは何だろうか。一生懸命に念仏を唱えればよいという考えが、排除すべき自力に他ならないことはすでに述べた。吉本は絶対他力に到達するためには、人は念仏すらをも相対化しなければならないと考える。彼は親鸞の「この上は念仏をとりて信じたてまつらんともまた棄てんとも面々の御計《おんはからい》なり」(『歎異抄』第二条)という言葉を引く。「念仏を受け入れてこれを信じようと念仏を棄ててしまおうと『面々の御計《おんはからい》なり』というところまで、ゆくよりほかかない。」(同p41)

「御計」「はからい」という言葉は、以前から登場していた。人が〈知〉から〈非知〉へとゆるやかに着地を企てるとき、本来であれば絶対他力を理想的に体現しているはずの〈無智〉を目指すことが、当然のように期待されている。だが〈無智〉は〈非知〉とは、紙一重において異なっている。なぜなら〈無智〉なる者はもとより信仰の外側に位置している者であって、われわれの問題圏に到達していない。そこには「はからい」というものが介在していないからだ。信仰の内側にあって絶対他力への実践を志す者は、それゆえに「はからい」に依拠するしかないということになる。

念仏を唱えるか唱えないかは、結局のところ、一人ひとりが決断するところである。してもよいし、しなくともよい。みんな、好きにやったらいいだろう。ここまで断言してしまったとき、もはや親鸞は浄土宗の篤実な説教者として、法然の忠実な継承者としての自己から、もはや考えられるかぎり遠いところにいる。彼は「御計」の一語をもって、念仏そのものを解体してしまったのだ。そのとき、浄土信仰はすでに解体している。それに応じて、他宗派との対立も消滅してしまう。浄土真宗の祖とされる親鸞は、同時に浄土真宗の解体者であるという奇怪な逆説が、こうして成立することになった。

吉本隆明の描く最後の親鸞とは、もはやあらゆる観念から解放された、自由な存在である。彼は自力の修行や教義の要請から、快く離脱しているばかりではない。絢爛豪華な映像をもつ異界としての浄土からも、そこへ向かうべき唱えられる念仏からも、みごとに解放されている。僧籍から離れ、衆生にむけての布教と教化を放棄してから、すでに短くない歳月が経過していた。ひとたびは信じえた衆生の姿はどこにも見えない。それはつねに移ろいゆく幻のようなものにすぎないのだ。死を前に恐怖することも、期待することも、ともになくなった。というより、どうでもよくなった。もろもろのことはすべて弥陀の「はからい」によるものであって、人はただ絶対の他力をもって、すべては弥陀に預けていればすむことである。

こうして吉本のなかで、親鸞はゆっくりと〈知〉から〈非知〉へと移行し、そこに静かに着地する。もっとも若干の不均衡は残る。〈非知〉への移行はどこまでも理路を経由するものであって、意識的な〈はからい〉のもとになされなければならない。それは、〈非僧〉の身となった者が、いくら衆生へと回帰しようと試みても、本来は〈はからい〉のない衆生は蜃気楼のように移ろっていくばかりで、回帰が永遠に不可能な課題として残されてしまうという事情に対応している。だが、それゆえにこそ、還相とは終わりなき運動となるのだ。

これが吉本が描き得た、最晩年の親鸞の肖像である。もっとも『最後の親鸞』を著わしたとき、彼はまだ五〇歳に到達したばかりであった。吉本隆明はその後、四〇年近く生き続け、みずからの「はからい」によって晩年を生きることになる。彼はその間、何をしただろうか。

7　二人の戦中派

わたしが月島に独りで住んでいたころ、吉本さんは何度か家に来られた。出口裕弘さんと連れ立って来られたときもあったし、お昼どきにブラリと一人のときもあった。

月島の長屋では誰も鍵をかける習慣をもっていない。用事というものはなかった。吉本さんは、ただ近くまで来たからとか、そんないい方をしながら、勝手に玄関の戸を開けて入って来た。

来たからといって、特別な話をしたわけでもない。わたしたちは麦茶を飲みながら、犬と猫とはどちらが頭がいいかとか、チャンバラ映画の悪役はどう見分けるかとか、そんなたわいのない話をしていた。一度、益子焼の立派な壷を戴いたことがある。わたしがはじめて文学賞というものを受けたときのことだ。記憶が曖昧になってしまったが、そのときは路地を出た角にある蕎麦屋にいっしょに入ったと思う。ここの親爺は背が高い人でしょうと、吉本さんはいった。小学校の六年生のとき、たった一人だけ、ぼくより背が高かったんですよ。

吉本さんと最後に会ったのは二〇〇〇年を過ぎてしばらくのときで、わたしがイスラエルに渡航する直前だったと思う。月島名物のレバカツをお土産に、本駒込吉祥寺の家に遊びに行った。高校時代に買った詩集を取り出し、署名をしていただけませんかと頼むと、快く引き受けてくださった。久しぶりに手にする自分の昔の書物が懐かしいのだろう、吉本さんはしばらく手で触ったり、頁を捲ったりした後で、サインペンを握り、少し緊張しながら扉頁の向かいに自分の名前を書いてくださった。八〇歳ともなれば、もう相当に眼が悪くなっていたと思う。ほとんど手探りで署名をしているという感じがした。漢字の部首の一つひとつはしっかりと記されていたが、全体の均衡は歪んでいて、ところどころに大きく間が空いている。漢字が漢字でありうる輪郭は、もう少しで崩れようとしている。にもかかわらず、それは単なる棒線や曲線には還元されず、ぎりぎりのところで意味を担っているように思われた。吉本さんの好んだ表現を用いるならば、それは「解体」寸前のところで、かろうじて固有名詞として留まっているエクリチュールだった。

吉本隆明についての論考を終えるにあたって、わたしはここで小さな脱線をしてみたく思う。加藤周一のことを少しく書いておきたいのだ。加藤周一は吉本さんより五歳年長であり、親鸞をまったく異なった視座から捉えていた。吉本が若き日に親鸞について語った言葉を用いるならば、この二人の批評家は異なった「資質」のもとにあった。

わたしは加藤さんとは、実は「さん」付けで呼ぶほどに親しい関係ではなかった。留学先のニューヨークの大学で、彼の講演の後のパーティで言葉を交わしたり、国際的なシンポジウムの参加者として昼食時に同席したりといった程度の付き合いである。彼が日本人の映画研究家であるわたしのことを、どの程度まで認識していたかはわからない。そもそもわたしたちは日本語で対話をしたことが一度もなかった。同席者の事情や周囲の状況から、使用言語はつねに英語だった。

加藤さんはわたしとカナダのジャーナリストの前で、北朝鮮の軍事力について細かな数字をあげ、世間でいうその脅威が誤認であると論じ、戦後の日本社会における食糧事情についてユーモラスな挿話をもとに説明をした。そしてアメリカの無邪気な大学生たちを前に、どんな質問にも間髪を入れず答えていた。それで、きみは何を勉強しているのですかと、彼はわたしに尋ねた。パゾリーニの詩と映画ですと、わたしは答えた。パゾリーニ！　あれは謎《エニグマ》だ。わたしにはわからないと加藤さんは答え、ただちに話題を切り替えた。

わたしは一六歳のときから、吉本隆明と加藤周一の書いたものを読み続けてきた。二人は日本の批評家のなかで別々の陣営に属していて、互いに相交わることがなかったし、彼らを並べて論じようとする者もいなかった。二人には重なり合うところと、まったく相容れないところがあった。一九六〇年代のあるとき、吉本は加藤のサルトル熱を茶化して、パリではスマトラ人と間違えられた癖にと、揶揄の口吻を見せた。加藤は悠然とそれを無視した。

日本が敗戦を迎えたとき、加藤は二六歳の青年医師であり、吉本は二一歳の理科系の大学生として工場に動員されていた。彼らは直接の軍隊体験こそ持たなかったが、戦中派であることを強く自覚していた。戦中派とは、同世代の身近な死者たちを基軸として、戦後社会の虚妄を批判的に語る者という意味である。日本の古典文学と立原道造、「自由の国」フランスへの憧れ。二人は青年時において、多分に共通する嗜好をもっていた。加藤は日本の詩的言語にフランスのソネの形式を導入しようと試み、吉本はヴァレリーをエピグラムに詩作し、マラルメを「宗匠」と呼んでその模作を試みた。

もっとも戦後社会のなかで批評家として頭角を現わして以降、彼らはまったく対照的な知的遍歴を重ねた。加藤はフランスの知性主義と実存主義に思想の基軸を置いた。吉本はあらゆる場合において独学を重ね、新約聖書とマルクスから決定的な影響を受けた。加藤がフランスの抵抗文学の紹介から始まって、日本の文学者の戦争協力を批判したとき、吉本もまた詩人たちの戦争責任を追及し、前衛党の文学認識を激しく批判することで、文筆家としてデビューした。加藤はパリに学び、長らくヴァンクーバーで教鞭をとったが、吉本は生涯に一度として日本の国外に出かけようとはしなかった。彼らは竹内好と鶴見俊輔という共通の知人こそもってはいたが、あらゆる点において対照的だった。

現在のわたしにとって気になるのは、彼らの晩年のあり方である。

吉本隆明は二〇一二年に八七歳で没したが、最後の一〇年の間に呆れんばかりに大量の書物を刊行した。視力が衰えてからは口述に切り替えたが、饒舌たろうとする欲求はいっこうに止むことがなく、むしろさらに強くなったように思われた。幼少時の思い出から恋愛論、国家論、また食物論まで、メディアを騒がせた犯罪事件から新宗教事件まで、およそ日本社会にあって生起するあらゆる現象に対しコメントを行なった。

吉本はしばしば物議のある発言をした。一九九五年にオウム真理教による大量殺人事件が生じると、にもかかわらず首謀者の麻原彰晃は、修行者としては高い水準をもった優秀な人物であると発言した。二〇一一年、亡くなる一年前に福島原発で大惨禍が起きたときには、科学テクノロジーの発展を押し留めることは誰にもできないといい、反原発運動の無意味を説いた。多くの吉本「信者」、これまで彼の書物を篤実に追跡し、人生の師といわんばかりの信頼を示していた読者たちは、この発言に大きな当惑を示した。だが彼はいっこうに意に介さなかった。死後には膨大な著作と講演記録が遺された。

加藤周一は二〇〇八年に、八九歳で世を去った。彼は吉本のように夥しい口述本こそ遺さなかったが、その代わりに最晩年まで、いたるところに赴いて話をして廻った。居酒屋での小規模な会合から、公民館や小ホールでの講演会、読書会まで、請われれば場所を選ばず出かけていった。鷲巣力の『「加藤周一」という生き方』を読むと、彼が防衛庁防衛研究所の研修会にまでたびたび足を運び、自分と意見を異にするであろう自衛官たちとも、護憲と防衛問題をめぐって意見を交わしていたことがわかる。加藤はただ一つのことしか語ろうとしなかった。自分の親友だった二人の人物が学徒動員で軍隊に取られ、南の海で死んでしまったということである。彼は人生の最初の方に起きたこの傷ましい思い出に、最後まで拘泥した。講演はつねに憲法第九条を守ろうという呼びかけで終わった。その理由を問われると、二度と戦争を起こしてはならないのは、死んだ友人を裏切りたくないからだと答えた。

現在の日本は、戦争勃発直前の日本にどんどん似ていこうとしている。この危機意識をもつ者は少数派であり、不幸なことに分断されている。彼らの横の連帯を組織し、より広範囲の人々が現状を認識できるように働きかけなければならない。これが知識人として、また個人として加藤が取りうる究極の態度だった。彼はこの信念に従ってふたたび講演会に出かけ、対談と談話を重ね、大新聞に寄稿した。講演に疲れると、その記録をＤＶＤにして配布した。死の直前まで、第九条に言及して飽きるということがなかった。

二人の批評家は、親鸞についてどのような像を抱いていただろうか。

吉本は青年時代から親鸞の『歎異抄』と『和讃』に深く親しんできた。生涯を通してイエスと親鸞に拘り続け、この二人をめぐる著作を何冊にもわたって世に問うた。とはいうものの、キリスト教や浄土真宗といった特定の信仰をもつことはたえてなかった。彼はイエスの孤独に対しかぎりなく共感を覚え、親鸞の自己放棄のあり方に絶句に近い感嘆を示したが、けっして信仰者の立場から二人を論じることはなかった。ひとたび信仰による共同体に帰属してしまうなら、思考は他者としてのイエスと親鸞を見失ってしまうだろう。彼らを見定めるためには、信仰と不信仰の境界に留まり続けることで開示されるものを思考の対象としなければならない。こう考える点で吉本は一貫していた。

加藤もまたいくたびか親鸞について論じた。もっともそれは日本文学史、日本文化史という大きな枠組みのなかでの親鸞評価であって、吉本のように自分の全思想的体重をかけて親鸞に向かい合うという態度とは大きく異なっていた。

『日本文学史序説』のなかで、加藤は親鸞をパスカルと比較し、相似と差異を鮮やかに提示していた。『歎異抄』の「たとひ法然聖人《ほうねんしょうにん》にすかされまひらせて、念仏《ねんぶつ》して地獄《じごく》におちたりとも、さらに後悔《こうかい》すべからずさふらふ」（『歎異抄』p.43）という著名な一節を論じるにあたり、彼は『パンセ』に解かれている賭けの論理を持ち出した。パスカルによれば、神を信じて天国に行ければよし、神が存在しないならば天国も地獄も存在しないのだから、信じていた方が確率としては得ということになる。この図式を適用することで、親鸞の謎めいた説法はみごとに西洋的な確率の問題に置き換えられた。あらゆる護教論は究極的に賭けの論理に行きつくというのが、信仰をめぐって加藤が採用した基本姿勢であった。

加藤はまた一方で、親鸞とマルティン・ルターを比較し、浄土真宗にはプロテスタンティズムの宗教改革を思わせる一面があると指摘した。だがプロテスタンティズムが信仰を媒介として新しい倫理的価値を創出したのに対し、浄土真宗はそれを行なわなかった。既存の価値体系を相対化し、絶対者へと向かう信仰を説いた点で、両者はなるほど類似している。だが絶対者から歴史的社会へと回帰して、新しい価値体系を築くという文化的側面において異なっていると結論した。

何という明晰な頭脳だろう。わたしは高校時代に雑誌に連載されていた『日本文学史序説』を読んで、著者の論理の明晰さと切り口の鮮やかさに強い憧れを感じた。だがその一方で、漠然とではあるが、納得のいかないものを感じていた。親鸞の思想をかくも高度な次元で抽象化し、普遍の相において論じるというだけでは、現実に念仏を唱えている一向宗の農民たちの内面に接近することができるのだろうか。この不充足感は、わたしが大学に進学し、新宗教のもぐりこみ調査活動に従事しているときに、いっそう強くなった。

加藤周一が死の直前に洗礼を受け、カトリックに改宗したと知らされたのは、その死から少し経ってのことである。若き日にフランスの実存主義から強い影響を受け、万事に対して知性的判断を下すことを思考の原理としてきたこの無神論者に、はたして死を前にして信仰が必要なのだろうか。遺されることになる妹が寂しい思いをしないようにというのが、公にされた改宗の理由であったが、わたしはしばらくの間、加藤の改宗に納得のいかないものを感じていた。

吉本隆明と加藤周一の晩年を、今、わたしは親鸞を分光器として考えてみたいという誘惑に駆られている。

彼らは老いるにつれ、多くの不要なものを切り捨てていった。そして脇目も振らず、「ご意見無用」の生き方を貫いた。彼らの過去の知的世界の広大さを知る者が、いかに失望を表明しようとも、いっこうにそれを意に介す素振りを見せなかった。

吉本はなぜかくも夥しい書物を口述したのだろうか。なぜに「信者たち」を困惑させるような発言を、しばしば口にしたのだろうか。加藤はなぜ全国津々浦々を廻り、講演という講演を引き受けたのだろうか。どこに足を向けても、彼は同じことを繰り返した。彼らは自分の知的遍歴を構成してきた細部を平然と放擲し、強引なまでに自分を単純化することに、いっこうに躊躇を見せなかった。人生を最期まで上り詰めてしまえば、もはや余計なものを携えている必要はない。ただ一つのことだけを説いていれば、それで充分ではないか。彼らはそう確信していた。

ここで親鸞の生涯を辿ってみると、彼は一二四七年（宝治元年）、七五歳で『教行信証』の書写を尊蓮に許した後も、九〇歳で没するまで、一五年間にわたって書写をはじめ、旺盛な活動を続けている。とりわけ八〇歳代に入ってからの精力的な執筆には、目を見張るものがある。『浄土和讃』を始めとする和讃を作成し、遠方にいる門弟のために『唯信鈔文意』『一念多念文意』といった経論の編纂註釈本を編んでいるばかりではない。彼らに向かって夥しい書簡を送り、彼らの抱く疑問や疑義に対して細々とした返答をしている。八四歳のときには息子である善鸞を、異端を説いたゆえに義絶している。何という激しい魂であろう。

親鸞は単に活力に満ちていただけではなかった。巧みな自己韜晦によって、不要な衆人の追従を避ける術にも長けていた。彼は善鸞義絶の翌年、一二五七年にして、門弟に向かい「目《め》もみえず候《そうろう》。なにごともみなわすれて候《そうろう》うへに、ひとなどにあきらかにまふすべき身《み》にもあらず候《そうろう》」（『末燈鈔』：『親鸞全集 第四巻』p.339）と書き送っている。もう眼も見えなくなった。何ごともすべて忘れてしまい、人にはっきりと説明できる身でもなくなってしまいました、というほどの意味である。とはいえこの年には『正像末浄土和讃』を完成し、相変わらず門弟たちに細々とした教義について書き送ることを続けているのだ。何という韜晦！　煮ても焼いても食えない爺《じじい》であると、思わず口にしたくなるのはわたしだけではあるまい。

吉本隆明は明らかに、晩年の親鸞を強く意識していた。親鸞が門弟に書状を書き送ったように、彼は請われると次々とインタヴューや対談に応じ、話し言葉のなかに自分の最期の意思を遺そうと考えていた。ひとたびそう考えてみると、少なからぬことが理解されてくる。吉本が三浦和義事件をめぐって、『荒地』時代からの盟友、鮎川信夫と絶交したという事件も、理解ができないこととは思えなくなる。それは親鸞における善鸞義絶に匹敵する出来ごとであったのだ。たかが犯罪事件の解釈をめぐるゴシップにすぎないと軽んじてはならない。鮎川との論争は吉本にとって世界観の根底に関わることであり、解釈の相違をめぐって長年の友情をも犠牲にしなければならぬほどに重要な問題であった。

吉本が修行者としての麻原彰晃を高く評価し、原発廃止運動を一笑に付したとき、それまで彼を支持していた読者たちは困惑した。だがオウム真理教の信徒たちが教祖の命令で「ポア」と呼ばれる殺人行為に走ったという事実は、『歎異抄』に説かれている、人千人を殺すという例え話を逆転させた事態であり、「はからい」をめぐる誤認から生じた悲惨であった。もっとも麻原をめぐる吉本の発言のなかにはこの挿話への言及はなく、わたしはいささか落胆を感じた。彼はただこの教祖の神秘体験の次元の高さに触れただけであった。

吉本の麻原評価発言に接し、少なからぬ者は何とかそれを理解しようとした。その発言が吉本がこれまで長年にわたって築きあげてきた「教義」に対し、けっして矛盾を来さないものであると立証しようとして、長々とした説明の言説を作り上げなければならなかった。わたしはこうした事態にうんざりしていた。おそらく吉本本人もうんざりしていたはずである。実のところ彼は、唯円を前にした親鸞に近い気持ちを抱いていたのではないだろうか。

親鸞の死後、唯円は『歎異抄』を編纂し、この書物の一字一句をめぐっては、現在にいたるまで夥しい評釈が書かれている。評釈の多さは言説の一見矛盾するかのように見える晦渋さ、過激さを何とか馴致し、既成の文脈のなかに矛盾なく取り込んでおきたいという、解釈者の不安の現われである。吉本は自分の発言の過激さが、『歎異抄』のそれと同じように、さまざまな評釈を作り上げてしまうという事態を、あらかじめ察知していた。だから、ご意見無用なのだ。

加藤周一の場合はどうだっただろうか。わたしには彼が最後に、あらゆる講演の結論として唱えてきた憲法第九条とは、加藤にとっての「南無阿弥陀仏」の念仏に匹敵するものであったと考えている。ただ一言、この言葉を唱えればよい。この条項が存在しているかぎり、日本は二度と戦争を起こすことができず、わたしは二人の亡くなった親友を裏切らずにすむだろう。この信念はわたしに、親鸞が『歎異抄』の終わり近くで語っている言葉、「弥陀《みだ》の五劫思惟《ごこうしゆい》の願《がん》をよく〳〵案《あん》ずれば、ひとへに親鸞一人《しんらんいちにん》がためなりけり」（『歎異抄』p.87）を強く想起させる。

加藤が遺したDVDを手にしたとき、わたしはある爽快な感動を覚えた。彼はもはやフランス象徴詩の韻律論についても、サルトルの想像力論についても、また日本文化の本来的雑種性についても、まったく無関心であるように思えたからである。加藤は生涯をかけて構築した知的宇宙への言及をいっさい放棄し、平和憲法の護持という緊急の問題にのみ論点を絞って講演をしていた。その姿を見て、わたしはみごとなものだという感慨をもった。

彼は若き日に自分の前から消えていった二人の親友の死に触れ、戦前と現在とがいかに似た状況にあるかを説きながらも、ノスタルジアに対しては懸命に抗しようとしていた。学徒動員の死者をめぐる服喪の念は、ただちに現時点に回帰し、第九条を放棄してはならないというメッセージへと収斂していった。親鸞が門弟たちを前にして自分の教説の独自性を拒み、ただ師である法然に従って念仏を唱えるだけで充分なのだと説いたように、加藤はもはや自分独自の思想などというものを小賢しく語ろうとしなかった。ただ第九条を守れと繰り返し、その言葉がクリシェになってしまう可能性については、いささかも警戒心を示さなかった。

吉本隆明と加藤周一は同時代を生きながらも、けっして親しげに相語り合うことがなかった。彼らは異なった資質ばかりか、異なった社会階層のもとに生まれ、異なった流儀で知識人となった。有体にいってしまえば、異なった星の下に生を享けたのである。

とはいうものの、親鸞という存在を第三項として立ててみたとき、彼らがともに親鸞に逆投射された晩年を生きたようにわたしには思われる。繰り返すことになるが、吉本はその事実に充分自覚的であった。加藤はそうではなかった。彼は自分の唱える護憲論が念仏のような究極の言葉であると、もし誰かに指摘されたとしたらひどく当惑し、いかにそれが異なるものであるかを、彼の日本文化史観に立って論理的に説明し始めることだろう。

とはいうものの、無意識の次元において彼の「連禱」という行動を眺めてみたとき、わたしはそこに親鸞が衆生に向かって念仏を説き、みずからも念仏を唱えてやまなかったという姿に等しいものを見て取らざるをえない。そこには近代の日本的知識人が辿った、一つの見えない系譜が流れているように思う。すなわち若くして西洋思潮を最先端において学び、一つの時代にあってもっとも優れた思索を続けた者が、意識無意識を問わず、いつしか親鸞の圏域に参入してしまうという、周期律に似た系譜である。

あとがき

もし他力本願を心の底から信じることができたとしたら、わたしは裸になって街角を走り回ることも厭わないだろう。イェルサレムの広場で踊り狂う正統派のユダヤ教徒の若者たちのように、黒帽黒衣に身を包んで肩を組み、いつまでも円陣を築きながら踊り続けたところで、なんら悔いることがないだろう。地上におけるすべての問題が解決を見たからである。

しかしさらに重要なことは、もし全心全霊を阿弥陀仏に帰依することができたとしたら、もはや書物を著わすということなど止めてしまうだろうということだ。そんなことをして何になるというのだ。もはや救済はとうの昔から保証されているというのに、今さら労苦を費やして、自力で思索の果てを見究めようとして、いったいどんな意味があるというのだ。わたしはそう信じて、半世紀近くにわたって続けてきた、書くというこの効率の悪い生業《なりわい》を、放棄してしまうにちがいない。

古今東西を問わず、ユートピアの内側ではエクリチュールは消滅してしまう。文字言語は世界に不可逆的な時間意識を導入してしまい、われわれを無時間の至福の世界から失墜させてしまうからだ。浄土にはもはや時間がない。限りない光明に溢れ、清浄さだけが支配する世界とは本質的に不動の世界であり、ただガンジスの砂粒よりも多い仏が全身から放っている強烈な光だけが、世界という世界をあまねく照らし出している。

書くこと、書き続けることの執着から逃れることのできないわたしは、この浄土のうちに自分の場所を見出すことができない。なるほど親鸞の教えにかぎりなく近付くことはできる。彼が抱いた自責の念を間近に見つめ、非僧非俗というその曖昧な視座を借りて世界を認識することを、心に思い描くこともできなくはない。だが浄土の教説を丸ごと受け容れ、すべてを還相という永遠の相のもとに見つめることは、とうていできそうにない。

だが、そう簡単に結論付けてしまっていいのかと、わたしの心の内側で小さな声がする。アウシュヴィッツの、広島の、カンボジアとボスニアの惨劇を前に、およそ人間のなしうる善も悪も、所詮はたかが知れたものではないか。そう説き知らせる者がもし存在するとすれば、それは阿弥陀仏だけではないかと、その声は語る。汚辱の世界史がもたらした道徳的ブラックホールから、人間ははたして這い出るだけの力を持っているのか。いかなる超越者の力も借りることなく、それを自力でなしうると豪語できるほどに、人間はいまだ傲慢な活力に満ちているというのか。声はそう囁き続ける。その声に導かれるようにして、わたしは非力なままにこの書物を執筆した。

お読みいただいた方にはただちに了解が行くと思うが、本書は親鸞の教えを要領よく解説したものでもなければ、筆者の究極的な浄土仏教観を披露したものでもない。とりあえずここまでは考えてみたのだが、その先の道ははるかに遠いだろうという感慨だけを、思いつくままに記したエッセイである。体系的に仏教の教学を学んだことのないわたしは、基本的なところで大きな誤解をしているのではないかという懸念から、なかなか自由になることができない。だがそれでも探究の途上のレポートとして本書を提出するのは、ある時点でひとたび形に纏めておかないと、思考は先に進むことができないと考えたからだ。

本書は基本的に書下ろしである。いくつかの例外だけを、以下に記しておきたい。

「『歎異抄』について」は『図書』二〇〇七年一月号（岩波書店）に、「赦すということ」は、『アンジャリ』第三二号（親鸞仏教センター、二〇一六年一二月）に発表されたものに、若干の改稿を施した。三國連太郎論に関しては、二〇一六年度に東京大学文学部宗教学科と同大学院で開講した講義「聖者の表象」が下敷きとなっている。宗教学科主任教授鶴岡賀雄氏と、学期末に興味深いレポートを寄せてくれた学生諸君に感謝したい。「蕩児の帰宅」ともいうべきこの講座は、著者にとって日本の大学における最終講義となった。親鸞の原文に現代語訳を添えるにあたっては、蛮勇を顧ずみずから試みた。先学諸氏の既訳から大いに学ぶところがあったことを、感謝をこめてここに記しておきたい。

一本に纏めくださったのは、工作舎の石原剛一郎氏である。原稿の完成を長い時間にわたり、忍耐強く待ってくださった氏に、感謝の気持ちを申し上げたい。

著者記

二〇一八年四月

『改邪鈔』：石田瑞麿訳『親鸞全集 別巻』春秋社、一九八七
『教行信証』、金子大栄校訂、岩波文庫、一九五七
『口伝鈔』：石田瑞麿訳『親鸞全集 別巻』春秋社、一九八七
『愚禿鈔』：石田瑞麿訳『親鸞全集 第三巻』春秋社、一九八五
「黒田の聖人へつかわす御消息」：『日本思想大系10 法然 一遍』岩波書店、一九七一
『摧邪輪』：佐藤成順訳『日本の名著5 法然 明恵』中央公論社、一九七一
『摧邪輪』：田中久夫校注『日本思想体系15 鎌倉旧仏教』岩波書店、一九七一
『執持鈔』：石田瑞麿訳『親鸞全集 別巻』春秋社、一九八七
『浄土三部経（上）（下）』、中村元・早島鏡正・紀野一義訳注、岩波文庫、一九九〇改訳
『正法眼蔵（一）』、増谷文雄全訳注、講談社学術文庫、二〇〇四
『親鸞和讃集』、名畑應順校注、岩波文庫、一九七六
『選択本願念仏集』、大橋俊雄校注、岩波文庫、一九九七
『歎異抄』、金子大栄校注、岩波文庫、一九八一改版
『歎異抄聞記』：『続真宗大系 第二十一巻』真宗典籍刊行会、一九四〇
『本願寺聖人親鸞伝絵（御伝鈔）』：『現代語訳親鸞全集 第四集』講談社、一九七五
『末燈鈔』：石田瑞麿訳『親鸞全集 第四巻』春秋社、一九八六
『唯信鈔文意』：石田瑞麿訳『親鸞全集 第四巻』春秋社、一九八六
『新訂 梁塵秘抄』、佐佐木信綱校訂、岩波文庫、一九四一改版

＊

大谷栄一・吉永進一・近藤俊太郎『近代仏教スタディーズ』法藏館、二〇一六
大谷尊由『親鸞聖人の正しい見方』興教出版、一九二二
今日出海「三木清における人間の研究」、一九五〇：『日本文学全集59 今東光 今日出海』集英社、一九七二
平子友長「三木清と日本のフィリピン占領」：清眞人他『遺産としての三木清』同時代社、二〇〇八
中上健次『紀州 木の国・根の国物語』、一九七八：『中上健次全集14』集英社、一九九六
中上健次『奇蹟』、一九八八：『中上健次全集10』集英社、一九九六

中上健次『千年の愉楽』、一九八二／『熊野集』、一九八四：『中上健次全集5』集英社、一九九五
三木清『語られざる哲学』、一九一九／『親鸞』、一九四六：『三木清全集 第十八巻』岩波書店、一九六八
三木清「現代日本に於ける世界史の意義」、一九三八：『三木清全集 第十四巻』岩波書店、一九六七
三木清「戦時認識の基調」、一九四二／「世界の危機と日本の立場」、一九三九：『三木清全集 第十五巻』岩波書店、一九六七
三木清「日本的性格とファッシズム」、一九三六／「日本の現実」、一九三七：『三木清全集 第十三巻』岩波書店、一九六七
三木清「我が青春」、一九四二：『三木清全集 第一巻』岩波書店、一九六六
三國連太郎『生きざま死にざま』KKロングセラーズ、二〇〇六
三國連太郎『白い道——法然・親鸞とその時代 しかも無間の業に生きる』毎日新聞社、一九八二
三國連太郎・沖浦和光『対談 上 浮世の虚と実』解放出版社、一九九七
三國連太郎・梁石日『風狂に生きる』岩波書店、一九九九
柳田國男『毛坊主考』、一九一四～一五：『柳田國男全集11』ちくま文庫、一九九〇
山折哲雄『「教行信証」を読む』岩波新書、二〇一〇
吉本隆明『最後の親鸞』ちくま文庫、二〇〇二
吉本隆明『書物の解体学』中公文庫、一九八一
吉本隆明『草莽』、一九四四：『初期ノート増補版』試行出版部、一九六四
吉本隆明「『大菩薩峠』（完結篇）」、一九五九：『吉本隆明全著作集5』勁草書房、一九七〇
吉本隆明「歎異鈔に就いて」、一九四七／「マチウ書試論」、一九五四：『吉本隆明全著作集4』勁草書房、一九六九
吉本隆明「知識人——その思想的課題」、一九六六：『吉本隆明全著作集14 講演対談集』勁草書房、一九七二
吉本隆明『未来の親鸞』春秋社、一九九〇
鷲巣力『「加藤周一」という生き方』筑摩選書、二〇一二

*

テオドール・W・アドルノ『ベートーヴェン 音楽の哲学』大久保健治訳、作品社、一九九七
エドワード・W・サイード『晩年のスタイル』大橋洋一訳、岩波書店、二〇〇七

た

な

は

ま

や

ら

書名索引

な

は

ま

さ

た

人名索引

あ

か

ま

や

ら

わ

な

は

た

事項索引

著者紹介

四方田犬彦（よもた・いぬひこ）

一九五三年、大阪生まれ。映画と比較文学の研究者、詩人、批評家、エッセイスト。東京大学文学部宗教学科を卒業。同人文系大学院比較文学比較文化科博士課程を中退。長らく明治学院大学教授として映画史の教鞭を執る。東京大学、コロンビア大学、ボローニャ大学、テルアヴィヴ大学、中央大学校（ソウル）、精華大学（台湾）などで、客員教授・研究員を歴任。東京大学講師として宗教学を講じる。主な著書に『貴種と転生・中上健次』（新潮社、一九九六）、『摩滅の賦』（筑摩書房、二〇〇三）、『ハイスクール1968』（新潮社、二〇〇四）、『先生とわたし』（同、二〇〇七）、『歳月の鉛』（工作舎、二〇〇九）、『書物の灰燼に抗して』（同、二〇一一）、『署名はカリガリ』（新潮社、二〇一六）、詩集に『人生の乞食』（書肆山田、二〇〇七）、『わが煉獄』（港の人、二〇一四）、翻訳に『パゾリーニ詩集』（みすず書房、二〇一一）がある。『大島渚著作集』（現代思潮社、二〇〇八〜二〇〇九）、『日本映画は生きている』（岩波書店、二〇一〇〜二〇一一）、『1968』（筑摩選書、二〇一八）を編集。『月島物語』（集英社、一九九二）で斎藤緑雨賞、『映画史への招待』（岩波書店、一九九八）でサントリー学芸賞、『モロッコ流謫』（新潮社、二〇〇〇）で伊藤整文学賞、『日本のマラーノ文学』『翻訳と雑神』（人文書院、二〇〇七）で桑原武夫学芸賞、『ルイス・ブニュエル』（作品社、二〇一三）で芸術選奨文部科学大臣賞を受けた。

親鸞への接近

発行日——二〇一八年八月二〇日第一刷　二〇一八年一二月一〇日第二刷
著者——四方田犬彦
編集——石原剛一郎
エディトリアル・デザイン——佐藤ちひろ
本表紙絵——Odilon Redon, LA BARQUE MYSTIQUE ©AKG／PPS通信社
印刷・製本——シナノ印刷株式会社
発行者——十川治江
発行——工作舎 editorial corporation for human becoming
〒169-0072 東京都新宿区大久保2-4-12 新宿ラムダックスビル 12F
phone: 03-5155-8940 fax: 03-5155-8941
www.kousakusha.co.jp saturn@kousakusha.co.jp
ISBN 978-4-87502-495-8